Sabine Fischer

DIE CHAUVINISTISCHE BEDROHUNG

Sabine Fischer

DIE CHAUVINISTISCHE BEDROHUNG

Russlands Kriege und Europas Antworten

Econ

Wir verpflichten uns zu Nachhaltigkeit
• Papiere aus nachhaltiger Waldwirtschaft und anderen kontrollierten Quellen
• Druckfarben auf pflanzlicher Basis
• ullstein.de/nachhaltigkeit

Redaktionsschluss: 20.7.2023

MIX
Papier | Fördert gute Waldnutzung
FSC® C014496
FSC www.fsc.org

Econ ist ein Verlag
der Ullstein Buchverlage GmbH

ISBN 978-3-430-21095-9

Gesetzt aus der Sabon Next LT Pro und Montserrat
Satz: LVD GmbH, Berlin
Druck und Bindearbeiten: GGP Media GmbH, Pößneck

INHALT

Für V., N. und O.

EINLEITUNG

Im Januar 1992 landete ich zum ersten Mal auf dem Pulkowo-Flughafen in Sankt Petersburg. Es war ein grauer Tag mit Schneeregen. Die Passagiere stiegen aus dem Flugzeug in einen klapprigen Bus, um zum Terminal zu fahren. Die Fensterscheiben waren so beschlagen, dass ich nichts sehen konnte. Dieser Moment steht mir noch heute vor Augen. Er entsprach recht genau meiner damaligen Situation: Ich war ziemlich ahnungslos und auf dem Weg in eine unbekannte Welt.

Die Sowjetunion hatte wenige Wochen vor meiner Ankunft aufgehört zu existieren. Boris Jelzin, der erste Präsident der Russischen Föderation, hatte Michail Gorbatschow, den ersten und letzten Präsidenten der Sowjetunion, im Moskauer Kreml abgelöst. Wladimir Putin war bereits aus Dresden in seine Heimatstadt Sankt Petersburg zurückgekehrt und hatte dort seine Laufbahn in der Stadtverwaltung begonnen. Die russische Gesellschaft war im Aufbruch, im positiven wie im negativen Sinne. Die jüngere Generation spürte die gewonnene Freiheit und hoffte auf neue Perspektiven, auf ein besseres Leben in einem demokratischen und kapitalistischen Russland. Aber für viele Menschen begann ein dramatischer Abstieg. In gewisser Weise saß die gesamte russische Gesellschaft in einem Bus mit beschlagenen Fenstern. Niemand konnte sehen, wohin die Fahrt ging. Russland hat mich seitdem nicht mehr losgelassen. Es wurde, ist – und bleibt – ein entscheidender Teil meines Lebens.

Dreißig Jahre später, in den Morgenstunden des 24. Februar 2022, gab Wladimir Putin den Befehl zur Vernichtung des ukrainischen Staates. Er versuchte, einen Krieg zu Ende zu bringen, den er 2014 mit der Annexion der Krim und der Besetzung von Teilen des ukrainischen Donbas begonnen hatte. Seit Februar 2022 sind dem russischen Angriff auf die Ukraine wahrscheinlich Hunderttausende Menschen zum Opfer gefallen. Die russischen Streitkräfte zerstören Wohnhäuser, Schulen, Kindergärten, Krankenhäuser, Kulturstätten, Industrieanlagen, Straßen, Brücken, Kraft- und Wasserwerke. Sie setzen sexualisierte Gewalt als Kriegswaffe ein. Sie entführen Menschen, darunter Tausende Kinder. Das Putin-Regime hält 20 Prozent des ukrainischen Staatsterritoriums besetzt und behauptet, neben der 2014 illegal annektierten Krim gehörten nun auch die ukrainischen Gebiete Donezk, Luhansk, Saporischschja und Cherson zur Russischen Föderation. Wo immer die ukrainischen Streitkräfte seit Beginn der Vollinvasion Gebiete befreit haben, deckten sie horrende Kriegsverbrechen auf. Einen so zerstörerischen Krieg hat es in Europa seit dem Ende des Zweiten Weltkriegs nicht mehr gegeben.

»Unsere Staatsmacht verhält sich wie ein Schläger in seiner Familie«, sagte die russische Frauenrechtlerin Aljona Popowa im Januar 2023 im Gespräch mit der *Frankfurter Allgemeinen Zeitung*.

> »Dieser kollektive Schläger hält das ganze Land für sein Haus, in dem er die Macht hat, über alles zu verfügen. Er hat alle Richter und Polizisten in der Tasche. Behauptet genau wie bei häuslicher Gewalt, die Opfer hätten sich selbst wehgetan, verletzt, getötet. ›Wenn du gehst, verrätst du die Familie‹, sagt der Peiniger zu seinem Opfer. Entsprechend nennt die Staatsmacht Russen, die ausreisen oder nicht mit ihr einverstanden sind, Verräter oder ›ausländische Agenten‹. Diese Gewalt greift auf andere

> Länder über. […] Gewalt ist die Klammer des Systems. Das zeigt sich daran, dass unsere Staatsmacht kein Gesetz erlässt, das die Rechte von Opfern häuslicher Gewalt schützt. Denn anzuerkennen, dass häusliche Gewalt schlecht ist, würde bedeuten, zuzugeben, dass andere Arten der Gewalt auch schlecht sind.«[1]

Aljona Popowa drückt mit diesen Worten etwas aus, was auch mich in den vergangenen zehn Jahren zunehmend beschäftigte: Ich sah, wie das politische System Russlands immer autoritärer und die russische Außenpolitik immer nationalistischer und aggressiver wurde. Ich beobachtete, wie um Putin ein extremer Männlichkeitskult aufgebaut und wie offen ausgelebter Sexismus immer selbstverständlicher wurde. Und dann war da die Gewalt. Ich habe die russische Gesellschaft immer als sehr gewalttätig erlebt. Schon die Transformationskrise der 1990er-Jahre war mit einem äußerst hohen gesellschaftlichen Gewaltniveau verbunden. Russland war seit dem Zusammenbruch der Sowjetunion fast ununterbrochen in Kriege verwickelt. In den 2010er-Jahren griff der Staat immer öfter zu gewaltsamen Repressionen, um gesellschaftlichen Dissens zu unterdrücken. Die Corona-Pandemie verschlimmerte die Situation – vor allem bei Übergriffen gegen Frauen. Der auf Vernichtung zielende Angriffskrieg gegen die Ukraine ist der vorläufige Höhepunkt dieser Geschichte von Brutalität. Er wird sich katastrophal auf das Gewaltniveau in der russischen Gesellschaft auswirken. Aljona Popowa hat recht: Gewalt ist die Klammer des Putin'schen Systems.

Mit diesem Buch möchte ich dem Zusammenhang zwischen den politischen und gesellschaftlichen Entwicklungen in Russland und der Gewaltexplosion, die sich über der Ukraine entlädt, auf den Grund gehen. Ich benutze dafür den Begriff des Chauvinismus. Mit ihm kann ich die wichtigsten Bausteine beschreiben, aus denen sich das russische System zusammensetzt: Nationalismus, Sexismus und Autokratie. Besonders wichtig ist mir die Einbeziehung der feministischen Perspektive. Denn ich bin überzeugt, dass die Analyse eines politischen und gesellschaftlichen Systems ohne den Blick auf die Gender-Verhältnisse unvollständig bleibt.

Ich habe diese Entwicklungen lange beobachtet, ohne über sie zu schreiben. Ich war mit anderen Themen beschäftigt. Vielleicht befürchtete ich auch, in der extrem antifeministischen Männerwelt der russischen Politik Kontakte zu Gesprächspartnern zu verlieren, wenn ich mich offen feministischen Fragen zugewandt hätte. Wie dem auch sei, nun habe ich es getan. Das Ergebnis ist dieses Buch.

Es beginnt im ersten Kapitel mit der Erklärung meines Chauvinismus-Konzepts, das sich aus Nationalismus, Sexismus und Autokratie zusammensetzt und die Zusammenhänge zwischen ihnen aufzeigt. Das zweite Kapitel ist dem Chauvinismus in Russland gewidmet. Es zeichnet die Entwicklung des russischen Nationalismus nach; es blickt auf die Entstehung der russischen Frauenbewegung, auf Feminismus im postsowjetischen Russland und den machtvollen Gender-Backlash in der Herrschaftsperiode Wladimir Putins; schließlich behandelt es die Entwicklung der russischen Autokratie seit Putins Machtantritt im Jahr 2000. Im dritten Kapitel geht es um die russischen Kriege seit den frühen 1990er-Jahren. Sie füllten das riesige Reservoir gewaltbereiter Männer, die, traumatisiert durch ihre Gewalterlebnisse, für weitere Kriege zur Verfügung standen. Das vierte Kapitel wirft einen Blick auf die Entwicklungen in Russland seit dem Beginn der Vollinvasion im Februar 2022 und auf mögliche Zukunftsszenarien. Ich ende mit der nicht sehr optimistischen Prognose, dass Chauvinismus auch mittel- bis langfristig die russische Innen- und Außenpolitik entscheidend prägen wird. Er ist eine existenzielle

Bedrohung für die Ukraine und für andere Nachbarstaaten Russlands. Das chauvinistische Putin-Regime greift zudem die Fundamente der liberalen Demokratien und die liberale, regelbasierte Weltordnung an. Russlands chauvinistische Politik muss deshalb als übergreifende, systemische Bedrohung verstanden werden.

Der zweite Teil des Buchs ist Europa gewidmet. Kapitel fünf zeigt, welche Angriffsflächen die russische Politik nutzt, um Europa weiter zu schwächen. Kapitel sechs skizziert die Grundzüge einer Strategie, mit der Europa, insbesondere die Europäische Union, der russischen chauvinistischen Bedrohung begegnen kann. Kapitel sieben wirft einen genaueren Blick auf die Rolle Deutschlands und seiner Ostpolitik seit dem Ende des Ost-West-Konflikts und darauf, wie Berlin die künftige Politik der EU in Osteuropa mitgestalten und umsetzen kann.

Ich schildere in diesem Buch persönliche Erlebnisse und Beobachtungen. Ich zitiere aus Interviews und Gesprächen, die ich in den vergangenen dreißig Jahren in Russland und in anderen Ländern Osteuropas geführt habe. Viele meiner russischen Gesprächspartner:innen sind heute im Exil. Andere sind noch im Land und müssen Repressionen fürchten. Wieder andere arrangieren sich mit dem Krieg oder unterstützen ihn. Das eine wie das andere ist schwer zu ertragen. Ich behandle im Text alle Gesprächspartner:innen anonym.

Ukrainische, belarusische und russische Orts- und Eigennamen werden in der Transkription der jeweiligen Sprache wiedergegeben. Also nenne nenne ich den Machthaber in Minsk Aljaksandr Lukaschenka statt Alexander Lukaschenko. Ich schreibe Kyjiw, Donbas und Dnipro anstelle der im Deutschen immer noch zu gängigen russischen Versionen Kiew, Donbass und Dnjepr.

Berlin im Juli 2023

1

WAS IST CHAUVINISMUS?

Chauvinismus ist ein böses Wort.

Wer es verwendet, möchte einen Knall verursachen, auf einen schwerwiegenden Missstand aufmerksam machen, kritisieren, sich abgrenzen, sich emanzipieren. Oder aber polarisieren, manchmal auch diffamieren. Was für emotionale Reaktionen der Begriff auslöst, merkte ich schnell, als ich mit anderen Menschen über die Idee für dieses Buch sprach. Die meisten zuckten zurück, zogen die Augenbrauen hoch. Sie fragten: Ist der Begriff nicht veraltet? Sie assoziierten ihn mit den dunklen Zeiten des 20. Jahrhunderts, mit extremem Nationalismus, mit Faschismus, mit Rassismus, mit Krieg. Manche Männer sagten: lila Latzhosen! Und fühlten sich nicht angesprochen oder gar abgestoßen von einem Begriff, der in der feministischen Bewegung des 20. Jahrhunderts eine wichtige Rolle gespielt hatte.

Chauvinismus ist ein historischer Begriff, der unser Verständnis der russischen Politik weiten und ordnen kann. In ihm steckt viel Erklärungskraft für die Gegenwart und eine Warnung beziehungsweise Handlungsorientierung für die Zukunft. Chauvinismus bezeichnet ein übersteigertes Überlegenheitsgefühl einer Gruppe, verbunden mit Verachtung, Feindseligkeit und aggressivem Dominanzverhalten gegenüber Personen außerhalb dieser Gruppe.

Der Begriff geht zurück auf die Figur des Bauernsoldaten Nicolas Chauvin, der sich, in den Napoleonischen Kriegen vielfach verwundet, durch seinen fanatischen Patriotismus hervorgetan haben soll. Es darf bezweifelt werden, ob Nicolas Chauvin tatsächlich existierte. Seine Geschichte ist lediglich in folkloristischen Theaterstücken und Liedern überliefert. Er wurde jedoch durch diese literarische Aufbereitung zum Sinnbild eines militaristischen und aggressiven Nationalismus – und gleichzeitig Gegenstand von Überzeichnung und Spott. Der Historiker Gérard de Puymège entdeckte bereits in den frühen Chauvin-Darstellungen aus der ersten Hälfte des 19. Jahrhunderts die beiden Themenstränge, die den Chauvinismus-Begriff später ausmachen sollten: Nationalismus und Hypermaskulinität. Denn der Chauvin des französischen Volkstheaters ist nicht nur ein hyperpatriotischer Bauernsoldat. Er ist auch ein primitiver Macho. So wird schon in der frühen Kunstfigur Chauvin aggressive Sexualität und ihre Sublimierung in patriarchalem Dominanzverhalten und kriegerischem Patriotismus sichtbar.[1]

Der Chauvinismus-Begriff erlebte seine erste Hochphase von der zweiten Hälfte des 19. Jahrhunderts bis zum Ende des Ersten Weltkriegs. Schon damals diente er sowohl der analytischen Beschreibung von extremem Nationalismus wie auch als politischer Kampfbegriff. Chauvinismus trieb die europäischen Nationalstaaten in den Ersten Weltkrieg. Karl Marx betrachtete den Chauvinismus als Mittel der kapitalistischen Bourgeoisie, um die internationale Arbeiterklasse zu spalten und gegeneinander aufzuhetzen. Wladimir Iljitsch Lenin prägte 1915 den Begriff des »Sozialchauvinismus« für reformorientierte sozialistische und sozialdemokratische Kräfte, die nicht mehr nach der Überwindung des Kapitalismus strebten und sich so zu Handlangern des nationalen Chauvinismus in Europa machten.

Ende der 1920er-Jahre tauchte der Begriff des »weißen« beziehungsweise »rassistischen Chauvinismus« im Sprachgebrauch der amerikanischen kommunistischen Partei auf, um die Rassendiskriminierung in den USA anzuprangern. Frauen in der Partei machten sich ihn in den 1930er-Jahren zu eigen und begannen, von »männlichem Chauvinismus« zu sprechen.[2] Der Zweite Weltkrieg ließ beide Debatten zunächst verstummen. Auch der beginnende Kalte Krieg und die McCarthy-Ära in den USA, die bis etwa 1956 andauerte, war keine gute Zeit für linke und emanzipatorische Kräfte in den USA. Als jedoch die US-Bürgerrechtsbewegung und die zweite feministische Welle Ende der 1950er-Jahre an Fahrt aufnahmen, tauchte auch der Chauvinismus-Begriff wieder auf – um damit die anhaltende Rassendiskriminierung und die Unterdrückung der Frau anzuklagen. Das »männliche Chauvinistenschwein« *(male chauvinist pig)* wurde in den 1960er- und 1970er-Jahren in den USA und Europa zum geflügelten Wort. Die Entkolonialisierungsbewegung, mit der sich sowohl die Bürgerrechtsbewegung als auch der Feminismus und die 68er-Generation solidarisierten, prangerte den Rassismus der europäischen Kolonialmächte als Chauvinismus an. Mit der Ausdifferenzierung des feministischen Diskurses verschob sich ab den 1980er-Jahren abermals die Terminologie. Begriffe wie Feminismus und Chauvinismus rückten in den Hintergrund. Es wurde nun zwischen biologischem Geschlecht (Sex) und sozialem Geschlecht (Gender) unterschieden, um die binäre Zuschreibung von »männlichem« und »weiblichem« Geschlecht zu überwinden und die Realität geschlechtlicher Vielfalt sichtbar zu machen. Begriffe wie Geschlechtergerechtigkeit weiteten die Debatte über Marginalisierung und politische Teilhabe und umfassten nicht mehr nur die Situation von Frauen, sondern auch von sexuellen Minderheiten sowie von Gruppen, die von Rassismus, sozialer Ungerechtigkeit und Kolonialismus betroffen sind. Dieser intersektionale Feminismus wendet sich gegen jede Art von Diskriminierung, sei es aufgrund von Geschlecht, Klasse, Ethnizität oder Herkunft. Er hat eine inklusive Geschlechterdemokratie zum Ziel.[3]

Seine jüngste Reinkarnation erlebte der Chauvinismus-Begriff Anfang der 1990er-Jahre, als die politische Soziologie begann, sich mit rechtspopulistischen, migrationsfeindlichen Parteien und ihren Wähler:innen zu beschäftigen. »Wohlfahrts-Chauvinismus« bezeichnet eine Haltung, die nur Bürger:innen eines Staates, nicht aber Migrant:innen ein Recht auf Sozialleistungen zugesteht. Die Literatur über dieses Phänomen ist proportional zum Einfluss nationalistischer politischer Kräfte in liberalen Demokratien angewachsen.[4]

Rechtspopulistische Parteien vertreten nicht nur im Hinblick auf Migration chauvinistische Positionen, sie stellen auch die Geschlechtergerechtigkeit infrage. Der aktuelle »Gender- Backlash« wendet sich gegen Feminismus, gegen die politische und rechtliche Gleichstellung von sexuellen und anderen Minderheiten, gegen gleichgeschlechtliche Ehen und ein Adoptionsrecht für alle, gegen Diversität und viele andere Errungenschaften liberaler Gesellschaften. Politiker wie Silvio Berlusconi in Italien, Viktor Orbán in Ungarn, Jair Bolsonaro in Brasilien oder Narendra Modi in Indien pflegen in demokratischen Systemen einen chauvinistischen und autoritären Politikstil. Spätestens mit der Wahl Donald Trumps zum US-Präsidenten 2016 hat auch das Sprachbild des männlichen Chauvinisten-Schweins zurück in die Debatte gefunden.[5]

In meiner Auseinandersetzung mit Russland kreisten meine Gedanken in den vergangenen zehn Jahren immer stärker um den Begriff des Chauvinismus, ausgelöst durch den wachsenden Nationalismus und Sexismus und die immer deutlicheren autokratischen Zügen des russischen Staates. Ich dachte auch deshalb immer öfter an Chauvinismus, weil ich mich als Frau und Expertin für Außen- und Sicherheitspolitik in der extrem patriarchalen politischen Welt Russlands bewegte. Auf den vielen Konferenzen, die ich in Russland besuchte, lag der Frauenanteil kaum je über zehn, maximal bei 15 Prozent. Der Anteil der Sprecherinnen hat in den letzten zehn Jahren ab- statt zugenommen. Meine Interviewpartner:innen aus Wissenschaft und Politik waren fast immer Männer, vor allem, wenn es um Außenpolitik, Sicherheit und internationale Beziehungen ging. Ihre Perspektive war fast ausnahmslos eindimensional staatszentriert und von realpolitischem Gedankengut geprägt. Der Diskurs war hermetisch abgeschlossen – weibliche oder andere Stimmen, die Diversität hätten beisteuern können, fanden keinen Zugang. Auf der anderen Seite stehen die Erfahrungen, die ich in der Zusammenarbeit mit Russ:innen in der unabhängigen Zivilgesellschaft machen durfte. Diese Menschen, unter ihnen viele Frauen, setzten sich sehr bewusst in ganz unterschiedlichen Bereichen vom Chauvinismus des Putin-Regimes ab.

Der Begriff des Chauvinismus erlaubt es mir, die drei zentralen Elemente der russischen Politik zusammenzuführen: den aggressiven Nationalismus, den nicht minder feindseligen Sexismus und die Autokratie. Mit ihm kann ich zeigen, wie sehr sie miteinander verflochten sind und sich gegenseitig bedingen. Der Begriff kann so Wesentliches zur Erklärung des Krieges beitragen, den das Putin-Regime gegen die Ukraine führt, aber auch gegen liberale Demokratien und gegen die liberalen Segmente der eigenen Gesellschaft.

Chauvinismus als aggressiver Nationalismus

Seit der zweiten Hälfte des 19. Jahrhunderts bildeten industrielle Revolution, expansiver Kapitalismus, weltwirtschaftliche Integration und Imperialismus den Nährboden für die Entstehung des nationalistischen Chauvinismus. Hannah Arendt arbeitete diesen widersprüchlichen Zusammenhang 1945 in ihrem Aufsatz »Imperialism, Nationalism, Chauvinism« meisterinnenhaft heraus.[6] Sie beschreibt, warum europäische Nationalstaaten sich in Imperien verwandelten, *obwohl* Imperien in ihrer ethnischen Diversität der Idee des Nationalstaats als ethnisch homogenem Gebilde zuwiderlaufen. Die Staaten »exportierten«, so Arendt, im kapitalistischen Mutterland überflüssig gewordenes Kapital und Menschen. Diese »Abfallprodukte« der durch die Industrialisierung transformierten und fragmentierten europäischen Gesellschaften bekamen in den afrikanischen Kolonien eine neue Bestimmung. Expansion war die Rettung, denn sie lieferte der Nation ein gemeinsames Ziel. Imperialist:innen konnten sich als die Inkarnation ihrer eigenen, vermeintlich überlegenen Kultur – ob britisch, belgisch, französisch oder deutsch – in der Fremde fühlen. Ihre Mission war es, andere Völker zu beherrschen und zu »zivilisieren«. Darin liegt das eigentliche chauvinistische Element des Imperialismus. Denn, so schreibt Arendt, jeder Anspruch auf eine solche gleichsam göttliche Mission macht zwangsläufig die Angehörigen des eigenen Volkes zu Übermenschen und die Angehörigen aller anderen Völker zu Untermenschen. Dazu passend lieferte der Sozialdarwinismus biologistisch-deterministische Rechtfertigungen für die rassistischen Überlegenheitsideologien des europäischen Imperialismus. Die Verschmelzung von aggressivem Chauvinismus und Rassismus kulminierte in den faschistischen und nationalsozialistischen

Bewegungen des frühen 20. Jahrhunderts und im Zweiten Weltkrieg.

Hannah Arendt stufte den pangermanischen und den panslawischen Chauvinismus als besonders gefährlich und aggressiv ein. Die Zersplitterung deutscher und slawischer Minderheiten und ihre geografische Ausbreitung in Mittel- und Osteuropa, einem Raum mit fluiden Grenzen, hätten ihre Expansionsträume überschießen und miteinander kollidieren lassen. »Diese Slawen und diese Deutschen waren die ersten Europäer, die *en masse* [...] zu Chauvinisten wurden.«[7] So beschrieb sie kurz nach dem Zweiten Weltkrieg die Situation im ausgehenden 19. und frühen 20. Jahrhundert.

Nach dem Zerfall der Sowjetunion fanden sich 25 Millionen Russ:innen außerhalb der Russischen Föderation wieder, von den baltischen Republiken bis nach Zentralasien, was auf die zaristische und dann die sowjetische Bevölkerungs- und Umsiedlungspolitik zurückging. Moskau hat in den letzten beiden Jahrzehnten immer aggressiver den Anspruch erhoben, diese »Russische Welt« außerhalb der eigenen Grenzen gegebenenfalls mit Waffengewalt zu »schützen«. Hannah Arendts Worte lesen sich vor diesem Hintergrund geradezu prophetisch.

Chauvinismus als Sexismus

Die zweite Dimension, die den Begriff Chauvinismus für meine Analyse so attraktiv macht, ist seine Verknüpfung mit der feministischen Debatte. Bereits die frühe feministische Antikriegsbewegung prangerte während des Ersten Weltkrieges den Zusammenhang zwischen Patriarchat, aggressivem Nationalismus, Militarismus und Krieg an.[8] Aus feministischer Perspektive sind sowohl der moderne Nationalstaat als auch der Nationalismus maskuline Projekte.* Sie sind männlich dominiert und reproduzieren sich in ebenfalls männlich dominierten Diskursen und Handlungsmustern.[9] Die chauvinistische Selbstbestätigung des weißen Europäers in der imperialistischen Beherrschung fremder Völker wiederholt und verstärkt die chauvinistische Selbstbestätigung des weißen Mannes zu Hause und gegenüber dem anderen Geschlecht.

Cynthia Enloe beschreibt in ihrem Standardwerk *Bananas, Beaches and Bases* von 1989 die ambivalente Beziehung von Frauen zum Nationalismus. Denn einerseits fänden Frauen als Akteurinnen in nationalistischen Bewegungen Entfaltungsmöglichkeiten. Die Zugehörigkeit zu einer »Nation« habe ihnen eine Identität gegeben, jenseits ihrer Beschränkung auf Ehe und Mutterschaft. Andererseits seien nationalistische Bewegungen zumeist patriarchal organisiert und von Männern geführt und machten Frauen zu Objekten und Symbolen nationaler, ethnischer und kultureller Reinheit, die von Männern verteidigt werden müssten.[10] Dem stellt Enloe die Vision eines inklusiven, liberalen Nationalismus gegenüber, gleichsam eines geöffneten Schirms, unter dem nicht nur weiße Männer, sondern auch Frauen und Angehörige sexueller, ethnischer oder religiöser Minderheiten Schutz finden, ohne diskriminiert zu werden.[11]

In Cynthia Enloes Bild vom geöffneten oder eben geschlossenen Schirm spiegelt sich eine zentrale Kontroverse der Nationalis-

---

* Die feministische Bewegung und die feministischen Theorien haben sich seit ihrer Entstehung in der zweiten Hälfte des 19. Jahrhunderts sehr weit verzweigt. Es gibt mittlerweile viele unterschiedliche Diskussionsstränge und Positionen, die ich hier nur benennen kann, indem ich von feministischen Bewegungen und Theorien im Plural spreche.

musdebatte seit dem 19. Jahrhundert. Auf der einen Seite steht Ernest Renans berühmtes Konzept von der Nation als Bürger:innen-Nation, die sich permanent demokratisch erneuern müsse *(plébiscite de tous les jours).* Eine solche Nation kann sich verändern, lernen, neue Elemente aufnehmen und sie zu einem Teil ihrer Identität zu machen. Auf der anderen Seite finden sich chauvinistische, biologistische und rassistische Konzepte. Sie imaginieren Nation als unwandelbar, weil biologisch determiniert; sie implizieren Überlegenheitsgefühle und sind deshalb zwangsläufig nach außen feindselig und aggressiv. Denn sobald alle Nationen von der eigenen Überlegenheit überzeugt sind, bringt sie das automatisch in einen Konflikt mit allen anderen. Nationalist:innen haben außerdem die Tendenz, zu »retraditionalisieren«, wie die amerikanische Soziologin Joane Nagel ausführt. Sie machen tatsächliche oder erfundene Traditionen zur Grundlage von Nationenbildung und kultureller »Wiedergeburt«. Diese Traditionen sind zumeist patriarchaler Natur.[12]

Die feministische Kritik am politischen Mainstream rückt die Privatsphäre in den Mittelpunkt. Feminist:innen beschreiben asymmetrische Machtbeziehungen in *allen* sozialen Beziehungen von der privaten über die gesellschaftliche und die nationale bis zur internationalen Ebene. Sie durchbrechen die Grenze zwischen privatem und öffentlichem Raum, die von den meisten anderen sozialwissenschaftlichen Denkschulen sorgsam eingehalten wird. Sie machen sichtbar, dass Frauen bei der Verteilung der Macht auf allen Ebenen benachteiligt werden. Ebenso benachteiligt sind Angehörige sexueller und religiöser Minderheiten, *People of Colour* oder arme Menschen. Die Benachteiligung von Frauen und sexuellen Minoritäten findet sich in fast allen dieser Gruppen, sie wirkt außer in der Mehrheitsgesellschaft auch innerhalb von Minderheiten. Sie ist allgegenwärtig.

So kommen feministische Theorien zu ihrer Kernaussage: Das Private ist politisch, und das Politische ist privat.[13] Wo die privaten Beziehungen zwischen den Geschlechtern auf ungleicher Machtverteilung, Unterwerfung und Gewalt beruhen, sind auch alle anderen sozialen und politischen Beziehungen in ähnlicher Weise gestört und ungleich vermachtet. Die amerikanische Politologin Valerie M. Hudson und ihre Kolleg:innen fassen es so zusammen: »In der Vergangenheit ging man davon aus, dass die Geschlechterordnung von der generellen politischen Ordnung abhängig sei (dass ›bessere‹ Regierungen also Frauen ›besser‹ behandeln würden); aber die vorliegende Arbeit legt die gegenteilige Annahme zugrunde: die generelle politische Ordnung ist zutiefst geformt von der Geschlechterordnung. Mit anderen Worten, ›besseres‹ Regieren ist und kann nicht möglich sein, solange Frauen unterdrückt werden.«[14]

Das Gleiche sagen Feminist:innen über die internationale Politik: Das Private ist international, und das Internationale ist privat. Private Machtbeziehungen charakterisieren nicht nur die soziale und politische Ordnung in Nationalstaaten. Sie formen auch transnationale und internationale Beziehungen. Cynthia Enloe zeichnet in *Bananas, Beaches and Bases* am Beispiel von Tourismus, Militärbasen, weiblicher Arbeitsmigration, Diplomatie und internationalen Handelsbeziehungen nach, wie nationale Außenpolitik, transnationale und internationale Beziehungen in der patriarchalen Geschlechterordnung wurzeln und von ihr abhängig sind. Der Schutz nationalstaatlicher Souveränität und der Schutz der Privatsphäre vor Einmischungen von außen erscheinen aus dieser Perspektive in einem anderen Licht: Er macht die Grundlage der bestehenden Herrschaftsordnung, das Patriarchat, unsichtbar und unterbindet Forderungen nach Veränderung. Die feministische Sicht auf internationale Beziehungen ist postnational, indem sie diese mit privaten Geschlechterbeziehungen in Verbindung setzt.

Chauvinismus und Autokratie

Nationalistischer Chauvinismus und sexistischer Chauvinismus haben eine Gemeinsamkeit: Sie gehen mit autoritären politischen Strukturen einher und reproduzieren sie. Ein Nationalismus, der auf biologistischen Vorstellungen von ethnischer Reinheit, auf exklusiven kulturellen Traditionen und einem Überlegenheitsgefühl gegenüber anderen Ethnien oder Nationen beruht, ist in seiner Struktur ultrakonservativ und hierarchisch. Wo die nationalistische Identifikation mit einer zumeist männlichen Führungsfigur im Zentrum des politischen Denkens steht, ist kein Platz für Gewaltenteilung, demokratischen Pluralismus oder eine diverse und partizipative Gesellschaft. Wo die herabwürdigende und aggressive Ausgrenzung von »Anderen« ein wesentliches Element der eigenen Identitätsvergewisserung ist, greift Militarismus um sich – der wiederum hierarchisches Denken und Gewalt als Mittel der Politik begünstigt.

Auch im Patriarchat ist politischer Autoritarismus bereits angelegt. Denn wo die privaten Beziehungen zwischen den Geschlechtern, vom patriarchalen Staat begünstigt, auf Unterwerfung und Gewalt beruhen, hat Demokratie in letzter Konsequenz keine Chance. Deshalb bezeichnen Valerie Hudson und ihre Mitautorinnen die Beziehung zwischen den Geschlechtern auch als »Trainingscamp der Autokratie«. Geschlechterdominanz liefert Vorbilder für die Beherrschung und Marginalisierung anderer Gruppen.[15] Politische Ordnungen auf der Basis patriarchaler privater Strukturen neigen, je nach Ausprägung, zu Dysfunktionalität, Gewalt, Instabilität, Unsicherheit, Autoritarismus und Korruption. Sie sind außerdem von Verantwortungs-, Rechenschafts- und Straflosigkeit gekennzeichnet.[16] Hudson und ihr Forscher:innen-Team haben eine umfassende Datenbank zur rechtlichen und gesellschaftlichen Situation von Frauen angelegt. Das Projekt WomanStats ordnet und bearbeitet die gesammelten Daten anhand von Kriterien wie »Gewalt gegen Frauen«, »Bevorzugung von Söhnen«, »Familienrecht«, »heiratsfähiges Alter von Mädchen«, »Vielehe« und »Recht auf Besitz«. Es verortet Staaten auf einem Spektrum zwischen relativer Gerechtigkeit zwischen den Geschlechtern und extremen patriarchalen Verhältnissen.[17] Dabei wird sichtbar, dass Geschlechtergerechtigkeit in liberalen Demokratien ausgeprägter und relativ stabil ist, wenn auch bislang kein Staat die Bestnote erhalten hat. Die Neigung zu Autokratie und aggressiver Politik nach innen und außen nimmt hingegen zu, je stärker patriarchale Strukturen sind.

Diese Chauvinismus-Trias aus Nationalismus, Sexismus und Autokratie leitet meine Analyse an. Der Chauvinismus-Begriff macht die Verbindung zwischen ihnen sichtbar. Er hilft, die feministische Perspektive fest in der Untersuchung der illiberalen Entwicklungen in Russland zu verankern, die in den Überfall auf die Ukraine im Februar 2022 mündeten. Zudem schärft er nicht nur den Blick auf die russische Politik, sondern auch auf andere gesellschaftliche Systeme. Denn der Chauvinismus ist sowohl mit seinem nationalistischen als auch mit seinem sexistischen Aspekt in allen gesellschaftlichen Systemen vorhanden. Als analytische Kategorie macht er chauvinistische Tendenzen, Denk- und Verhaltensweisen auch in Demokratien sichtbar. Wo sie sich ausbreiten, wird das Fundament demokratischer Ordnungen brüchig und anfällig für autoritäre Entwicklungen – und für die Einflussnahme von externen Akteuren, die die liberalen Demokratien schwächen wollen.

Versuche, den Krieg zu erklären

Der russische Angriff auf die Ukraine am 24. Februar 2022 markiert einen tiefen Einschnitt. Er ist der erste russische Krieg, der offensichtlich auf die totale Unterwerfung und Vernichtung eines Nachbarstaats abzielt. Er bildet eine Wegmarke im langen Zerfallsprozess der Sowjetunion seit Mitte der 1980er-Jahre. Er beendet eine Periode, in der viele Akteur:innen immer noch glaubten, Putins Russland ließe sich zumindest perspektivisch in eine kooperative europäische Sicherheitsordnung integrieren. Diese Vorstellung ist mit dem Wüten der russischen Streitkräfte in der Ukraine haltlos geworden. Im Angesicht des Unfassbaren suchen die gestern noch Optimistischen nach Erklärungen sowohl für die Katastrophe selbst als auch für das eigene Unvermögen, sie heraufziehen zu sehen.

Krieg und Frieden zwischen Staaten sind ein zentraler Untersuchungsgegenstand der Lehre von den internationalen Beziehungen (IB), einer Teildisziplin der Politikwissenschaft. Die russische Invasion hat eine weitere Runde der alten Kontroverse zwischen zwei der wichtigsten Denkschulen in den IB ausgelöst, dem Realismus und dem Liberalismus.* Im Kern streiten ihre Vertreter:innen

* Auch die Theorien der internationalen Beziehungen sind weit verzweigt. Die Denkschulen, die ich hier nenne, sind nicht homogen. Der Realismus hat unterschiedliche Ausprägungen, darunter den klassischen, den neoklassischen und den strukturellen Realismus. In der deutschen Debatte wird zwischen Liberalismus und neoliberalem Institutionalismus unterschieden. Ich verwende den Liberalismus-Begriff hier sehr weit und schließe den neoliberalen Institutionalismus mit ein. Den Konstruktivismus und den Poststrukturalismus blende ich in diesem Kapitel aus, weil ich im Hinblick auf Russlands Krieg gegen die Ukraine derzeit die Auseinandersetzung zwischen Realismus und Liberalismus für wichtiger

über zwei eng miteinander verknüpfte Fragen: Sind die Ursachen staatlichen Außenverhaltens, also von Krieg und Frieden, primär im internationalen System und im Macht(un)gleichgewicht zwischen den Staaten zu suchen, wie der Realismus lehrt? Oder liegen die Gründe in den Staaten selbst, ihrer politischen, wirtschaftlichen und gesellschaftlichen Verfasstheit, wie im Liberalismus dargestellt? Ist das internationale System gemäß dem Realismus unveränderlich anarchisch und Krieg damit immer eine Option staatlichen Verhaltens? Oder kann sich die Staatenwelt dem Liberalismus entsprechend in Richtung einer dauerhaft friedlichen Ordnung mit funktionierenden zwischenstaatlichen Institutionen und engen zwischengesellschaftlichen Beziehungen entwickeln? Diese Fragen sind so alt wie die Disziplin selbst. Russlands Krieg wirft sie für Europa erneut auf. Ähnlich wie in der Nationalismusdebatte gibt es also einen Disput darüber, ob der Mensch als soziales Wesen lernen kann und ob deshalb nachhaltiger Fortschritt in Richtung Frieden möglich ist – oder eben nicht.

Die Denkschule des Liberalismus geht davon aus, dass das internationale System – in Abwesenheit eines allseits anerkannten Herrschafts- und Gewaltmonopols – anarchisch ist. Dieser Urzustand des »Alle gegen alle« kann aber eingehegt werden. Der Liberalismus folgt der auf Immanuel Kant zurückgehenden Annahme, dass Demokratien, zumindest gegen andere Demokratien, weniger Krieg führen. Demokratisch gewählte Regierungen, die ihren Bevölkerungen gegenüber rechenschaftspflichtig sind, neigen zu weniger aggressivem Außenverhalten, denn sie laufen Ge-

---

halte. Wer mehr über diese faszinierenden Debatten erfahren will, dem sei diese Einführung empfohlen: Nicole Deitelhoff und Michael Zürn: *Per Anhalter durch die IB-Galaxis. Lehrbuch der internationalen Beziehungen*, München 2016.

fahr, von den Bürger:innen für die anfallenden Kosten durch Abwahl bestraft zu werden. Der Liberalismus nimmt außerdem an, dass Normen des internationalen Rechts und grenzüberschreitende Institutionen, also zwischenstaatliche Verträge oder Organisationen wie die Vereinten Nationen, ein ausreichend stabiles Gerüst bilden können, um Konflikte zwischen Staaten gewaltlos zu regeln. Dem Liberalismus wohnt also ein Fortschrittsgedanke inne: Die Staatenwelt *kann* sich von der Anarchie hin zu einem friedvollen Zustand bewegen. Die Voraussetzung dafür ist, dass Staaten sich im Innern demokratisieren und auf internationaler Ebene Normen und Regeln für den Umgang miteinander entwickeln und einhalten.

Der Liberalismus sieht folgerichtig die wichtigsten Ursachen für den Krieg im Innern Russlands und der Ukraine, also in den zunehmenden Unterschieden und Spannungen zwischen den Herrschaftssystemen der beiden Länder. Auf der einen Seite steht die russische Autokratie mit ihrer zunehmend nationalistischen und gewalttätigen Politik, auf der anderen die Ukraine mit ihren demokratischen und europäischen Ambitionen. Der Krieg wird so zum Ausdruck der wachsenden Systemrivalität zwischen autokratischen und demokratischen Staaten. Dabei geht es auch um die angemessene Verfasstheit des internationalen Systems: Während Demokratien auf den Erhalt der regelbasierten internationalen Ordnung bestehen (wobei ihr eigenes Verhalten nicht ohne Widersprüche ist), verletzen Autokratien diese nicht nur, sondern stellen sie auch grundsätzlich infrage. Deshalb ergreifen Vertreter:innen des Liberalismus Partei gegen den russischen Krieg. Die angemessene Antwort besteht aus liberaler Perspektive darin, die Ukraine militärisch, politisch und wirtschaftlich gegen die Aggression des Putin-Regimes zu unterstützen. Auch mein Blick auf den russischen Chauvinismus ist ein liberaler. Er richtet den Fokus auf die Entwicklung der russischen Gesellschaft bezüglich der Beziehungen zwischen den Geschlechtern, der russischen Identität und des politischen Systems – und sieht in ihnen die Hauptursachen für die destruktive Richtung, die die russische Außenpolitik eingeschlagen hat.

Der Liberalismus ist zuletzt in schwieriges Fahrwasser geraten. In den triumphalen 1990er-Jahren schien sich die liberale Demokratie als überlegene Regierungsform weltweit durchgesetzt zu haben. Seit der Jahrtausendwende kehrte sich der Trend aber um. Die US-Außenpolitik unterzog nach den Terroranschlägen auf das World Trade Center am 9. September 2001 die Grundannahmen des demokratischen Friedens einem harten Stresstest. Vom Irakkrieg über die Tötung von Zivilpersonen bei Drohneneinsätzen, dem Folterskandal von Abu Ghraib bis hin zu den Zuständen im Militärgefängnis Guantanamo Bay auf Kuba unterlief Washington im Namen der eigenen nationalen Sicherheit das Völkerrecht. In den 2010er-Jahren ging die demokratische Regierungsform weltweit zurück. Laut dem *Variety of Democracy*-Report lebten 2022 72 Prozent der Weltbevölkerung in autokratischen Verhältnissen, während es zehn Jahre vorher nur 46 Prozent waren.[18] Westliche Demokratien kämpfen mit Polarisierung und antidemokratischen politischen Strömungen in ihrem Innern. Besonders weit fortgeschritten sind diese Prozesse in den USA, wo von 2016 bis 2021 der bekennende Antidemokrat und Chauvinist Donald Trump Präsident war.[19] Die Parteienlandschaft in den USA ist stark polarisiert. Die Bewegungen *Black Lives Matter* und *MeToo* konfrontieren die amerikanische Demokratie mit tief sitzenden strukturellen Defiziten. Auf internationaler Ebene spitzt sich ein Systemkonflikt zwischen den USA und der angehenden Supermacht China zu, allerdings in einem fragmentierten globalen Kontext, in dem immer mehr von Macho-Männern geführte Regionalmächte aggressiv-nationalistische Geopolitik betreiben. In der optimistischen Fortschrittserzählung über die Entwicklung hin zu einer modernen, friedlichen und liberalen Weltordnung waren diese »Rückfälle« nicht vorgesehen. Der Liberalismus steht deshalb – sowohl wissenschaftlich als auch politisch – vor der Herausforderung, einen Ausweg aus seiner gegenwärtigen Krise zu finden.[20] Dabei gilt es, die Defizite und Widersprüche der demokratischen Regierungsform und der Rolle demokratischer Staaten im internationalen System anzuerkennen. Nur so können Strategien entwickelt werden, um die Errungenschaften liberaler Politik zu erhalten und weiter auszubauen.

Der Realismus, besonders in seiner neorealistischen Ausprägung, fühlt sich hingegen von den Entwicklungen des Jahres 2022 bestätigt.[21] Auch Realist:innen betrachten das internationale System als Anarchie. Sie gehen davon aus, dass dieser Zustand nicht veränderbar ist. Staaten sind deshalb einem ewigen Sicherheitsdilemma ausgesetzt. In einer solchen Welt kann Außenpolitik nur ein Ziel haben: die Maximierung von Sicherheit, insbesondere im klassischen Sinne einer militärischen Verteidigung der eigenen Grenzen. Starke Staaten, die über mehr militärische Macht verfügen, maximieren ihre Sicherheit auch auf Kosten kleinerer Staaten. Auf Machtverschiebungen zu ihren Ungunsten reagieren sie unwillig und, wenn es sein muss, mit Krieg. Krieg als Mittel der Politik wird in dieser realistischen Interpretation zum zeitlosen Phänomen, das sich in bestimmten internationalen Machtkonstellationen immer und gesetzmäßig wiederholt.* Die Staaten

* Ich unterstelle hier ausdrücklich nicht, dass Vertreter:innen des Realismus Krieg *wollen*. Vgl. Carlo Masala: »Warum (Neo-)Realisten (meistens) keinen Krieg mögen«, in: *Zeitschrift für Außen- und Sicherheitspolitik* 4 (2011), S.253–269.

rollen im internationalen System herum wie Billardkugeln. Ob sie kollidieren und wer dabei das Nachsehen hat, ist allein von ihrer Machtfülle abhängig. Mit innenpolitischen und gesellschaftlichen Konstellationen haben diese zwangsläufigen Konflikte nichts zu tun.[22]

Manche Realist:innen weisen schon seit Längerem darauf hin, dass Russland in den vergangenen Jahrzehnten in seiner Nachbarschaft eine kontinuierliche Verschlechterung seiner Position habe hinnehmen müssen, weil das westliche Staatenbündnis in Gestalt von NATO und EU immer näher an seine Grenzen herangerückt sei. Der amerikanische Politikwissenschaftler John Mearsheimer, eine führende Stimme der neorealistischen Schule, vertritt diese Sichtweise besonders aggressiv. Er schrieb bereits 2014, nach der Annexion der Krim und dem Beginn des russischen Krieges gegen die Ukraine, in einem viel beachteten Aufsatz in *Foreign Affairs*: »[D]ie Verantwortung für die Krise in der Ukraine entfällt zum größten Teil auf die USA und ihre europäischen Verbündeten. Die Hauptwurzel des Übels ist die Erweiterung der NATO, das zentrale Element einer groß angelegten Strategie, mit der die Ukraine aus dem russischen Einflusskreis herausgenommen und in den Westen integriert werden sollte.«[23] Russland habe darauf reagiert wie jede normale Großmacht, die eine potenzielle Gefahr in der Nähe ihres Territoriums erkennt. Schließlich sei die Ukraine aus Moskauer Perspektive ein »Pufferstaat von enormer strategischer Bedeutung«. Kein »russischer Führer« werde jemals die »Annäherung der Ukraine an eine gegnerische militärische Allianz oder die Einsetzung einer prowestlichen Regierung in Kyjiw tolerieren und so Russlands Sicherheit und Position im internationalen Machtgefüge kompromittieren.« Der russische Angriff auf die Ukraine, ob nun 2014 oder 2022, ist aus dieser Perspektive die vorhersehbare Reaktion einer bedrängten Großmacht, die, wie jede:r andere Akteur:in in einer anarchischen Welt, danach strebt, ihre Sicherheit zu maximieren.

Die fehlgeleitete Politik der USA und des Westens insgesamt führt Mearsheimer auf eine grundlegend falsche Wahrnehmung der internationalen Ordnung nach dem Ende des Ost-West-Konflikts zurück: »Die meisten Liberalen [...] glaubten, dass das Ende des Kalten Krieges die internationale Politik grundlegend verändert hätte und dass eine neue, postnationale Ordnung die realistische Logik ersetzt hätte, die bislang in Europa herrschte. Die USA waren nicht nur die ›unverzichtbare Nation‹, wie Außenministerin Madeleine Albright es formulierte; sie waren auch ein freundlicher Hegemon, der von Moskau nicht als Bedrohung gesehen werden konnte. Das eigentliche Ziel bestand darin, den gesamten Kontinent nach dem Vorbild Westeuropas zu modellieren.«[24] Liberalismus, Demokratieexport und Werteorientierung in der Außenpolitik hätten lediglich westliche Macht- und Einflusspolitik bemäntelt. In diesem Licht gesehen hätte die NATO sich nicht nach Osten erweitern dürfen. Die EU hätte besser auf die Assoziierungsabkommen mit ihren östlichen Nachbarn verzichtet. Vielmehr wäre es auch im westlichen Interesse gewesen, die Ukraine in einem Zustand der Neutralität als Pufferzone zwischen Russland und dem westlichen Bündnis zu erhalten. Diese Fehler seien kaum noch zu korrigieren, und wenn doch, dann nur durch eine »Politik der Zurückhaltung« *(policy of restraint)*.[25]

Mearsheimer blieb auch 2022 seiner Darstellung der Kriegsursachen treu, mit dem Unterschied, dass die Ukraine als handelndes Subjekt in seinen Ausführungen nun kaum noch vorkommt. Im August 2022 beschrieb er den Krieg als direkte Konfrontation zwischen den USA und Russland. Beide Seiten wollten unbedingt den Sieg davontragen, was das Risiko eines direkten militärischen Zusammenstoßes beziehungsweise der nuklearen Eskalation immens erhöhe.[26] Daraus leiten ähnlich denkende Vertreter:innen des Realismus die Notwendigkeit von Verhandlungen unter Berücksichtigung russischer Forderungen und Positionen ab, auch unter Inkaufnahme ukrainischer Gebietsverluste. Für sie ist eine solche Herangehensweise sowohl angesichts der begangenen westlichen Fehler als auch zur Verhinderung einer möglicherweise weltvernichtenden nuklearen Eskalation gerechtfertigt.

John Mearsheimer hat 2022 viel Gegenwind bekommen – auch aus den Reihen der Realist:innen.[27] Aber er erhielt auch viel Unterstützung. Mit dem erneuten russischen Einmarsch in die Ukraine haben die Stimmen an Stärke gewonnen, die nach einem Ende der deutschen Naivität und nach einer »realistischen Reformulierung« der eigenen außenpolitischen Mission und Maximen rufen. Außenpolitik könne unter den gegebenen Umständen nicht mehr idealistisch und allein auf die Einhaltung demokratischer, rechtsstaatlicher und menschenrechtlicher Normen ausgerichtet sein.[28] Kritiker:innen werfen dem Realismus hingegen Vereinfachung vor.[29] Sie bemängeln, dass er für viele Aspekte des Krieges keine befriedigenden Erklärungen bietet: für den genauen Zeitpunkt der russischen Invasion; für die eklatanten Fehleinschätzungen, denen die russische Führung offenkundig erlag; für den entschlossenen und erfolgreichen Widerstand der ukrainischen Seite; für die internationalen Reaktionen auf den Krieg.[30]

Der Realismus ist blind für die gesellschaftlichen Entwicklungen in den Nachbarstaaten Russlands. Er kann nicht (an-)erkennen, dass Demokratiebewegungen wie die in der Ukraine, Belarus oder Georgien tatsächlich existieren, geschweige denn die Politik einer Großmacht ursächlich beeinflussen können. Nach realistischer Auffassung handelt es sich schlicht um Staaten, die im internationalen Machtgefüge von minderer Bedeutung sind und gegenüber Großmächten wie Russland nur über eingeschränkte

Souveränitäts- und Existenzrechte verfügen. Gesellschaften sind demnach ohnehin irrelevant. Folgerichtig verfiel Mearsheimer schon 2014 der irregeleiteten Vermutung, hinter der pro-europäischen Bewegung in der Ukraine verberge sich der lange Arm der amerikanischen Macht- und Interessenpolitik. So formuliert der Realismus eine selbsterfüllende Prophezeiung: Wer in realistischen Machtkategorien denkt, der handelt auch so.[31] Und das tun im gegenwärtigen internationalen System immer mehr Akteure, mit katastrophalen Folgen für die internationale Sicherheit. Russland ist dafür ein besonders plastisches Beispiel.

2

CHAUVINISMUS IN RUSSLAND

John Mearsheimer hat einen großen Fanclub in Russland. Im Oktober 2016 war er, wie auch ich, zu Gast bei der 13. Jahreskonferenz des Internationalen Diskussionsklubs Waldai in Sotschi. Diese Treffen von russischen und internationalen Expert:innen sowie Politiker:innen werden von den wichtigsten Moskauer Universitäten und Thinktanks in enger Abstimmung mit dem Kreml organisiert, um Expert:innen-Diskussionen über internationale Beziehungen und Treffen mit hochrangigen russischen Regierungsvertreter:innen zu ermöglichen. Der Höhepunkt jeder Konferenz ist ein Treffen mit Präsident Wladimir Putin. Vor seinem Wechsel ins Amt des Premierministers 2008 nutzte er sie für einen intensiven Austausch mit den internationalen Expert:innen. Seit seiner Rückkehr an die Staatsspitze 2012 hält er dort zunehmend außenpolitische Grundsatzreden. Ich selbst war von 2016 bis 2021 dabei und werde im Laufe des Buches mehrmals über meine Gespräche und Erfahrungen dort berichten.

2016 rollten die Veranstalter John Mearsheimer in Sotschi den roten Teppich aus. Seine Kritik an der Politik der USA und der NATO, denen er 2014 die Hauptverantwortung für den Ausbruch des Krieges gegen die Ukraine zugeschrieben hatte, war in Moskau sehr genau registriert worden. Dieser Beifall für Mearsheimer kam für mich nicht überraschend. Schließlich hatte ich seit den frühen 2000er-Jahren beobachtet, wie die außenpolitische Debatte in

Russland sich immer stärker auf strukturalistische Erklärungsmuster des Realismus versteifte. Sergej Lawrow ist seit 2004 russischer Außenminister. Sein Credo, und das der außenpolitischen Community seines Landes, ist die Entstehung einer »multipolaren Welt« als Schauplatz geopolitischer Großmachtkonkurrenz. Schon in den 2000er-Jahren zeigte man sich in Moskau überzeugt, dass der amerikanische Unilateralismus der 1990er-Jahre am Ende sei. Russland war, das versteht sich, in den Augen der russischen Kollegen (und sehr wenigen Kolleginnen) eine der Großmächte, die ein Recht auf Mitgestaltung der internationalen Beziehungen beanspruchen dürften. Ebenso befanden sie, dass Russland als Großmacht eine regionale Einflusszone zustehe, in der es den Ton angeben und die Regeln bestimmen könne. Souveränität, einer der Schlüsselbegriffe im russischen Diskurs der Putin-Zeit, wurde als Privileg der Großmächte gedeutet – kleineren Staaten stand sie nicht zu. Die Verschiebungen im internationalen System führten diesem Denken zufolge unweigerlich zu Spannungen zwischen aufsteigenden und absteigenden Mächten. Konflikte und Kriege wurden als unausweichliche Ausdrucksformen dieser Reibungen betrachtet. Dieses Bild von den internationalen Beziehungen hat sich über einen Zeitraum von zwanzig Jahren in Russland immer weiter verfestigt.

Abweichende Perspektiven hatten es hingegen immer schwerer. Der liberale Blick nach innen, auf die Beschaffenheit des politischen Systems, die Beziehungen zwischen Staat und Gesellschaft oder gar zwischen den Geschlechtern war nicht (mehr) opportun. Die Gefahr für kritische Stimmen wuchs in dem immer autoritäreren politischen Kontext. Feministische Kritik an asymmetrischer Machtverteilung in privaten, politischen und internationalen Beziehungen hatte und hat im von Männern dominierten außenpolitischen Diskurs überhaupt keine Chance. All das ist viele Male beschrieben worden. Ich möchte anhand einiger persönlicher Begegnungen und Gespräche verdeutlichen, wie die politische Elite in Russland die Welt sieht – und den Krieg gegen die Ukraine.

Im Juni 2022 saß ich mit einem sehr renommierten russischen Kollegen in einem Moskauer Café. Der Krieg dauerte schon vier Monate an, wir sprachen über seine Vorgeschichte und seine Folgen. Der Kollege erklärte mir:

> »Dieser Schritt [der Angriff auf die Ukraine] ist nicht rückgängig zu machen, der einzige Ausweg ist der militärische Erfolg [Russlands]. […] Das Ziel ist, dass die Ukraine verschwindet, aber es ist unklar, wie. Das Mindeste ist der Donbas, dann Schritt für Schritt weiter. Ein Waffenstillstand wäre nur eine Pause bis zum nächsten Krieg. Am Anfang [der Invasion] gab es viele Rückschläge, dann erfolgten taktische Anpassungen. Und weiter hat auch der Chef [Putin] keinen Plan. Er hat ein Fernziel, aber keine Ahnung, wie er es erreichen soll. Ich dachte am Anfang, er sei verrückt. Aber das stimmt nicht. Er ist kaltblütig. Es gibt kein Zurück mehr, sogar, wenn ihm etwas passiert. Russland befindet sich in einer neuen Phase – wir bewegen uns nicht mehr nach Europa. In dieser Sackgasse sind wir schon lange – seit 2012. […] Putin will die letzten dreißig Jahre rückgängig machen. Seine Umgebung und er selbst denken, Gorbatschow ist damals an der Weggabelung in die falsche Richtung gegangen. Wir gehen jetzt in die andere Richtung. […] Das entspricht alles der globalen historischen Entwicklung – es ist irreversibel. Wenn eine Schlägerei unausweichlich ist, dann schlag als Erster zu. Frieden ist eine Ausnahme, nun ist mit dem Krieg die Normalität zurückgekehrt. Das ist ein alternativloser historischer Prozess.«

Begonnen hatte das Gespräch damit, dass der Kollege seiner Freude darüber Ausdruck verlieh, wegen des Abbruchs der Beziehungen mit dem Westen nicht mehr reisen zu müssen. Auch Einladungen nach Deutschland habe er seit dem Beginn der Invasion ausgeschlagen. Er habe keine Botschaften mehr für die deutsche politische Community. Das sei alles ein für alle Mal vorbei, zwecklos.

2018 hatte ich am Rande einer Konferenz eine spätabendliche Diskussion mit einigen anderen russischen Kollegen. Ausgangspunkt war der Krieg gegen die Ukraine. Die Kollegen waren sehr schnell in historische Kriege von der Antike bis in die Neuzeit vertieft. Es ging lange darum, welcher Herrscher wann wen wie besiegt hatte, um Niederlagen und Revanchen. So seien eben die internationalen Beziehungen, so sei nun einmal das Verhalten von Großmächten, unveränderlich, durch alle Epochen. Auch Russland führe so Krieg und werde das auch weiterhin tun. Ich versuchte, unter Verweis auf die Geschichte der deutsch-französischen Beziehungen das Gespräch zu wenden. Deutschland und Frankreich hätten sich im 19. und frühen 20. Jahrhundert als Erbfeinde betrachtet. Dennoch sei nach dem Zweiten Weltkrieg und trotz der Verbrechen des nationalsozialistischen Deutschlands eine Versöhnung gelungen, die die europäische Einigung mit ermöglicht habe und bis in die Gegenwart fortlebe. Heutzutage seien die Beziehungen zwischen den Gesellschaften ungeheuer vielschichtig, Tausende Französ:innen lebten in Deutschland und umgekehrt. »Stimmt schon«, war die Reaktion. »Aber ihr wart schließlich besiegt. Wir werden niemals besiegt werden.«

Bei der Waldai-Konferenz 2017 hatte ich Gelegenheit, Wladimir Putin eine Frage zu stellen. Ich griff die harsche Kritik auf, die er in seiner Eingangsrede an der westlichen Politik geübt hatte, und sagte: »Herr Präsident, Sie haben die westliche Politik gegenüber

Russland sehr hart kritisiert. Tatsächlich kann man viele der Aspekte, die Sie erwähnt haben, kritisch diskutieren. Aber wir wissen auch, dass in jeder Beziehung – egal, ob zwischen Staaten oder Menschen – beide Seiten Fehler machen. Deshalb meine Frage: Welche politischen Fehler hat Russland in Ihren Augen in den vergangenen fünfzehn Jahren gemacht? Und was muss getan, welche Schlüsse müssen gezogen werden im Hinblick auf die Zukunft dieser Beziehungen?«

Putins Antwort kam wie aus der Pistole geschossen: »Unser größter Fehler in den Beziehungen mit dem Westen ist, dass wir Ihnen vertraut haben. Und Ihr Fehler war, dass Sie dieses Vertrauen als Schwäche ausgelegt und missbraucht haben. Deshalb müssen wir das hinter uns lassen, dieses Kapitel abschließen und in der Zukunft unsere Beziehungen auf gegenseitigem Respekt aufbauen. Wir müssen uns als gleichberechtigte und gleichwertige Partner behandeln.«[1]

Die Vorstellungen der russischen Machtelite, die den Krieg gegen die Ukraine vom Zaun gebrochen hat, lassen sich so auf den Punkt bringen: Krieg ist ein unausweichlicher Bestandteil historischer Prozesse, an denen niemand – auch nicht die Großmacht Russland – etwas ändern kann. Die Beziehungen mit dem Westen sind die Geschichte von Leichtgläubigkeit und Vertrauensseligkeit auf der russischen und von antirussischer Aggression, Lüge und Betrug auf der westlichen Seite, was es nun zu korrigieren gilt. Russland befindet sich nach seiner Abkehr vom Westen auf dem Weg zu einem neuen existenziellen Zustand. Und es gibt keine Alternative zum Sieg.

Und doch lässt sich die Geschichte des russischen Chauvinismus nicht ohne die Gegenbewegung erzählen. Es gab immer wieder Momente, in denen die Entwicklung in eine andere Richtung hätte gehen können. Es sollte zumindest nicht ausgeschlossen werden, dass die russische Gesellschaft auch in Zukunft wieder vor solchen Weggabelungen stehen wird.

Nationalismus

Womit sollten sich die Menschen in Russland nach 1991 identifizieren? Mit der Sowjetunion, die nach einer langen Phase der Agonie unter dem Jubel der Welt zusammengebrochen war? Mit dem real existierenden russischen Staat der 1990er-Jahre, schwach, chaotisch, korrupt und gewaltdurchsetzt? Mit einer Zukunftsvision von Demokratie und Integration in die westliche Staatengemeinschaft, deren Modell sich am Ende des Ost-West-Konflikts durchgesetzt zu haben schien? Oder mit der ethnischen russischen Nation, die 80 Prozent der Bevölkerung Russlands ausmacht?

Die Frage nach ihrer postsowjetischen Identität bewegte alle Gesellschaften in den Nachfolgestaaten des zerfallenen Imperiums. Politische, gesellschaftliche und nationale Konflikte brachen auf. In ihnen ging es um vieles: Herrschaftsansprüche, die Verteilung von wirtschaftlichen Ressourcen, innenpolitische Instrumentalisierung, historische Narrative – und immer um die Frage, als was sich diese Gesellschaften begriffen und begreifen wollten. In vielen Nachbarstaaten war die Antwort klar: Sie waren nicht die Sowjetunion und auch nicht Russland. Die Abgrenzung vom ehemaligen imperialen Zentrum war ein Hauptantrieb bei der Neubestimmung nationaler Identität von Belarus bis nach Zentralasien.

Die Menschen in Russland hatten größere Schwierigkeiten, den Zusammenbruch der Sowjetunion als Befreiung zu sehen und in eine neue, postsowjetische und postimperiale Zukunft aufzubrechen. Michail Gorbatschow bereitete mit der Perestroika, also

Reformprogrammen in Wirtschaft und Gesellschaft, sowie mit Glasnost, der politischen Öffnung, den Weg für mehr gesellschaftlichen Pluralismus und für eine kritische Auseinandersetzung mit Sowjetherrschaft und Kolonialismus. Das Moskauer Zentrum hatte den Absetzbewegungen in der Peripherie bald nichts mehr entgegenzusetzen. So begann der Zerfall von Westen her in den baltischen Staaten, die sich ohnehin nie als Teil der UdSSR begriffen hatten, über Belarus, die Ukraine, Moldau und den Südkaukasus bis nach Zentralasien. Michail Gorbatschow ist 2022 im Alter von neunzig Jahren gestorben. Er wurde von vielen Menschen in Russland verachtet oder sogar gehasst, weil sie ihn für den Untergang des russisch dominierten Sowjetreichs verantwortlich machten. Indes kämpfen die Ukrainer:innen weiter gegen den Versuch Putins, die russische Vorherrschaft über ihr Land gewaltsam wiederherzustellen.

Die späten 1980er- und frühen 1990er-Jahre waren in Russland eine Zeit der tiefen Erschütterungen *und* der gesellschaftlichen Mobilisierung. Im August 1991 versuchte eine Gruppe hochrangiger Funktionäre aus den Reihen der Kommunistischen Partei und des Geheimdienstes, Gorbatschow abzusetzen und die politischen Veränderungen rückgängig zu machen. In Moskau, Leningrad und anderen Städten der Sowjetunion gingen Hunderttausende gegen den Putsch auf die Straße. An ihre Spitze stellte sich Boris Jelzin, der Präsident der Russischen Sozialistischen Föderativen Sowjetrepublik. Der Putschversuch brach nach drei Tagen in sich zusammen. Vier Monate später zerfiel auch der Staat, zu dessen Erhalt die Putschisten angetreten waren.

Zu Beginn der russischen Eigenstaatlichkeit nutzte Boris Jelzin seine konsolidierte Macht für Wirtschaftsreformen, die als »Schocktherapie« in die Geschichte eingingen. Die Preise wurden freigegeben, öffentliche Ausgaben drastisch gekürzt und staatliches Eigentum privatisiert. Jelzin und seine Unterstützer ließen sich von dem Glauben leiten, dass mit diesen Maßnahmen und finanzieller Unterstützung internationaler Geldgeber wie dem Internationalen Währungsfonds und der Weltbank innerhalb weniger harter Jahre der Übergang von der Plan- zur Marktwirtschaft gelingen würde.[2] Stattdessen stürzte Russland in eine tiefe Krise. Explodierende Preise und eine rasende Inflation ließen weite Teile der Bevölkerung noch ärmer werden als zuvor. Angehörige der Nomenklatura und der Geheimdienste hingegen nutzten ihre privilegierte Position, um im Rahmen der »Privatisierung« den Staatsbesitz unter sich aufzuteilen.[3] Dies geschah in einer raubkapitalistischen Schattenwelt, in der sich staatliche Strukturen, neue Unternehmer *(bisnesmeny)*, Geheimdienste und organisierte Kriminalität kaum voneinander unterscheiden ließen. Häufig wurden Konflikte mit Gewalt ausgetragen. Mitte der 1990er-Jahre ging aus den chaotischen Verteilungskämpfen eine kleine Gruppe von superreichen Männern hervor. Sie bewahrten Boris Jelzin 1996 durch ihre Unterstützung vor der sicheren Niederlage gegen Gennadij Sjuganow, den Führer der Kommunistischen Partei der Russischen Förderation (KPRF). Das war die Geburtsstunde der russischen Oligarchie, in der einige wenige Wirtschaftsbosse die Kontrolle über den russischen Staat und seinen siechen Präsidenten Boris Jelzin übernahmen.

Im Herbst 1993 kam es zu einer politischen Blockade zwischen Jelzin und dem Obersten Sowjet, dem noch zu Sowjetzeiten gewählten Parlament. Jelzin ließ Anfang Oktober den damaligen Sitz des Parlaments, das »Weiße Haus« in Moskau, beschießen und brach so den Widerstand seiner Gegner. Bei den Kämpfen kamen über hundert, nach anderen Schätzungen bis zu tausend Menschen ums Leben. Jelzin setzte im Dezember 1993 eine neue Verfassung durch, die das Amt des Präsidenten mit großer Machtfülle ausstattete. Das politische Chaos und die Gewalt des Jahres 1993 wurden zum negativen Gründungsmythos der russischen Demokratie.

Teile der russischen Gesellschaft schienen in dieser Zeit in eine Art Vakuum zu fallen. Ihre sowjetische Vergangenheit war entwertet, die Gegenwart instabil, die Zukunft ungewiss. Die Lebensverhältnisse im Westen schienen sehr erstrebenswert, aber kaum erreichbar. In den letzten Jahren der Sowjetunion hatte sich aber auch eine aktive, progressive Gesellschaftsschicht herausgebildet. Ihr gehörten Vertreter:innen der Intelligenzija an, die zu Sowjetzeiten lange Lagerstrafen durchlitten hatten und in der Bevölkerung wie auch in der politischen Elite hohes moralisches Ansehen genossen. Dieser Teil der Gesellschaft explodierte geradezu vor Tatendrang.[4] Ende der 1980er-Jahre wurden nichtstaatliche Organisationen erlaubt, und die früheren »Informellen« *(neformaly)* gründeten binnen kürzester Zeit Tausende NGOs und Graswurzel-Initiativen. Menschen engagierten sich in allen Bereichen, von sozialen Themen über Menschenrechte bis hin zur Ökologie. Hunderttausende gingen in den letzten Jahren der Sowjetunion auf die Straße, um für ihre Rechte und Interessen einzutreten. Neben Vakuum und Apathie gab es in der Gesellschaft also auch einen starken Wunsch nach politischer Partizipation. Dieses Potenzial hätte in die Entstehung einer Bürger:innen-Nation, in die Identifikation mit einem neuen, demokratischen Russland münden können.[5] Es kam aber anders.

Da waren die politischen Brüche in den späten Sowjetjahren und in der Anfangszeit der Russischen Föderation, die Vereinnahmung des Staates durch korrupte Eliten, die Rechtlosigkeit, der obszöne Reichtum der Oligarchen und die Verelendung der breiten Bevölkerung. Im Laufe der 1990er-Jahre wurden reformorientierte Akteure in den staatlichen Strukturen schwächer. Mit ihnen verschwanden die wenigen Anknüpfungspunkte für die Zivilgesellschaft im politischen System. Eine Parteienlandschaft, die dafür gesorgt hätte, dass gesellschaftliche Interessen in den politischen Prozess einfließen, entwickelte sich ohnehin nie. Die Atomisierung der postsowjetischen russischen Gesellschaft machte sie anfällig für Populismus und Nationalismus.

Oft war in dieser Zeit vom »Geist von Weimar« die Rede. Beobachter:innen inner- und außerhalb Russlands befürchteten, dass sich, wie in Deutschland zwischen den Weltkriegen, ein ultranationalistisches oder gar faschistisches Regime etablieren könnte. Rechtsextreme, xenophobe, antisemitische und faschistische politische Kräfte hatten während der Sowjetherrschaft ein Schattendasein geführt. Glasnost ebnete auch ihnen den Weg in den öffentlichen Raum. Die neonazistische Bewegung *Pamjat* (Erinnerung) machte Ende der 1980er-Jahre mit ihren Aufmärschen von sich reden. Rechtsextreme Gruppierungen waren im Oktober 1993 an der sogenannten Verteidigung des Weißen Hauses gegen Präsident Jelzin beteiligt. Ihre Paramilitärs tauchten in den Kriegen in der russischen Nachbarschaft auf. Eine wachsende Skinhead-Szene verübte Gewalttaten gegen Migrant:innen, die in den 2000er-Jahren in regelrechte Pogrome ausarteten.

Im russischen Parteienspektrum setzten sich nationalistische Positionen durch. Die Kommunistische Partei, nach dem Putschversuch 1991 verboten und 1993 als KPRF neu gegründet, vertritt unter ihrem langjährigen Vorsitzenden Gennadij Sjuganow bis heute eine Mischung aus Nationalismus, christlicher Orthodoxie und Sowjetnostalgie. Sie war bei den Parlamentswahlen in den 1990er-Jahren sehr erfolgreich. Sjuganow unterlag bei der Präsidentschaftswahl 1996 nur knapp dem Amtsinhaber Boris Jelzin.

Auch der Ultranationalist Wladimir Schirinowskij erzielte mit seiner Liberaldemokratischen Partei Russlands (LDPR), die niemals liberal oder demokratisch war, in den ersten Wahlen zur Staatsduma große Erfolge. Schirinowskij verbreitete einen mit Ausländer- und Frauenhass sowie Antisemitismus und faschistischen Ideen gewürzten großrussischen Nationalismus. Er starb 2022 an den Folgen einer Corona-Infektion.

Schirinowskijs Nachfolger Leonid Sluzkij zeigt beispielhaft, wie extremer Nationalismus, Sexismus und autokratisches Gedankengut in einer Person verschmelzen können.[6] Er ist seit 1999 Abgeordneter eines Moskauer Wahlkreises in der Staatsduma. Ab den frühen 2000er-Jahren war er Teil der russischen Delegation bei der Parlamentarischen Versammlung des Europarats (PACE), in den letzten Jahren der russischen Mitgliedschaft leitete er die Delegation. Er reiste unzählige Male nach Frankreich und in das Fürstentum Monaco und baute dort ein weit verzweigtes Netzwerk von Kontakten auf. Seine Rolle in der PACE hinderte ihn nicht daran, im Februar und März 2014 aktiv an der Aufwiegelung der Situation auf der Krim teilzunehmen. Er steht dafür seit 2014 auf der Sanktionsliste der EU. Sluzkij organisierte nach 2014 immer wieder Besuchsreisen französischer Politiker:innen nach Russland und auf die Krim – darunter so prominente Vertreter:innen wie Marine Le Pen. Er gilt auch als Spiritus Rector einer Resolution, in der sich ein Teil des französischen Parlaments im April 2016 für die Aufhebung der Sanktionen gegen Russland aussprach. Für all diese »Verdienste« wurde er nach der Parlamentswahl 2016 zum Vorsitzenden des Auswärtigen Ausschusses ernannt. Leonid Sluzkij unterhält enge Beziehungen zur Russisch-Orthodoxen Kirche. Er ist leidenschaftlicher Verfechter des russischen Autoritarismus unter Wladimir Putin. Im Frühjahr 2018 bezichtigten drei unabhängige Journalistinnen, Jekaterina Kotrikadze, Daria Schuk und Farida Rustamowa, Leonid Sluzkij der sexuellen Belästigung. Der Fall schlug hohe Wellen in den unabhängigen Medien, viele erklärten sich mit den drei Kolleginnen solidarisch. Sluzkij aber wies die gut belegten Vorwürfe als Provokation von sich und erhielt Rückendeckung von der Ethikkommission der Duma bis hin zum »Frauen-Klub«, einem Zusammenschluss weiblicher Duma-Abgeordneter.[7] Den Medien, bei denen die drei Journalistinnen angestellt waren, darunter TVRain, wurde mit Entzug der Akkreditierung gedroht. Der Sprecher der Duma, Wjatscheslaw Wolodin, der russischen Verfassung nach immerhin der drittwichtigste Mann im Staat, erklärte am 8. März 2018, wenn den Journalistinnen die Arbeit in der Duma zu gefährlich sei, dann sollten sie sich einen anderen Arbeitsort suchen. Kurz zuvor hatte er den Frauen im Journalisten-Pool der Duma zum internationalen Frauentag gratuliert.[8]

Unter den rechtsradikalen Intellektuellen im postsowjetischen Russland erwarb sich Alexander Dugin die wohl größte Prominenz. Seine Ideologie setzt sich aus großrussisch-chauvinistischen, eurasischen und faschistischen Elementen zusammen. Er war phasenweise in den staatlich kontrollierten Fernsehanstalten präsent und lehrte für einige Jahre an der Moskauer Lomonossow-Universität. 2014 tat er sich durch radikale, extrem antiukrainische Positionen hervor. Auch Alexander Prochanow, Schriftsteller und Chefredakteur der rechtsextremen Zeitung *Sawtra* (Morgen), ist eine etablierte öffentliche Figur. Er gründete 2012 den *Isborsker Klub*, einen Zusammenschluss prominenter Ultranationalisten, der ebenfalls nach der Annexion der Krim zu öffentlichem Einfluss kam. Beim Waldai-Forum war Alexander Prochanow Dauergast und erhielt in den Diskussionen mit Wladimir Putin stets das Wort. Niemand schien seine Aussagen ernst zu nehmen, doch begegneten ihm alle mit großem Respekt.

Die selbstverständliche Anwesenheit, diese »Salonfähigkeit« von extremen Nationalisten und Chauvinisten in der Öffentlichkeit hinterließ tiefe Spuren im gesellschaftlichen Diskurs. Die Regale der Buchläden füllten sich mit ihren Schriften. Sie lagen dort neben einer wachsenden Anzahl von Büchern über Stalin als weisen Staatslenker sowie über Russlands ruhmreiche Kriege und Helden vieler Epochen. Langsam, aber sicher wurde die russische Geschichte zu einem neuen, nationalistischen Kanon umgeschrieben. Diese pseudowissenschaftliche Literatur fand auch Eingang in schulische und universitäre Curricula.

Ihre Integration in den politischen Betrieb zähmte die Nationalisten. Wladimir Schirinowskij liefert ein anschauliches Beispiel. Er hegte Anfang der 1990er-Jahre radikal imperialistische und faschistische Ideen von der Eroberung der Staaten südlich der russischen Grenzen. Durch die Unterwerfung der Türkei, Irans und Afghanistans sollte Russland als autoritärer Staat auferstehen – und mit ihm die Welt, befreit von den »subversiven Aktivitäten der Südländer«.[9] Nach dem Einzug in die Staatsduma 1993 schrumpften Schirinowskijs Expansionsfantasien von der rechtsextremen Weltrevolution auf die Restauration des russischen Imperiums zusammen. LDPR und KPRF wurden zur nationalistischen Pseudo-Opposition. Sie begleiteten die Politik der Regierung mit ihren radikalen Gesängen, trugen sie aber am Ende mit. Unter Putin setzte sich diese Domestizierung fort. Er wollte Russland als Vielvölkerstaat stabilisieren und es einen. Zu offen ausgelebter ethnischer Nationalismus, Fremdenhass und Antisemitismus liefen dem zuwider und wurden bekämpft. Schirinowskij und seine Leute ordneten sich lieber dem neuen starken Mann unter, der ihren Wunsch nach autoritärer Führung befriedigte. Noch radikalere Nationalist:innen bekamen es hingegen mit der Staatsmacht zu tun.

In Teilen der russischen Bevölkerung herrscht seit Jahrzehnten eine migrations- und fremdenfeindliche Stimmung. Sie richtet sich vor allem gegen Menschen aus dem Kaukasus und aus Zentralasien. In den 2000er-Jahren nahm die Arbeitsmigration aus den zentralasiatischen Staaten wegen des wirtschaftlichen Aufschwungs in Russland zu. Außerdem verübten tschetschenische Terroristen eine Reihe von Anschlägen, die die Feindseligkeit in der russischen Gesellschaft verstärkten.[10] Eine neue Generation von Nationalisten griff diese Stimmung auf und tat sich in der Bewegung *Narod* (Volk) zusammen. Sie organisierten sogenannte »russische Märsche« am neu eingeführten staatlichen Tag der Einheit des Volkes, dem 4. November.[11] Anders als die nationalistische »Systemopposition« von LDPR und KPRF wandten sich diese rechten Aktivisten explizit gegen das System Putin. Sie forderten einen revolutionären »russischen Frühling« und den Sturz des Regimes. Im Winter 2011/12 mischten sie sich unter die Protestierenden, die gegen die gefälschten Duma-Wahlen und die Rückkehr Wladimir Putins in den Kreml auf die Straße gingen. Das brachte sie, ebenso wie die Verfechter einer demokratischen Transformation, ins Fadenkreuz staatlicher Unterdrückung. Ihre Führungsfiguren wurden unter Extremismus-Vorwürfen zu längeren Haftstrafen verurteilt. Je umfassender das russische Regime den politischen Raum kontrollierte, desto kleiner wurde nicht nur der Handlungsspielraum der liberalen Opposition, sondern auch jener der Rechtsextremen.

Die toxischen Botschaften der Ultranationalisten waren aber dank Dugin, Prochanow, Schirinowskij und vielen anderen schon längst in die öffentlichen und politischen Debatten eingesickert. Das machte sich Putin nach seiner Wiederwahl zum russischen Präsidenten 2012 zunutze. Auf Knopfdruck schaltete der Kreml nun rechtsextreme und chauvinistische Stimmen ein, wenn es seinen Zielen diente, und wieder aus, wenn sie ihre »Aufgabe« erfüllt hatten. Am eindrucksvollsten geschah dies 2014 um die

Annexion der Krim und den Beginn des Krieges im Donbas herum. Der verdeckte Angriff Russlands auf die Ukraine wurde begleitet von den Rufen des *Isborsker Klubs* nach Expansion und Imperium. Das Regime ließ die chauvinistischen Apologeten gewähren, solange noch nicht entschieden war, wie weit man mit dem Krieg gehen wollte und konnte. Das änderte sich im Herbst 2014, als erstmals nach einem Kompromiss gesucht wurde. Die Minsker Vereinbarungen entsprachen keineswegs den territorialen Ambitionen der russischen Ultranationalisten. Der Kreml entzog ihnen aber sehr schnell ihre Bühne in der breiten Öffentlichkeit.

So blieb es in den Jahren nach 2014. Nationalismus, Chauvinismus, Imperialismus, Antiamerikanismus, antiwestliche Haltungen und Illiberalismus waren feste Bestandteile des politischen Diskurses. Faschistische und rechtsextreme Ideologen, die unter Revolutionsverdacht standen, wurden nach Bedarf aus ihren Diskurskäfigen gelassen und wieder weggesperrt. Die Macht des Putin-Regimes durfte weder von liberaler noch von rechtsextremer Seite herausgefordert werden. Der Kreml hielt das Heft fest in der Hand. Was sich veränderte, war Putin selbst. Er durchlief eine kontinuierliche und seit 2020 immer drastischere Radikalisierung. Während er früher taktisch mit nationalistischen Ideen spielte, verkörpert er sie heute selbst. Seine »historischen« Schriften über die Ukraine von 2021 zeigen das ebenso wie seine hasserfüllten Reden zum Krieg 2022. Dort finden sich lange und historisch fehlerhafte Herleitungen der Behauptung, die Ukraine sei kein Staat, das russische und das ukrainische Volk hingegen eine historische Einheit.[12] Zur Begründung seiner Entscheidung, die sogenannten Volksrepubliken Donezk und Luhansk anzuerkennen, sagte er am 21. Februar 2022: »Die Sowjetukraine ist [...] ein Ergebnis der bolschewistischen Politik und man kann sie heute mit Fug und Recht als Wladimir-Lenin-Ukraine bezeichnen.« Und dann, an die Ukrainer:innen gewandt: »Eine Überwindung des Kommunismus wollt Ihr? Alles klar, vollkommen einverstanden. Aber dann bitte nicht auf halbem Wege stehen bleiben. Wir zeigen euch gerne, was eine echte Überwindung des Kommunismus für die Ukraine bedeutet«[13] – nämlich die Zerlegung des Landes in die Einzelteile, die die sowjetische Führung nach Putins Lesart willkürlich zusammengefügt hatte. Damit kündigte er bereits am 21. Februar 2022 an, was drei Tage später schreckliche Wirklichkeit wurde: den auf Vernichtung abzielenden Angriff Russlands auf das Nachbarland.

Sexismus

»Ob du es willst oder nicht, du wirst es hinnehmen müssen, meine Schöne.« Mit dieser Vergewaltigungsmetapher erklärte Wladimir Putin am 7. Februar 2022 seinem französischen Amtskollegen Emmanuel Macron bei einer Pressekonferenz in Moskau, warum die Ukraine die Minsker Vereinbarungen erfüllen müsse. Die Politikwissenschaftlerin Elizaveta Gaufman hat nachgewiesen, wie die Ukraine im russischen Diskurs nach 2014 immer stärker »feminisiert«, als »Hure« oder »Memme« diffamiert und zum Vergewaltigungsopfer stilisiert wurde.[14]

Von der Widersprüchlichkeit weiblicher Existenz im sowjetischen und postsowjetischen Russland bis zu dem Moment, als Wladimir Putin den militärischen Überfall in der gerade zitierten Vergewaltigungsmetapher vorwegnahm, war es ein weiter Weg. In meiner Erinnerung war die Situation Anfang der 1990er-Jahre durchaus offen. Frauen hatten mit den Folgen einer mehrfach gebrochenen sowjetischen Emanzipationspolitik zu leben – aber sie waren gleichzeitig präsent und aktiv, selbstbewusst und zielstrebig im gesellschaftlichen Leben. Die Rolle rückwärts in ein autoritäres Patriarchat, in dem Hypermaskulinität und die Unterordnung von Frauen die Staatsmacht legitimierte und zu einer Quelle überbordender Gewalt wurde, war nicht zwangsläufig. Um diese Entwicklung einzuordnen, lohnt sich ein Blick auf die Situation russischer und sowjetischer Frauen in den letzten gut hundert Jahren.

Wie überall in Europa erlebte die Frauenbewegung im zaristischen Russland Ende des 19. und Anfang des 20. Jahrhunderts einen Aufschwung.[15] Frauen machten als Philanthropinnen, Künstlerinnen, Schriftstellerinnen und Aktivistinnen von sich reden. Sie kämpften für das Frauenwahlrecht, rechtliche, bürgerliche und wirtschaftliche Gleichstellung, die Verbesserung der Situation von Arbeiterinnen und das Recht auf Bildung. Sie gingen auch unter die Revolutionär:innen und in den bewaffneten Widerstand gegen das zaristische Regime. Frauen beteiligten sich aktiv an Hungerprotesten und Streiks und spielten eine entscheidende Rolle in der Revolution von 1905. Viele der Opfer des Massakers, das Kosaken am Blutsonntag des 9. Januar 1905 unter friedlichen Demonstrant:innen vor dem Winterpalast in Sankt Petersburg anrichteten, waren Frauen. Es waren vor allem Frauen, die am 23. Februar 1917 (nach dem julianischen Kalender) anlässlich des Internationalen Frauentages zu Hunderten auf den Straßen Petrograds, wie Sankt Petersburg damals hieß, gegen Krieg und Hunger protestierten.[16] Sie lösten jene Massendemonstrationen aus, die zur Abdankung von Zar Nikolaus II. am 3. März 1917 führten.[17] Nach der Februarrevolution 1917 erhielten die Frauen Russlands das aktive und passive Wahlrecht – früher als in den meisten europäischen Staaten und in den USA.

Nach der Oktoberrevolution 1917, in der die Bolschewiki endgültig die Macht an sich rissen, gingen Lenin und seine Mitstreiter:innen daran, ihre Vorstellung vom neuen, sozialistischen Menschen in der kommunistischen Gemeinschaft zu verwirklichen. Die alten Institutionen wie Patriarchat, Monarchie und Kirche sollten verschwinden. Vielleicht bedeutete für Frauen das Revolutionsjahr 1917 den größten Umbruch. Ihre Emanzipation war Teil der revolutionären Ideologie und wurde von Frauen für Frauen vorangetrieben. Im Sekretariat des Zentralkomitees der Kommunistischen Partei wurde dafür eine »Frauenabteilung« (*Schenskij Otdel*, abgekürzt *Schenotdel*) geschaffen. Die bekannteste russische Revolutionärin, Alexandra Kollontai, stand an der Spitze dieser Bewegung, die nun mit der Institution der bürgerlichen Familie aufzuräumen begann.[18] Die kirchliche Eheschließung wurde abgeschafft, Scheidungen erleichtert, uneheliche Lebensgemeinschaften, gleichgeschlechtliche Ehen und Abtreibungen legalisiert. Da alle Menschen, Frauen wie Männer, zur Teilnahme am Produktionsprozess verpflichtet waren, machte sich die neue Führung an die Kollektivierung der Kindererziehung.

Die staatlich verordnete Emanzipation der sowjetischen Frauen führte zu einem sprunghaften Anstieg weiblicher Erwerbstätigkeit. Dies war auch der wirtschaftlichen Notwendigkeit geschuldet: Von nur einem Einkommen hätten die allermeisten Familien in der Sowjetunion nicht leben können. Die Gleichberechtigung kollidierte jedoch mit tief verwurzelten traditionellen Geschlechterrollen. Davon zeugten Hunderte tätliche Angriffe auf Aktivistinnen des *Schenotdel*, die im Kaukasus oder in Zentralasien versuchten, muslimische Frauen zur Abkehr von traditionellen Lebensweisen zu bewegen. Nicht wenige verloren dabei ihr Leben.[19]

Mit der Konsolidierung des stalinistischen Totalitarismus kamen, wenig überraschend, auch die patriarchalen Verhältnisse zurück. Erster Weltkrieg, Bürgerkrieg und die Hungersnöte während der Zwangskollektivierung hatten die sowjetische Bevölkerung schrumpfen lassen.[20] Die Geburtenrate war drastisch gesunken und konnte die Verluste nicht wettmachen. Also restituierte die sowjetische Führung mit dem Familiengesetz von 1936 die »sozialistische Familie« als Kern der Gesellschaft – das Scheidungsrecht wurde eingeschränkt und die Legalisierung von Abtreibungen rückgängig gemacht. Frauen trugen einen großen Teil der wirtschaftlichen und humanitären Folgen von Industrialisierung, Zwangskollektivierung, Säuberungen und schließlich Krieg. Eine Million Frauen dienten während des Zweiten Weltkriegs in der sowjetischen Armee. Sie wurden als Heldinnen gefeiert – aber sie erlebten nach dem Krieg auch, wie ihr Heldinnentum im Vergleich zu dem von Männern in der kollektiven Erinnerung verblasste.

In der zweiten Hälfte des 20. Jahrhunderts waren sowjetische Frauen weiterhin vor dem Gesetz gleichgestellt. Ihr Anteil am Erwerbsleben war um ein Vielfaches höher als in den westlichen Demokratien, wo die massenhafte Berufstätigkeit von Frauen erst Jahrzehnte später einsetzte und ein solches Niveau bis heute nicht erreicht hat. Und dennoch wurden Männer bei der Wahl des Studienplatzes bevorzugt, vor allem in den wissenschaftlich-technischen Fächern. Frauen waren in den finanziell weniger attraktiven Humanwissenschaften, dem medizinischen, pflegerischen und sozialen Bereich stärker präsent. Frauen blieben außerdem von Hunderten Berufen gesetzlich ausgeschlossen. Eine noch drastischere Selektion fand in den politischen Entscheidungshierarchien statt: Je größer die Macht und Entscheidungsgewalt, desto geringer der Frauenanteil. In den obersten Etagen der KPdSU und des sowjetischen Staatsapparates lag er konstant unter fünf Prozent, im Politbüro der KPdSU, dem Zentrum der Macht, betrug er über siebzig lange Jahre Sowjetherrschaft hinweg null Prozent.[21] Während also Frauen die Hälfte der Arbeitskraft in der Sowjetunion ausmachten, wurden sie von politischen Entscheidungsprozessen systematisch ausgeschlossen. In der Frauenfrage klafften der ideologische Anspruch der Sowjetunion und ihre politische und soziale Praxis weit auseinander.

Es gab noch einen zweiten großen Widerspruch, mit dem die sowjetischen Frauen zu leben hatten. Während sie nämlich voll berufstätig und nominell gleichberechtigt waren, hatte sich an der Arbeitsteilung im Privaten so gut wie nichts verändert. Frauen waren für den Haushalt, den Einkauf, die Mahlzeiten und die Kindererziehung zuständig. Männliche Unterstützung war die rare Ausnahme von der Regel. Diese sprichwörtliche »Doppelbelastung« überdauerte den Zusammenbruch der Sowjetunion unbeschadet. Als ich 1992 nach Russland kam, gab es in den meisten Haushalten (und in allen, die ich kannte) weder Spül- noch Waschmaschinen. Die wirtschaftliche Schocktherapie hatte die Regale in den Geschäften leer gefegt und die Preise explodieren lassen. *Chodit s awoskoj*, »mit Einkaufsnetz herumlaufen«, war ein stehender Begriff, weil Tragetaschen jederzeit zur Hand sein mussten, wenn plötzlich irgendwo schwer erhältliche Waren auftauchten – hier Käse, dort Hühnchen, da Toilettenpapier. Die Frauen rasten von einem Ende der Stadt zum andern, um Kartoffeln billiger zu bekommen, und brauchten noch einmal Stunden für den Heimweg. Zu Hause dann kochten, wuschen, spülten sie und kümmerten sich um die Kinder. In vielen Gesprächen erklärten mir Frauen in den 1990er-Jahren, sie beneideten »euch im Westen«, weil wir die Wahl hätten zwischen Familie und Beruf, statt beides in einem ungeheuer anstrengenden Leben und in permanenter wirtschaftlicher Existenznot miteinander verbinden zu müssen. Einmal geriet ich in einen Streit mit einem Freund, der darauf bestand, meinen Koffer zu tragen – in meinen Augen völlig überflüssig. Auf meinen Protest hin erklärte er mir, Frauen sollten keine Koffer tragen. Davon bekämen sie nur dicke Arme, was unweiblich und unattraktiv sei. »Und die Einkaufstaschen?«, fragte ich zurück. Dieser Freund erlitt später ein typisch männliches und sehr tragisches Schicksal. Er wurde alkoholabhängig und starb Mitte der 2000er-Jahre betrunken bei einem Autounfall.

»Bist du etwa Feministin?« Diese Frage bekam ich als junge Studierende während meiner Zeit in Sankt Petersburg und in den Jahren danach immer wieder gestellt. Für mich war die Antwort völlig eindeutig: »Natürlich, was denn sonst?« Meine Gesprächspartner:innen, vor allem Männer, aber auch Frauen, schauten mich dann meist entsetzt an. Feminismus war und ist für viele Menschen in Russland ein durch und durch negativ besetzter Begriff. Ehrlicherweise muss erwähnt werden, dass das Bekenntnis zum Feminismus Anfang der 1990er-Jahre auch in Deutschland und anderen Mitgliedsstaaten der EU bei Weitem nicht so selbstverständlich war wie heute. Aber die Ablehnung im postsowjetischen Russland hatte neben patriarchalem Denken noch andere Wurzeln.

In Russland wird der Feminismus aus einer ganzen Reihe von Gründen scharf abgelehnt: Weil er von der sowjetischen Propaganda über Jahrzehnte als Ausformung westlicher und bürgerlicher Dekadenz diffamiert wurde. Weil die Transformationskrise der 1990er vielen Männern die Orientierung raubte und sie in Patriarchat und traditionellen Männlichkeitsmustern Halt suchen ließ. Weil Feminismus die Diskussion von Geschlechterrollen auch im Privaten bedeuten würde, die vom sowjetischen Totalitarismus ermüdete Gesellschaft sich jedoch sehnlichst eine Privatsphäre ohne staatliche Einmischung wünschte. Weil viele Frauen in Russland sich – zu Recht – in ihrer Berufstätigkeit schon ziemlich emanzipiert fanden, emanzipierter jedenfalls als viele ihrer westlichen Geschlechtsgenossinnen. Und weil Feminist:innen als unweiblich galten, als »Mannweiber«, Frauen in Russland aber weiblich und schön sein wollten – und auch mussten, um der sozialen Norm zu genügen.

Ich weiß noch gut, wie geschockt ich war, als ich 1992 das erste Mal auf dem Newskij Prospekt, der Petersburger Prachtstraße, an einem Büchertisch vorbeilief, um den sich unter freiem Himmel eine dichte Männertraube drängte. Auf den Straßen wurde in dieser Zeit alles Mögliche verkauft. Dieser Stand aber lag voll mit pornografischen Heftchen der billigsten Machart. Sie waren schon etwas zerfleddert. Denn viele der Schaulustigen konnten sich den Kauf nicht leisten, wollten aber trotzdem unbedingt einen Blick auf den Inhalt erhaschen. Was ich da sah, beschreibt die amerikanische Politikwissenschaftlerin Valerie Sperling als die Sexualisierung von Wirtschaft und Politik in Russland.[22] Im abrupten Übergang zu Kapitalismus und Konsumgesellschaft brach eine Flut von Werbung über die russische Gesellschaft herein. Diese Werbung nutzte den weiblichen Körper in besonders drastischer und sexualisierter Weise. Der Wegfall der Zensur führte dazu, dass Pornographie, in Sowjetzeiten verboten, plötzlich überall zu haben war. Ebenso war Prostitution allgegenwärtig. In jeder Hotellobby warteten Frauen auf zahlungskräftige Kunden. Es war üblich, dass mehrmals pro Nacht das Zimmertelefon klingelte und sexuelle Dienste angeboten wurden. Als ich begann, an Konferenzen teilzunehmen, musste ich mich daran gewöhnen, dass ich oft die einzige – und noch dazu junge – Frau am Konferenztisch war. Russische Teilnehmer tauchten hingegen in Begleitung von jungen und aufreizenden »Assistentinnen« auf. Die Sexualisierung des weiblichen Körpers, seine Degradierung zum Objekt männlicher Begierde in der kommerziellen Werbung und anderswo ist ein allgegenwärtiges Phänomen. Im Russland der 1990er-Jahre war sie besonders aggressiv. Sie bereitete den Weg für den massiven Gender-Backlash, den die russische Gesellschaft seit den 2000er-Jahren erlebt.

Hinzu kam die politische Neuordnung in der postsowjetischen Transformationsphase. Im Rückblick wird deutlich, wie auch in den relativ offenen 1990er-Jahren Männer in politischen Strukturen begünstigt, Frauen hingegen von der politischen Sphäre ausgeschlossen wurden.[23] Leben und Sterben der Petersburger Ethnographin, Menschenrechtsaktivistin und Politikerin Galina Starowojtowa sind dafür ein beredtes Beispiel. Galina Starowojtowa wurde in den späten 1980er-Jahre politisch aktiv und setzte sich besonders für den Schutz von ethnischen Minderheiten ein. Sie wurde zu einer engen Vertrauten von Boris Jelzin, der zwischenzeitlich gar erwog, sie zur russischen Verteidigungsministerin zu ernennen – man stelle sich das heute vor! Weil sie den anhaltenden Einfluss von Geheimdiensten und Nomenklatura als Gefahr für die entstehende russische Demokratie erkannt hatte, forderte sie 1992 vehement ein Lustrationsgesetz, das die Entlassung der alten Kader erlauben sollte. Dieses Vorhaben brachte sie ins politische Abseits, sie verlor Zugänge und Posten. Mitte der 1990er-Jahre engagierte sie sich gegen den Krieg in Tschetschenien. 1995 wurde sie für die Partei Demokratisches Russland in die Duma gewählt. In ihrer Heimatstadt Sankt Petersburg versuchte sie, Licht in Korruption und organisiertes Verbrechen zu bringen. Masha Gessen hat ihr in ihrem Buch über den Beginn von Putins Laufbahn in Sankt Petersburg ein Denkmal gesetzt. Sie schrieb: »In einem Land, in dem politische Rollenmodelle vom Kommissar in Lederjacke bis zum heruntergekommenen Apparatschik reichten, versuchte sie, ein vollkommen neues Wesen zu sein, eine menschliche Politikerin. Auf einer feministischen Konferenz hob sie zum Erschrecken des Publikums ihren Rock und zeigte ihre Beine: Sie wollte einen Politiker widerlegen, der behauptet hatte, sie sei o-beinig. Mit einer der ersten russischen Illustrierten sprach sie darüber, wie schwer es für Übergewichtige wie sie sei, Kleidung auszuwählen. Derweil verfolgte sie voller Wut und Sturheit ihre politische Agenda.«[24] Galina Starowojtowa wurde im November 1998 im Eingang ihres Wohnhauses in Sankt Petersburg erschossen. Der Mord ist bis heute nicht aufgeklärt.

In den frühen 1990er-Jahren formierte sich eine neue Frauenbewegung. Die ersten Frauenorganisationen waren schon vor 1991 gegründet worden. Nun trafen sich Frauen immer häufiger auf Konferenzen und in Foren, knüpften internationale Kontakte. An Universitäten im ganzen Land entstanden Zentren für Gender-Forschung; einige sind bis heute aktiv. Viele dieser Organisationen und Diskussionen hätten sich auf »sowjetische Frauenanliegen« konzentriert, erklärte mir eine russische Feministin im Interview. Ihnen sei es um die Verbesserung der Arbeitssituation von Frauen, um die Vereinbarkeit von Beruf und Familie, um die Lage von Müttern gegangen, vor allem der Millionen alleinerziehenden. Dieser Feminismus sei also noch kein politischer, systemisch-transformativer gewesen. Doch erlangten Frauen mit solchen Themen auf der gesellschaftlichen Ebene eine beachtliche Sichtbarkeit.

Das berühmte Komitee der Soldatenmütter hatte sich schon 1989 gegründet, um, zum Schutz der eigenen Söhne, gegen die katastrophalen Zustände in der Sowjetarmee vorzugehen. Mit ihrem Protest gegen den ersten Tschetschenien-Krieg und ihren Aktionen zur Rettung von Soldaten wurden sie zu einer moralischen und politischen Instanz.* Aber die Soldatenmütter sind nur

---

* 2015 wurden sie zu »ausländischen Agenten« erklärt. Sie arbeiten auch jetzt weiter und unterstützen Familien bei der Suche nach ihren Ange-

ein Beispiel. Im ganzen Land gab und gibt es brillante und couragierte Journalistinnen, Wissenschaftlerinnen, Aktivistinnen. Nur in den politischen Strukturen spiegelte sich das nicht wider. Der Frauenanteil in den politischen Entscheidungsgremien, in den Parteien und Parlamenten liegt dauerhaft unter 20 Prozent, der Anteil von Frauen auf Ministerposten bei unter 15 Prozent.[25] Das Gleiche gilt für wirtschaftliche Strukturen. Frauen sind in der Privatwirtschaft sehr präsent. Es gibt in kleinen und mittelständischen Unternehmen viele erfolgreiche Frauen. In den Führungsetagen der staatlich dominierten Rohstoff- und Energieriesen und im sonstigen Big Business haben Frauen hingegen kaum eine Chance.

Die 1990er-Jahre waren eine Phase der Gleichzeitigkeit von Patriarchat und Aufbruch, von Sexismus und feministischem Engagement. Erst mit der Machtübernahme Wladimir Putins 1999/2000 bog die staatliche Politik endgültig in Richtung Neotraditionalismus und Antifeminismus ab. Schon in seinen ersten Jahren im Kreml ließ Putin aggressive Hypermaskulinität und Frauenfeindlichkeit erkennen. Nach dem Untergang des Atom-U-Bootes Kursk in der Barentssee im August 2000, bei dem alle 118 Mitglieder der Besatzung umkamen, traf sich der frisch gewählte Präsident mit einer Gruppe von Witwen der Besatzungsmitglieder. Heute undenkbar: Die Frauen attackierten den Präsidenten mit Kritik und Vorwürfen. Ein Mittschnitt des Treffens, bei dem Putin eine ausgesprochen schlechte Figur machte, wurde über den Fernsehsender Kanal 1 ausgestrahlt. Mitarbeitende beschrieben später, wie Putin persönlich angerufen und dem Sender wutentbrannt vorgeworfen habe, »für zehn Dollar Huren engagiert« zu haben,

---

hörigen in der Ukraine. Ihre Stimme können sie im chauvinistischen Russland von heute jedoch nicht mehr erheben.

um ihn bloßzustellen.[26] Als der israelische Präsident Mosche Katsaw 2006 wegen Vorwürfen sexueller Belästigung und Vergewaltigung zurücktreten musste, lobte Putin: »Zehn Frauen hat er vergewaltigt! Das hätte ich nicht erwartet! Er hat uns alle überrascht! Wir beneiden ihn!«[27] Über seinen italienischen Freund Silvio Berlusconi sagte er 2013: »Berlusconi wird dafür verfolgt, dass er mit Frauen lebt. Wenn er mit einem Homosexuellen zusammen wäre, würde ihn niemand anrühren.«[28] Diese Form unmittelbar sexualisierter und herabwürdigender Sprache war nicht neu. Wladimir Schirinowskij und andere hatten sich bereits jahrelang mit extrem frauenfeindlichen Äußerungen hervorgetan. Putin machte sie nun auf höchster staatlicher Ebene zur Norm.

Putins sportlicher Körper und sein Image waren zentral für die Inszenierung eines neuen Typs maskuliner Führung: Putin in militärischer Uniform, Putin im Judoanzug, Putin mit nacktem Oberkörper zu Pferd, Putin der Nicht-Trinker. All das sollte Stärke, Verlässlichkeit, Sicherheit und Effizienz signalisieren – in scharfer Abgrenzung zur unmittelbaren Vergangenheit. Der starke Mann Putin durfte nichts gemein haben mit seinem schwachen, kranken und oft betrunkenen Vorgänger Boris Jelzin. Die muskelbepackte Pose stand in den Worten der Petersburger Soziolog:innen Tatjana Rjabowa und Oleg Rjabow für die »Remaskulinisierung Russlands«.[29] Sie drehte sich um den *russkij muschik*. Der ist ein echter Kerl, mannhaft, stark, verlässlich und ausdauernd. Liberale Werte und westliche »politische Korrektheit« sind ihm ein Gräuel. Homosexualität, »Gender-Ideologie« und Feminismus lehnt er ab. Er schwört auf männliche Kameradschaft und ist als Patriot allzeit bereit, für die Heimat zu kämpfen.[30] Der *muschik* ist das Gegenbild des feminisierten, ergo schwachen westlichen Mannes, ja des Westens insgesamt. Er macht auch Schluss mit der Schwäche des russischen Mannes in der späten Sowjetunion und den turbulenten

Transformationsjahren. Dieser angeblich entmaskulinisierte, infantilisierte Typ Mann, der dem Zusammenbruch nichts entgegenzusetzen hatte, dem Alkohol verfiel und vom Staat und den Frauen abhängig war, musste verschwinden. Die Zukunft gehörte dem *muschik*, und Putin wurde zu seinem Sinnbild.[31] »Einen wie Putin« wollten sie, sangen zwei junge Frauen 2002 in einem Popsong. »Einer wie Putin«, suggerierte der Liedtext, betrinkt sich nicht, erfüllt seine väterlichen Pflichten, betrügt nicht, schlägt nicht, blamiert seine Frau nicht vor anderen und lässt sie nicht mit den Kindern sitzen. Der Song fand Gefallen im Kreml und so seinen Weg in die Programme der staatlich kontrollierten Fernsehanstalten. Er wurde ein riesiger Hit im ganzen Land.[32]

Die »Remaskulinisierung Russlands« schuf eine mächtige Gegenbewegung zum aufkeimenden Feminismus der 1990er-Jahre. Hinzu kamen die autokratischen Tendenzen im politischen System und die zunehmende Bedrängnis der unabhängigen Zivilgesellschaft. Russland verfügt bis heute über eines der liberalsten Abtreibungsgesetze weltweit. Bereits 2006 schwenkte der Staat jedoch auf eine pronatalistische Familienpolitik ein, um den drastischen Bevölkerungsrückgang und die gesunkenen Geburtenraten der 1990er-Jahre auszugleichen.[33] Seitdem wurde das Abtreibungsrecht mehrmals eingeschränkt – nicht durch Gesetzesänderungen, weil dann mit Protest zu rechnen gewesen wäre, sondern indem der Zugang zu medizinischen Behandlungen beschränkt und die Kostenübernahme durch die Krankenversicherung erschwert und zunehmend diskriminierende Auflagen eingeführt wurden.[34] Auch hier wird auf traditionelle Geschlechterrollen gesetzt, eifrig unterstützt von der Russisch-Orthodoxen Kirche.

Richtig an Fahrt nahmen diese Entwicklungen aber erst nach Putins Rückkehr in den Kreml 2012 auf. Chauvinismus, Sexismus und Autokratie gingen nun eine untrennbare Verbindung ein. Zur traditionalistischen Familienpolitik der 2000er-Jahre gesellte sich eine offen feindselige Haltung gegenüber feministischen und besonders LGBTQI*-Anliegen. Während Frauenfeindlichkeit und Antifeminismus eine Art Selbstverständlichkeit waren, entwickelte sich der Hass auf Homosexuelle und Transmenschen zum eigentlichen identitätsstiftenden Element. Ich traute meinen Ohren kaum, als ich Putin bei der Waldai-Konferenz 2021 sagen hörte:

> »In einigen westlichen Staaten ist die Debatte über Männer- und Frauenrechte geradezu gespenstisch geworden. Sie müssen aufpassen, dass sie nicht dahin geraten, wo die Bolschewiken einst hinwollten – nicht nur Hühner zu vergemeinschaften, sondern auch Frauen. Noch ein Schritt und es ist so weit. Die Eiferer wollen diese Konzepte sogar ganz abschaffen. Jeder, der zu sagen wagt, dass Männer und Frauen tatsächlich existieren, was eine biologische Tatsache ist, riskiert, geächtet zu werden. Sie sagen ›Elternteil eins und zwei‹, ›Geburtselternteil‹ statt ›Mutter‹ und ›Menschenmilch‹ statt ›Muttermilch‹, weil sich sonst Leute angegriffen fühlen könnten, die sich ihres Geschlechts nicht sicher sind. […] Ganz zu schweigen von den monströsen Dingen, die Kindern von klein auf beigebracht werden, dass ein Junge ganz leicht ein Mädchen werden kann und umgekehrt. Die Lehrer drücken ihnen also eine Wahl auf, die wir angeblich alle haben. Sie […] zwingen sie zu einer Entscheidung, die ihr ganzes Leben zerstören kann. […] Um die Dinge beim Namen zu nennen: Das grenzt an Menschheitsverbrechen und es geschieht im Namen und unter dem Banner des Fortschritts.«[35]

In Russland gibt es bis heute weder ein Gesetz gegen häusliche Gewalt, noch ist Russland der Istanbuler Konvention des Europarats zur Bekämpfung von Gewalt gegen Frauen beigetreten. Dutzende von Versuchen, ein solches Gesetz auf den Weg zu bringen, wurden bereits vor der ersten Lesung von einer Koalition aus konservativen Politiker:innen und der Russisch-Orthodoxen Kirche abgeschmettert. 2017 wurden Erstfälle häuslicher Gewalt von Straftaten zu Ordnungsdelikten herabgestuft. Strategiedokumente der Regierung aus den 2010er- und 2020er-Jahren betonen »traditionelle Familienwerte«. Artikel 72 der neuen russischen Verfassung von 2020 schreibt die Familie aus Mann, Frau und Kindern als Keimzelle der russischen Gesellschaft fest. Das Gesetz zum Verbot »homosexueller Propaganda« von 2013 verstärkte homophobe Tendenzen in Politik und Gesellschaft. Es wurde 2022 auf »LGBTQI*-Propaganda« ausgeweitet und vielfach für die Verfolgung und Diskriminierung der russischen LGBTQI*-Community genutzt. In den muslimisch geprägten nordkaukasischen Teilrepubliken ist diese Gruppe schon lange äußerster Gewalt ausgesetzt. LGBTQI*- und feministische Aktivist:innen sahen sich als »ausländische Agenten« eingestuft und wurden gezwungen, ihre Aktivitäten einzustellen. Der tschetschenische Gewaltherrscher Ramsan Kadyrow erklärte 2017 stolz, Tschetschenien habe kein Problem mit Homosexuellen, weil es in Tschetschenien gar keine Homosexuellen gebe.[36]

Frauen beteiligen sich aktiv an dieser Politik.[37] Eine Handvoll Frauen hat es in Putins Machtvertikale zu einflussreichen Positionen gebracht. Walentina Matwijenko ist Vorsitzende des Föderationsrates und erhält dort für Putin die Disziplin aufrecht. Die Chefin der russischen Zentralbank Elwira Nabiullina und ihre Stellvertreterin Xenija Judajewa, zwei international hoch angesehene Ökonominnen, haben 2022 durch umsichtige Fiskalpolitik mit dafür gesorgt, dass die russische Wirtschaft trotz Krieg und Sanktionen weiter funktionierte. Weibliche Duma-Abgeordnete wie Jelena Misulina und Tatjana Jarowaja tun sich im Parlament durch extrem traditionalistische, antifeministische und homophobe Initiativen hervor.[38] Jüngst gelangte die sogenannte Kinderrechtsbeauftragte des russischen Präsidenten, Marija Lwowa-Belowa, zu zweifelhafter Berühmtheit. Der Internationale Strafgerichtshof erließ im April 2023 einen Haftbefehl gegen sie – gleichzeitig mit einem gegen Putin –, weil sie mutmaßlich für das Kriegsverbrechen der gesetzeswidrigen Deportation ukrainischer Kinder verantwortlich ist. Im Gespräch mit Putin brüstete sie sich damit, selbst einen Jungen aus dem Donbas adoptiert zu haben, und dankte Putin für die »Möglichkeit«.[39] Sie hat über zwanzig eigene und adoptierte Kinder und steht damit für ein zunehmend faschistisch anmutendes Frauen- und Mutterideal.

All diese Akteurinnen sind absolut loyal zum System und zu Wladimir Putin. Sie liefern dem Regime weibliche Gesichter, Glamour und Legitimation. Das gilt für die Duma-Abgeordnete, Sportgymnastin und Olympiasiegerin Alina Kabajewa, der eine Liebesbeziehung mit Wladimir Putin nachgesagt wird, und für andere weibliche Kulturschaffende und Prominente. Die erste Frau im All, die Kosmonautin Walentina Tereschkowa, schlug Anfang 2020 die Aufhebung der konstitutionellen Amtszeitbegrenzung für Präsident Putin vor. Keine der regimenahen Frauen verfolgt eine feministische Agenda, sie tragen im Gegenteil den Chauvinismus des Regimes vollständig mit. Sie sind seine Komplizinnen. Feministische Politiker:innen sind hingegen aus dem politischen Raum und den staatlichen Institutionen herausgedrängt worden. Das bekannteste Beispiel ist die ehemalige Duma-Abgeordnete Oxana Puschkina, eine sehr prominente Moderatorin, die für die Machtpartei Einiges Russland im Parlament saß. Ganz und gar nicht im Sinne ihrer Partei kämpfte sie gegen häusliche Gewalt und für feministische Anliegen. Sie wurde zur Duma-Wahl 2021 nicht mehr aufgestellt.

Autokratie

Die Herrschaft Putins begann im Herbst 1999 mit einem ungeheuren Gewaltereignis: dem Zweiten Tschetschenienkrieg. Der Feldzug gegen Grosnyj wurde vom Kreml geschickt genutzt, um das Image des frisch ernannten und weithin unbekannten Premierministers Wladimir Putin zu begründen: ein harter, durchsetzungsstarker Führer, der mit allen Mitteln den tschetschenischen Terrorismus bekämpfte. Unvergessen ist seine Ankündigung, die russischen Streitkräfte würden die Terroristen, wenn nötig, »auch auf dem Scheißhaus kaltmachen«. Am 31. Dezember 1999 erklärte Boris Jelzin seinen Rücktritt und übergab die Amtsgeschäfte an Putin. Der gewann im März die Präsidentschaftswahl und zog im Mai 2000 in den Kreml ein.

Russland wurde in diesen Jahren immer wieder von Terroranschlägen und Selbstmordattentaten erschüttert. Tschetschenische Terroristen kaperten im Oktober 2002 das voll besetzte Moskauer Dubrowka-Theater. Im September 2004 nahm ein tschetschenisches Terrorkommando in einer Schule im nordossetischen Beslan mehrere Hundert Geiseln. In beiden Fällen gingen die russischen Sicherheitskräfte bei der »Befreiung« mit äußerster Brutalität vor. Im Dubrowka-Theater starben 130 Menschen, in Beslan über 300, darunter viele Kinder. Es gab Bombenattentate in den Metros von Moskau und Sankt Petersburg. Währenddessen tobte in Tschetschenien ein blutiger Krieg. Die Menschen hatten Angst. Immer wieder mussten sie sich vergewissern, dass nicht die eigenen Familienangehörigen oder Freund:innen zum falschen Zeitpunkt am falschen Ort waren. Es gab Kritik an der politischen Führung in dieser Zeit. Aber auch viel Unterstützung für die »harte Hand« gegen den tschetschenischen Terrorismus. Die Feindseligkeit gegenüber Menschen aus dem Kaukasus, im Russischen oft herabwürdigend »Schwarze« *(tschornyje)* genannt, war mit Händen zu greifen. *Racial Profiling* war schon damals auf den Straßen Russlands üblich: »Schwarze« Passant:innen wurden einfach nur wegen ihres Aussehens kontrolliert und schikaniert.

In den ersten Jahren seiner Herrschaft schaffte Putin die direkten Gouverneurswahlen ab und entmachtete so die Führungen der russischen Regionen. Die regionale Eigenmächtigkeit der 1990er-Jahre wurde abgelöst durch Hyperzentralisierung und Aushöhlung des russischen Föderalismus. Putin und seine Vertrauten in den Geheimdiensten machten sich außerdem schnell daran, mit den Oligarchen aufzuräumen. Diese hatten in den späten 1990er-Jahren obszönen Reichtum mit politischen Machtdemonstrationen verbunden. Zu ihren Konzernimperien gehörten die wichtigsten russischen Medien- und Fernsehanstalten, mit denen sie regelrechte Propagandakriege gegeneinander und gegen den Staat führten. Die Menschen hassten die Oligarchen. Dieser Hass verwandelte sich in Sympathie für Putin, als er gegen ihre politische Macht – weniger gegen ihren Reichtum – vorging. An Michail Chodorkowskij statuierte er ein besonders abschreckendes Exempel. Der hatte sich mit seiner Organisation »Offenes Russland« als liberaler Mäzen von Opposition, Zivilgesellschaft und Kultur profiliert, mischte sich in die Politik ein und kritisierte offen die Korruption im politischen System. Damit überschritt er Putins Toleranzschwelle. Chodorkowskij wurde im Oktober 2003 verhaftet und in einem politisch motivierten Prozess 2005 wegen

Steuerhinterziehung zu neun Jahren Straflager verurteilt.* Das wirkte. Die übrigen Oligarchen hatten sich bis Mitte der 2000er-Jahre entweder angepasst oder waren emigriert. Die russische Oligarchie existierte nicht mehr. Es gab nur noch Superreiche, die sich der Machtvertikale mit Putin an der Spitze untergeordnet hatten.

Mit der Oligarchie verschwand nach und nach auch der Medienpluralismus der 1990er-Jahre. Das war ein, wenn auch kein zufälliges, Nebenprodukt der Oligarchen-Unterwerfung. Putin und seine Kumpane brachten als Erstes die großen russischen Fernsehsender unter ihre Kontrolle, die vorher von verschiedenen Magnaten kontrolliert worden waren. So legten sie den Grundstein für den Propagandaapparat, der heute den russischen Vernichtungskrieg gegen die Ukraine in chauvinistische Narrative einbettet und so rechtfertigt.

Der Fernsehsender NTV gehörte Wladimir Gussinskij und berichtete sehr kritisch über den Krieg in Tschetschenien. Er strahlte außerdem die landesweit beliebte und ausgesprochen lustige und bissige Satiresendung »Kukly« (Puppen) aus, in der Puppen, nach dem Vorbild der britischen Sendung »Spitting Image«, die politischen Entwicklungen im Land nachspielten. Auch Putin hatte seine *kukla,* seine Puppe in der Show. Im Mai 2000, kurz nach seinem Amtsantritt, wurden die Büroräume von Gussinskijs Medienholding Media Most von Sicherheitskräften gestürmt. Im Juni kam Gussinskij für einige Tage in Haft. Danach gab er die Anteile an der Holding auf und emigrierte nach Israel. Der Sender behielt

---

* 2010 folgte eine weitere Verurteilung zu vierzehn Jahren Haft. Im Dezember 2013 wurde Chodorkowskij begnadigt und konnte Russland verlassen. Er lebt seitdem im Exil. Amnesty International: »Russland: Michail Chodorkowski ist wieder frei!«, 20.12.2013, in: *amnesty.de*

die Puppenshow im Programm, aber die Putin-Puppe durfte nicht mehr gezeigt werden. 2002 wurde die Sendung eingestellt. Wiktor Schenderowitsch, Schriftsteller, Satiriker und Drehbuchautor von »Kukly«, beschrieb die Bedeutung der Sendung 2021 so: »Wenn die Menschen heute an ›Kukly‹ denken, geht es gar nicht so sehr um die Puppen, sondern um die Freiheit. Um die Erinnerung an eine Zeit, in der man den Fernseher anschalten und laut über die Herrschenden lachen konnte.«[40] Wiktor Schenderowitsch ging im Januar 2022 ins Exil.

Die frühen 2000er-Jahre waren eine Periode der Gleichzeitigkeit von staatlicher Stabilisierung und Reform, autoritären Ambitionen und gesellschaftlicher Mobilisierung. Der erste starke Impuls in Richtung Autokratie kam jedoch von außen: von den demokratischen Revolutionen in Georgien und der Ukraine 2003 und 2004. In Tbilissi musste Präsident Eduard Schewardnadse dem jungen Reformer Micheil Saakaschwili weichen. In der Ukraine erzwangen Massenproteste eine Wiederholung der Präsidentschaftswahl, in der der von Moskau favorisierte Wiktor Janukowytsch eine krachende Niederlage erlitt. Die Macht übernahm die orange Koalition unter Wiktor Juschtschenko, Julija Tymoschenko und Arsenij Jazenjuk. Beide Umwälzungen fanden im Lichte der großen Osterweiterung der Europäischen Union 2004 statt. Und die neuen politischen Führungen in Kyjiw und Tbilissi machten keinen Hehl aus ihren pro-europäischen und euro-atlantischen Ambitionen.

Die prowestliche Rhetorik Saakaschwilis und der orangen Koalition brachten in Moskau die Alarmglocken zum Schrillen. Putin und seine Leute waren es nicht gewohnt, gesellschaftliche Bewegungen ernst zu nehmen. Deshalb wurde sofort die Legende einer amerikanischen Verschwörung geschaffen, deren Ziel ein Regimewechsel in Moskau sei. Die Revolutionen in Georgien und der Ukraine änderten die Vorzeichen der russischen Politik und gaben ihr zwei Ziele vor: die Ausdehnung westlichen Einflusses in der Region und erst recht in Russland zu verhindern und die Herrschaft im eigenen Land abzusichern.

2007 schwirrte Moskau vor Gerüchten darüber, wie Putin wohl damit umgehen würde, dass die russische Verfassung ihm eine dritte Amtszeit nicht erlaubte. Schon damals spekulierten viele meiner Bekannten und Kolleg:innen über eine mögliche Verfassungsänderung, die diese Begrenzung zu seinen Gunsten aufheben könnte. Ganz aus der Luft gegriffen war das nicht. Putin hatte seine ersten acht Jahre im Kreml genutzt, um ein personalisiertes Regime mit einer steilen Machtvertikale zu errichten. Wahlen wurden gefälscht und manipuliert, die Opposition stark behindert, mit Einiges Russland eine Machtpartei geschaffen und die Zivilgesellschaft schikaniert. Putin vergrößerte den Einfluss der Sicherheitsdienste; immer mehr seiner engsten Vertrauten besetzten Schaltstellen in Politik und Wirtschaft. Sie erhielten Zugang zu den Gewinnen aus den russischen Rohstoffexporten und entwickelten sich zu einer neuen Kaste von Superreichen. 2008 entschied Putin sich jedoch noch nicht dazu, die Verfassung zu manipulieren. Diesen Schritt ging er erst 2020. Vorerst schickte er den damaligen stellvertretenden Premierminister Dmitrij Medwedew vor und wechselte selbst in das Amt des Ministerpräsidenten.

Heute ist derselbe Medwedew stellvertretender Vorsitzender des Sicherheitsrates und einer der aggressivsten Propagandisten im Krieg gegen die Ukraine. Während seiner Zeit als Präsident schlug er noch andere Töne an. Er verkündete ein Modernisierungsprogramm für Wirtschaft und Verwaltung. Er kritisierte die Rückständigkeit, Korruption und Rechtsunsicherheit im Land.[41] Anders als sein Vorgänger zeigte sich Medwedew fortschrittlich, weltoffen und kommunikationsbereit. Besonders gerne spielte er in der Öffentlichkeit mit Mobiltelefonen und Tablets, um seine Modernität unter Beweis zu stellen. Plötzlich schien ein frischer Wind durch das System zu wehen. Im Westen keimte die Hoffnung, auf den Schock des Russisch-Georgischen Krieges von 2008 könnte nun ein positiver Wandel in und mit Russland folgen. Die EU schloss eine Modernisierungspartnerschaft mit Moskau und wollte die Arbeit für Demokratie und Rechtsstaatlichkeit unterstützen. Dabei übersah Brüssel, dass der Kreml vor allem an wirtschaftlicher und technologischer Modernisierung interessiert war. Für politische Veränderungen gab es keine Bereitschaft.

Es ist müßig, sich mit Medwedews Amtszeit aufzuhalten, denn von seinen politischen Vorhaben ist nicht viel übrig geblieben. Als 2014 nach nur fünf Jahren wieder elf Zeitzonen in Russland eingeführt wurden, spotteten die Menschen, nun sei die einzige Reform, die Medwedew jemals durchgesetzt habe, auch noch abgeschafft. Der hatte 2009 die Anzahl der Zeitzonen auf neun reduzieren lassen.

Medwedew war und ist bis heute eine von Putin abhängige politische Figur. Seine reformerischen Ambitionen mögen teilweise authentisch, seine gelegentlichen Auseinandersetzungen mit Putin, zum Beispiel über die russische Reaktion auf die internationale Militärintervention in Libyen 2011, real gewesen sein. Aber er hatte zu keinem Zeitpunkt den Spielraum für eine eigene Politik. Er war ein Platzhalter.

Bemerkenswert ist aber bis heute, welche gesellschaftliche Dynamik Medwedew mit seiner Modernisierungsrhetorik auslöste. Er öffnete einen diskursiven Raum, der sich fast augenblicklich mit kritischen Analysen und Debatten füllte. Die zweite Amtszeit Putins 2004 bis 2008 war von einem Gefühl der politischen Stagnation geprägt gewesen. Die internationale Finanzkrise von 2008 schlug in Russland durch und beendete eine jahrelange Phase des Wirtschafts- und Wohlstandswachstums. Und plötzlich forderte Präsident Medwedew höchstpersönlich die Menschen auf, ihre politischen Positionen und ihre Kritik am System frei zu äußern. Ich war damals oft überrascht, wie hart mit den Putin-Jahren ins Gericht gegangen wurde, und wie hoffnungsvoll viele wieder auf die Beziehungen zwischen Russland und dem Westen schauten. Doch all das war von kurzer Dauer.

Im September 2011 entschieden Dmitrij Medwedew und Wladimir Putin, mit den Präsidentschaftswahlen 2012 ihre Ämter einfach zurückzutauschen. Die Menschen verstanden: Die Medwedew-Jahre waren nichts als eine Personalrochade gewesen, die Reformversprechen erwiesen sich als Lügen. Als auch noch die Wahl zur Staatsduma im Dezember 2011 plump gefälscht wurde, gingen in Moskau, Sankt Petersburg und anderen Städten über Wochen Hunderttausende »für faire Wahlen« *(sa tschestnyje wybory)* auf die Straßen.[42] Die russische »Schneerevolution« in den weißen Wintermonaten richtete sich bald auch gegen Putin. Zehn Jahre nach dem Pop-Hit »Einen wie Putin« skandierte die Frauen-Punk-Band Pussy Riot am 21. Februar 2012 in der Moskauer Christ-Erlöser-Kathedrale: »Mutter Gottes, Jungfrau / Vertreibe Putin! / [...] / Der KGB-Chef, ihr oberster Heiliger, / Er wirft die Demonstranten schnell ins Gefängnis. / Um die Höchsten nicht zu beleidigen / Müssen Frauen gebären und lieben. / Scheiße, Scheiße, Gottesscheiße! / [...] / Mutter Gottes, Jungfrau, / Werde Feministin!«[43]

Nadja Tolokonnikowa, Marija Aljochina und Jekaterina Samuzewitsch zahlten einen hohen Preis für ihre vierzigsekündige Performance. Sie wurden in einem Schauprozess wegen Hooliganismus und religiösem Hass jeweils zu zwei Jahren Lagerhaft verurteilt.* Wie mit Pussy Riot verfuhr das Regime auch mit den Protestierenden auf den Straßen. Eine Massendemonstration auf dem Bolotnaja-Platz gegen die Inauguration Wladimir Putins am 6. Mai 2012 endete mit Gewalt und Hunderten von Festnahmen. In weiteren Schauprozessen wurden 18 Menschen zu mehrjährigen Gefängnisstrafen verurteilt. Erstmals seit dem Zerfall der Sowjetunion schwoll die Zahl der Menschen, die Russland aus politischen Gründen verließen, wieder an.[44]

Von nun an ging es in Sachen Demokratie und Freiheit noch rasanter bergab. Das Regime hatte in den Abgrund eines demokratischen Aufstands im eigenen Land geschaut und zog Konsequenzen. Es folgte eine ideologische Wende weit nach rechts. Alles, was mit Liberalismus, Pluralismus, Diversität und Demokratie zu tun hatte, wurde von nun an entschieden bekämpft. Die Staatsduma erließ ein repressives Gesetz nach dem anderen: gegen »ausländische Agenten«, »unerwünschte Organisationen«, »homosexuelle Propaganda« und vieles mehr. Der Volksmund taufte das Parlament zum »tollwütigen Drucker«, der im Auftrag des Kremls ständig neue Gesetze ausspuckte, um die Freiheit im Land weiter einzuschränken. Der Spielraum für unabhängige Medien, Opposition und Zivilgesellschaft schrumpfte immer mehr. Auf die »Schneerevolution« von unten folgte 2014 nach der Annexion der Krim und der verdeckten Invasion im Donbas die massive nationalistische Mobilisierung von oben. Der Krieg gegen die Ukraine hatte begonnen.

Russland war in den 1990er-Jahren eine defekte Demokratie mit schwachen demokratischen Institutionen, halbwegs freien

---

* Samuzewitschs Strafe wurde ausgesetzt, Tolokonnikowa und Aljochina verbrachten zwei Jahre im Gefängnis. Masha Gessen: Words will break cement. The passion of Pussy Riot, New York: Granta Publications 2014.

Wahlen, einer lautstarken Opposition und unabhängigen gesellschaftlichen Organisationen. In den 2000er- und 2010er-Jahren verwandelte sich das Land in eine kompetitive Autokratie, ein System also, in dem es trotz autoritärer politischer Strukturen weiterhin Nischen für Opposition und Zivilgesellschaft gab.[45] Solche Nischen nutzte beispielsweise Alexej Nawalnyj mehrmals bei Wahlen in Moskau oder anderen Regionen um das System zu irritieren. Zivilgesellschaftliche Akteure fanden Wege, trotz der vom Staat errichteten Hindernisse zu arbeiten. Der Staat griff seinerseits nicht zu breitflächigen Repressionen, weil er die hohen Kosten scheute.[46] Lieber setzte er (als solche wahrgenommene) Gegner:innen selektiv unter Druck und versuchte, die Masse der Bevölkerung durch immer umfassendere Kontrolle der Medien, durch Propaganda und Informationsmanagement – mit anderen Worten: Lügen – ruhigzustellen.[47]

Annus horribilis 2020

2020 war es damit vorbei. Zunächst brach die Covid-19-Pandemie über Russland herein. Sie traf das politische Regime in einem Schlüsselmoment. Putin hatte im Januar 2020 den Prozess zu einer Verfassungsänderung angestoßen. Die neue Verfassung war ein zentraler Schritt auf dem Weg zur Präsidentschaftswahl 2024. Und anders als 2007/08 hatte Putin dieses Mal die Entscheidung getroffen, die konstitutionelle Begrenzung seiner Amtszeiten auszuhebeln. Es ging also, im engen Sinne, um den Erhalt *seiner* Macht. Dieser Priorität war alles andere unterzuordnen – einschließlich der Pandemie, die das Leben von Millionen Menschen bedrohte.

Das Virus erreichte Russland etwas später als die Länder Westeuropas. So bot sich der russischen Propaganda im Februar und

März noch reichlich Gelegenheit, die furchtbaren Bilder aus den USA und den besonders betroffenen EU-Staaten zu instrumentalisieren und bis in die hintersten Winkel des Landes als weiteren Beleg für den Niedergang des Westens auszustrahlen. Als das Virus auch auf Russland übergriff, zögerte Putin. Der »verfassunggebende Prozess« war in vollem Gange, die Staatsduma hatte am 10. März den vorgeschlagenen Änderungen zugestimmt, und für den 22. April war eine »Volksbefragung« über den neuen Verfassungstext angesetzt. Von diesem Zeitplan wollte der Kreml nicht abweichen. Schließlich tat er es doch. Ende März verkündete Putin eine »arbeitsfreie Woche«, verbunden mit der Aufforderung zur freiwilligen Selbstisolation, um das Infektionsgeschehen einzudämmen. Hunderttausende nutzten das außergewöhnlich warme Wetter in diesen Tagen für Grillpartys im Park oder flogen spontan für einen Kurzurlaub in den Süden. Hatten nicht die Medien über Wochen verkündet, das Virus sei ein Problem der schwächlichen liberalen Systeme des Westens? Warum sollte man sich also Sorgen machen? Der Fatalismus in der russischen Bevölkerung war gewaltig – und die (Masken-)Disziplin entsprechend niedrig. Die Infektionszahlen stiegen rasant, der Staat griff zu härteren Maßnahmen. Die »arbeitsfreie Zeit« wurde verlängert und mit restriktiven Auflagen verbunden. Das Haus verlassen durfte man nur noch, um in unmittelbarer Nähe einkaufen zu gehen oder den Hund auszuführen. Längere Strecken waren nur mit einer Sondergenehmigung erlaubt. Spaziergänge und Sport im Freien wurden verboten. Das Land saß im Hausarrest. Die Volksbefragung wurde auf Anfang Juli verschoben.

Um der politischen Sprengkraft des Virus vorzubeugen, stellte der Staat die Verbreitung von »Falschaussagen« über die Pandemie unter Strafe. Medizinisches Personal riskierte Entlassung und Strafverfolgung, wenn es sich öffentlich kritisch über die Lage in

Krankenhäusern und im Gesundheitswesen äußerte. Unabhängige Medien gerieten unter enormen staatlichen Druck. Die Pandemie 2020 war ein Probelauf für die Kriegszensur, die nach dem 24. Februar 2022 einsetzte. Dennoch berichteten unabhängige und oppositionelle Medien über die katastrophalen Zustände in vielen Teilen des Landes. Denn während das reiche Moskau unter Bürgermeister Sergej Sobjanin recht glimpflich davon kam, kollabierte in weniger wohlhabenden Teilen des Landes wie etwa Dagestan das Gesundheitssystem.

Putin delegierte die Verantwortung für die Bekämpfung der Pandemie an die regionalen Gouverneure.[48] In einem so großen und diversen Land scheint das vordergründig ein vernünftiger Schritt zu sein. Aber der russische Föderalismus ist nicht auf effiziente regionale Verwaltung ausgerichtet. In der auf Moskau zentrierten Machtvertikale besteht die Hauptaufgabe regionaler Führungen darin, Unterstützung für das Regime zu generieren, Wahlen zu manipulieren und Proteste zu unterbinden. Vor allem die ärmeren und die besonders autoritär regierten Regionen waren mit dem Management des Gesundheitsnotstands heillos überfordert. In bewährter Manier wurden Statistiken über Infektionen und Todesopfer gefälscht. Nur die Übersterblichkeit, die erstaunlicherweise von der zentralen Statistikbehörde weiter realistisch abgebildet wurde, erlaubte eine Einschätzung der pandemischen Lage. Ende 2021 lag sie bei über einer Million Toten – gemessen an der Bevölkerungszahl war Russland damit eines der Länder mit den meisten Corona-Toten weltweit.

Putin selbst wirkte in seiner Angst vor Ansteckung regelrecht paranoid. Er isolierte sich radikal und hatte kaum noch direkten Kontakt mit anderen Menschen. Seine Selbstabsonderung hält bis heute an. Nawalnyj und sein Team verspotteten ihn 2020 als »Opa im Bunker« *(ded is bunkera)*. Um das Leben der russischen Bevölkerung machte er sich weit weniger Sorgen. Am 20. Mai wurden trotz der schwierigen pandemischen Lage viele Restriktionen aufgehoben. Schließlich sollte die »Volksbefragung« über die neue Verfassung in besserer Stimmung, reibungslos und mit dem gewünschten Ergebnis über die Bühne gehen. Die Wahlfälschungen waren eklatant. Die neue Verfassung unterstützten angeblich 78 Prozent der Wähler:innen, bei einer Wahlbeteiligung von 68 Prozent. Das Regime hatte seinen Fortbestand sichergestellt, Den Preis zahlten die Menschen in Russland.

Der eigentliche politische Schock des Jahres 2020 kam aber mit der belarusischen Präsidentschaftswahl, die am 9. August zu Ende ging. Der siegesgewisse Machthaber Aljaxandr Lukaschenka ließ die Abstimmung derart plump fälschen, dass selbst russische Beobachter:innen sich ungläubig die Augen rieben. Was dann passierte, ließ in Moskau die Erde beben: Unter der Führung dreier Frauen, Swjatlana Zichanouskaja, Maryja Kalesnikawa und Weranika Zapkala, gingen Hunderttausende Belarus:innen im ganzen Land auf die Straße und forderten Neuwahlen, die Freilassung aller politischen Gefangenen und den Abtritt Lukaschenkas.[49] Es hatte auch früher schon Protestwellen in Belarus gegeben. Diesmal war die Wut auf das Regime aber grenzenlos. Im August 2020 stand die belarusische Diktatur erstmals in ihrer fast dreißigjährigen Geschichte kurz vor dem Aus. Hätte Moskau sich nicht entschieden, Lukaschenka zu unterstützen – Belarus wäre heute ein anderes Land.

In Russland wurde Belarus sofort zur Projektionsfläche. Die Opposition solidarisierte sich mit der Demokratiebewegung im Nachbarland. Es gab Mahnwachen vor der belarusischen Botschaft in Moskau. Im fernöstlichen Chabarowsk, wo monatelang gegen die Absetzung des beim Kreml in Ungnade gefallenen Gouverneurs Sergej Furgal demonstriert wurde, tauchte die weiß-rotweiße Flagge der belarusischen Proteste auf. Millionen Menschen in Russland, mich eingeschlossen, verfolgten gebannt die Rund-um-die-Uhr-Berichterstattung des unabhängigen russischen TV-Senders TVRain. Auf der Seite der Regierung herrschte in den ersten Tagen Schockstarre. Fast eine Woche lang schwieg sich der Kreml aus. Mit einer Demokratiebewegung, noch dazu gegen den treusten aller Verbündeten, hatte – wieder einmal – niemand gerechnet. Befreundete Außenpolitikexpert:innen spekulierten im Gespräch, ob Belarus »die nächste Ukraine« werden und sich dort so etwas wie die Annexion der Krim wiederholen würde. Denn klar war: Das russische Regime konnte eine demokratische Revolution in Belarus keinesfalls hinnehmen. Die Nervosität war groß. Am 16. August sagte Wladimir Putin seinem Kumpan in Minsk »Beistand« gegen den vermeintlichen »Druck von außen« zu und signalisierte damit Unterstützung für die brutale Niederschlagung der Proteste.[50] Lukaschenkas Regime überlebte von Putins Gnaden. Diese Entscheidung war richtungweisend für alle weiteren Entwicklungen in Russland. Wie zehn Jahre zuvor hatte man im Kreml in den Abgrund eines möglichen Regimekollapses geblickt, diesmal aber in einer Situation genereller Verunsicherung durch die Pandemie. Von nun an musste alles getan werden, um so etwas zu verhindern.

Nicht einmal zwei Wochen nach dem Beginn der belarusischen Massenproteste misslang am 20. August 2020 der Versuch, Alexej Nawalnyj mit dem Nervengift Nowitschok zu ermorden. Das Attentat und sein spektakuläres Scheitern führten zu einem weiteren großen Zerwürfnis zwischen Moskau und der EU. Und dann brach Ende September auch noch ein blutiger Krieg zwischen Armenien und Aserbaidschan aus, den Moskau sechs lange Wochen nicht unter Kontrolle zu bringen vermochte.

2020 war ein *Annus horribilis* für den kontrollbesessenen russischen Staat. Das Regime reagierte 2021 mit einer drastischen Ausweitung der Repression, mit der Verhaftung von Alexej Nawalnyj bei seiner Rückkehr aus Deutschland Anfang 2021, mit der brutalen Niederschlagung der Proteste für seine Freilassung, mit noch mehr Repressionen vor den Duma-Wahlen im September 2021, mit dem Verbot der Menschenrechtsorganisation Memorial, dem Flaggschiff der russischen Zivilgesellschaft. Und mit außenpolitischen Muskelspielen – die Truppenaufmärschen an der ukrainischen Grenze, die Drohgebärden in Richtung Kyjiw und westlicher Hauptstädte waren das Vorspiel für den Überfall. Die russische Autokratie war nicht mehr kompetitiv. Sie schloss die letzten Nischen der Freiheit. Nach dem erneuten Einmarsch in die Ukraine am 24. Februar 2022 wurde sie innerhalb weniger Tage zur Diktatur.

3

RUSSLANDS KRIEGE

Im Sommer 2020 kam ich nach Rschew. Ich hatte für 2020 große Reisepläne geschmiedet, wollte mit einer Moskauer Freundin in den fernen Osten, zum Ural, an den Baikalsee, in den Nordkaukasus. Dann machte uns die Pandemie einen Strich durch die Rechnung. Erst saßen wir wochenlang im Hausarrest, dann wollten wir, ungeimpft, wie wir damals noch waren, keine Ansteckung riskieren. Also beschlossen wir, per Auto Zentralrussland zu erkunden.

Durch Rschew fuhren wir auf dem Rückweg von der Wolgaquelle. Die unscheinbare Kleinstadt 230 Kilometer nordwestlich von Moskau hat etwa 55 000 Einwohner:innen. Sie liegt direkt an der Trasse zwischen der lettischen Hauptstadt Riga und Moskau. Die Gegend um Rschew war zwischen dem deutschen Überfall auf die Sowjetunion 1941 und dem Beginn des Rückzugs der Wehrmacht 1943 eines der am härtesten umkämpften Gebiete Russlands. Adolf Hitler sah Rschew als Einfallstor nach Moskau. Fast zwei Jahre lieferten sich Wehrmacht und Rote Armee hier eine Material- und Menschenschlacht, die weit über eine Million Leben forderte. Sie ging als »Fleischwolf *(mjasorubka)* von Rschew« in die russische Erinnerung ein. Nach dem Abzug der Deutschen war von Rschew nichts übrig. Etwas über hundert Menschen lebten noch in den Überresten der Stadt. Große Teile der arbeitsfähigen Bevölkerung waren von der Wehrmacht als Zwangsarbeiter:innen nach Deutschland verschleppt worden, und wie überall in der besetzten Sowjetunion waren viele Zivilist:innen deutschen Verbrechen zum Opfer gefallen. Die Schlacht um Rschew steht der um Stalingrad an Grauen in nichts nach. In der Rschewer Gegend sind wir ununterbrochen auf die Spuren entsetzlicher Kämpfe gestoßen. Noch heute wirkt die Erde an vielen Stellen aufgewühlt. Überall gibt es Soldat:innen-Friedhöfe. Ich musste immer wieder an Verdun denken. Ich bin im Saarland aufgewachsen. Verdun war der erste Ort, der mir einen Begriff von den mörderischen Stellungskämpfen des Ersten Weltkriegs vermittelte.

In Rschew hatten im Juni 2020, wenige Wochen vor unserem Besuch, Wladimir Putin und Aljaksandr Lukaschenka feierlich ein neues Mahnmal für die sowjetischen Gefallenen des Zweiten Weltkriegs eingeweiht: eine 25 Meter hohe Statue eines jungen Soldaten, errichtet auf einem zehn Meter hohen künstlichen Hügel. Der Oberkörper des Soldaten ist realistisch dargestellt. Ab der Hüfte löst er sich in einen Schwarm von 35 Kranichen auf, was der gesamten Konstruktion einen schwebenden Anschein gibt. Der Soldat von Rschew steht in Beziehung zu dem 1967 eingeweihten Denkmal »Für die Helden der Schlacht von Stalingrad« auf dem Mamajew-Hügel in Wolgograd. Es nimmt außerdem Anleihen beim sowjetischen Ehrenmal im Treptower Park in Berlin. An beiden Orten umfasst das Figuren-Ensemble die »Mutter Heimat« *(Rodina-Mat)*. In Wolgograd ruft sie zum Kampf. In Berlin erwartet sie, auf den Knien, den Heldensoldaten, der ein Kind im Arm hält. Der Soldat von Rschew steht allein.

Beim Blick auf die Kraniche gibt es wohl kaum einen Menschen in Russland, der nicht an das von Yan Frenkel vertonte Gedicht »Kraniche« *(»Schurawli«)* des awarischen Dichters Rassul Gamsatow denkt: »Mir scheint, dass die vielen Soldaten / Die auf den blutgetränkten Feldern liegen geblieben sind / Sich nach dem

Tod in weiße Kraniche verwandelten. / Bis heute hören wir ihre traurigen Rufe vom Himmel / Wenn sie in die Abendsonne fliegen. / Eines Tages stoße vielleicht auch ich zu ihnen …«. Gamsatow schrieb sein Gedicht nach einem Japan-Besuch Mitte der 1960er-Jahre unter dem Eindruck der Vernichtung, die der Abwurf der amerikanischen Atombombe auf Hiroshima verursacht hatte. In der Sowjetunion wurde es das meistgesungene Lied über Trauer und Gedenken an die sowjetischen Gefallenen des Zweiten Weltkriegs.

Der Zweite Weltkrieg wird in Russland als »Großer Vaterländischer Krieg« erinnert.* Er ist allgegenwärtig. Überall wird der Millionen Opfer gedacht. Das war nicht von Anfang an so. Zerstörung und Trauma waren so unfassbar, dass in den Jahren unmittelbar nach dem Kriegsende Erinnerung eher vermieden wurde. Auch hatte Stalin einigen Grund, die Menschen nicht allzu intensiv über den Krieg nachdenken zu lassen. Mein Freund und Kollege Jens Siegert, langjähriger Bewohner und Beobachter Russlands, schreibt: »Jede Erinnerung an Heldentaten war gleichzeitig eine Erinnerung an den Schmerz über die vielen Millionen Toten und hätte die Frage nach der Mitschuld Stalins und der gesamten sowjetischen Staatsführung aufgeworfen, die sich von den Deutschen trotz vieler Warnungen hatten überraschen lassen.«[1] Es war Breschnew, der Mitte der 1960er-Jahre den 9. Mai als Tag des Sieges mit prunkvollen Militärparaden und Volksfesten wieder einführte.

---

* Auf die Bezeichnung »Großer Vaterländischer Krieg« *(Welikaja Otetschestwennaja Wojna)* griff Josif Stalin nach dem deutschen Überfall auf die Sowjetunion am 22. Juni 1941 zurück. Er stellte den sowjetischen Verteidigungskampf so in eine historische Linie mit der Abwehr von Napoleons Russlandfeldzug 1812, der in Russland »Vaterländischer Krieg« heißt.

Nach Leningrad, Wolgograd, Sewastopol und Odesa, die bereits 1945 zu »Heldenstädten« *(»Gorod-Geroj«)* gekürt worden waren, erhielten zwischen 1965 und 1985 neun weitere Städte diesen Titel: Brest, Kyjiw, Moskau, Kertsch, Noworossijsk, Minsk, Tula, Murmansk und Smolensk. Stagnation und Mangelwirtschaft in der Sowjetunion der 1960er-und 1970er-Jahre erforderten neue Heldenerzählungen, um Orientierung und Moral aufrechtzuerhalten.

Mit Perestroika und Glasnost setzte eine andere, kritischere Art des Gedenkens ein, die neben der Verteidigung des Vaterlandes auch den stalinistischen Terror in den Vordergrund rückte. Der sowjetische Afghanistankrieg 1979 bis 1989 verwandelte in Echtzeit das Denken über Krieg. Er veränderte, schreibt der Historiker Jan C. Behrends, »die sowjetische Meistererzählung von der Verteidigung der Heimat [...]. Hier war der Krieg plötzlich weder legitim noch heroisch noch siegreich; die geschlagenen Rückkehrer und die Tausenden Gefallenen taugten kaum zur Verherrlichung. Die Sowjetunion und Russland durchlitten – ähnlich wie die USA in Vietnam ein Jahrzehnt zuvor – ihren postheroischen, sinnlosen Krieg.«[2] Ähnlich postheroisch und sinnlos erlebte die russische Gesellschaft den Ersten Tschetschenienkrieg 1994 bis 1996.

Russlands kurze postheroische Phase endete in den 2000er-Jahren. Ganz im Sinne der Remaskulinisierung wurde unter Putin die Erinnerung an den Zweiten Weltkrieg immer mehr auf die Verherrlichung der Heldentaten der sowjetischen Streitkräfte fokussiert. Die Trauer um die vielen Millionen Toten, die der Krieg die Völker der Sowjetunion gekostet hatte, spielte dabei eine untergeordnete Rolle. Aber erst nach dem Beginn des Krieges gegen die Ukraine 2014 machte das Putin-Regime den »Großen Vaterländischen Krieg« zum zentralen mythenbildenden Thema der russischen Gegenwart. Mit der Behauptung, in Kyjiw hätten sich Faschisten an die Macht geputscht und drohten nun der russischen und russischsprachigen Bevölkerung mit Völkermord, setzte die russische Propaganda den Angriff auf die Ukraine mit der Verteidigung der Sowjetunion gegen das »Dritte Reich« gleich. Die Heldenerzählung vom »Kampf gegen den Faschismus« wurde zum Rahmen für die Annexion der Krim 2014, den Krieg im Donbas seit 2014 und die Vollinvasion in der Ukraine 2022. Putin tritt mit der Rettung der »russischen Welt« gegen die »faschistische Bedrohung« in die Fußstapfen Stalins.

2012 initiierten drei Journalisten im sibirischen Tomsk erstmals einen Gedenkmarsch für die Gefallenen des Zweiten Weltkriegs. Es ging ihnen um die persönliche Erinnerung in einer Zeit, in der nur noch wenige Veteranen am Leben waren und viele jüngere Menschen keinen direkten Bezug mehr zur Katastrophe des Krieges hatten. Bereits 2012 schlossen sich mehrere Tausend Menschen der Graswurzelinitiative an und liefen mit Bildern ihrer verstorbenen Verwandten durch die Straßen von Tomsk. Im folgenden Jahr waren es Zehntausende in über dreißig Städten. Die weitere Geschichte des »Unsterblichen Regiments« zeigt, wie das Putin-Regime ab 2014 das Gedenken an den Krieg kaperte und in seinen Dienst stellte. Denn nun übernahm der Staat die Organisation der Märsche. 2015 liefen allein in Moskau eine halbe Million Menschen mit – unter ihnen Wladimir Putin. Überall prangte auf den Plakaten mit den Bildern der Gefallenen das orange-schwarze Georgsband, das zum Symbol des Kampfes um »Neurussland« im ukrainischen Donezk und Luhansk geworden war.* Der Heldenkult dieser Massenveranstaltungen ver-

* Das Georgsband geht auf den Georgsorden zurück, der von Katharina der Großen Ende des 18. Jahrhunderts als höchste Auszeichnung für

drängte die stille Trauer, um die es den Initiatoren ursprünglich gegangen war. Die Erinnerung an den Krieg sei durch die Erinnerung an den Sieg ersetzt worden, sagte der Menschenrechtler und Memorial-Mitbegründer Arsenij Roginskij schon 2008.[3] Der Preis des Krieges geriet nicht zufällig in Vergessenheit – er wurde aktiv verdrängt. Und die Erinnerung an den Krieg wurde aggressiver.[4] Nach 2014 sah man überall Aufkleber mit Aufschriften wie »Nach Berlin!« *(»Na Berlin!«)* oder »Wir können das wieder tun!« *(»Moschem powtorit!«)*.

Die Behauptung, der russische Angriff auf die Ukraine sei eine Fortführung des Kampfes gegen den Faschismus im »Großen Vaterländischen Krieg«, ist eine doppelte Verdrehung der historischen Tatsachen. Die Ukraine musste während des Zweiten Weltkriegs unter deutscher Besatzung einen entsetzlichen Blutzoll entrichten. Ostmitteleuropa wurde in den 1930er- und 1940er-Jahren zwischen den totalitären Diktaturen der Sowjetunion und des Dritten Reiches aufgerieben. Von 14 Millionen getöteten Zivilist:innen geht der amerikanische Historiker Timothy Snyder in seinem Buch *Bloodlands* aus – der Titel meint die mit Blut getränkte Erde zwischen Berlin und Moskau. Dazu zählt er neben den von Nazi-Deutschland ermordeten Jüdinnen und Juden und den Opfern der deutschen Besatzung auch die 3,3 Millionen Menschen, die Anfang der 1930er-Jahre während der Zwangskollektivierung und »Entkulakisierung« der sowjetischen Landwirtschaft

---

militärische Verdienste und Tapferkeit verliehen wurde und an einem gelb- bzw. orange-schwarzen Band hing. Von den Bolschewiki nach der Oktoberrevolution verboten, führte Stalin es im Zweiten Weltkrieg wieder ein. Ab den 2000er-Jahren wurde das Band zu einem weit verbreiteten Symbol für die patriotische Unterstützung der russischen Regierung – ab 2014 für die Unterstützung der nationalistisch-imperialistischen Expansion in die Ukraine.

in der Ukraine verhungerten.[5] Insgesamt verhungerten in dieser Phase nach unterschiedlichen Schätzungen fünf bis neun Millionen Bürger:innen der Sowjetunion. Neben der Ukraine hatten Kasachstan und der Süden Russlands hohe Opferzahlen zu verzeichnen. Die Ukraine hat den »Holodomor« (Mord durch Hunger) 2006 offiziell als Völkermord eingestuft. Der Deutsche Bundestag schloss sich diesem Urteil am 30. November 2022 an,[6] das Europäische Parlament folgte einen Monat später.[7] Viele andere Staaten hatten den Genozid bereits deutlich früher anerkannt.[8] Moskau weist diese Sichtweise empört zurück. Die Ukraine, die von Moskau heute als »faschistisch« diffamiert wird, hatte mehr Opfer unter dem deutschen Faschismus zu beklagen als Russland. Diese Zahlen sollten eigentlich nicht gegeneinander aufgerechnet werden. Alle osteuropäischen Gesellschaften haben durch die Deutschen Entsetzliches erlitten. Aber es ist wichtig, darauf in einer Zeit hinzuweisen, in der die Ukraine sich gegen die drohende Vernichtung durch ein russisches Regime wehrt, dessen Sprache und Handeln immer faschistischer werden.

Krieg ist unter Putin zu einem »normalen« Mittel der Politik geworden. Um die Kriege der vergangenen Jahrzehnte zu rechtfertigen, hat das Regime ein Verteidigungsnarrativ entwickelt. Demnach ist Russland von einem noch größeren Krieg bedroht – dem Krieg, mit dem die USA und der »kollektive Westen« Russland angeblich in die Knie zwingen wollen. Ich habe immer wieder in Russland an Veranstaltungen teilgenommen, auf denen sich Außenpolitikexperten und Regierungsvertreter untereinander austauschten.* Wenn nur Russisch gesprochen wurde, erhielt ich bisweilen tiefe Einblicke in ihr Denken. Die Selbstverständlich-

* Genderneutrale Sprache ist hier überflüssig. Diese Runden waren eigentlich immer rein männlich besetzt.

keit, mit der sich diese Leute schon vor Jahren im Krieg gegen den Westen sahen, hat mich immer wieder überrascht. Ob in Georgien, in Syrien oder in der Ukraine – hinter allem, wogegen Russland sein Militär einsetzte, glaubten sie die USA und die NATO. Der angebliche Krieg mit dem Westen war Teil der russischen Realität, lange bevor Putin in den Morgenstunden des 24. Februar 2022 den Befehl zur Vernichtung der Ukraine gab.

Russland in den postsowjetischen Zerfallskriegen

Im Westen hält sich bis heute hartnäckig der Mythos vom unblutigen Ende der Sowjetunion. Aber der Zerfall des Imperiums war begleitet von äußerst brutalen Kriegen zwischen Armenien und Aserbaidschan 1992 bis 1994, in Tadschikistan 1992 bis 1997, der Republik Moldau 1991 und in Georgien 1991 bis 1994; hinzu kamen die beiden Tschetschenienkriege 1994 bis 1996 und 1999 bis 2009. Die Angaben zu den Opfern sind nicht verlässlich. Es muss davon ausgegangen werden, dass in all diesen Kriegen mehr als 300 000 Menschen getötet wurden. Hinzu kamen Hunderttausende Verletzte und Vertriebene. Die betroffenen Länder leiden bis heute an wirtschaftlicher Unterentwicklung, politischer Instabilität und gesellschaftlicher Traumatisierung. Moldau und Georgien haben keine Kontrolle über beträchtliche Teile ihres Territoriums, das von russischen Truppen besetzt gehalten wird. Der armenisch-aserbaidschanische Konflikt um die armenisch besiedelte Exklave Berg-Karabach eskalierte im Herbst 2020 in einen weiteren sechswöchigen Krieg, der noch einmal 9 000 Menschenleben forderte.

All diese Konflikte sind bis heute ungelöst. Sie wurzeln im zaristischen Imperialismus, vor allem aber in der sowjetischen Nationalitätenpolitik. Die ging nach ihrer revolutionären Phase – »Selbstbestimmung für alle!« – unter Stalin bald dazu über, Hunderte Nationalitäten und Ethnien in ein verschachteltes und hierarchisches System zu sortieren: In den 15 Sowjetrepubliken wurden für ethnische Minderheiten Autonome Republiken und Gebiete geschaffen und mit Rechten im Hinblick auf ihre Sprache, Kultur und Traditionen ausgestattet. Die stalinistischen Deportationen und die sowjetische Siedlungspolitik veränderten außerdem die Bevölkerungsstruktur in vielen Teilen der Sowjetunion. Um nur ein Beispiel zu nennen: Der Anteil der ethnischen Abchas:innen in der georgischen Autonomen Republik Abchasien schrumpfte bis Ende der 1980er-Jahre auf gerade einmal 17 Prozent. Schon zu Sowjetzeiten gab es besonders im Kaukasus immer wieder Konflikte über Autonomie- und Statusfragen zwischen den Ebenen dieses komplexen Systems. Moskau wiederum befand sich in der komfortablen Situation, die verschiedenen Ethnien gegeneinander ausspielen zu können. Als das Zentrum der Macht in den 1980er-Jahren schwächer wurde, dachten nicht nur die Sowjetrepubliken wie die Ukraine oder Georgien über Unabhängigkeit nach. Auch in einigen ethnisch definierten Teilrepubliken und Gebieten innerhalb der Sowjetrepubliken lösten Perestroika und Glasnost Träume von Eigenständigkeit und Eigenstaatlichkeit aus – vor allem dort, wo das Verhältnis zur nächsthöheren Ebene besonders angespannt war. »Nehmt euch so viel Souveränität, wie ihr könnt«, rief Boris Jelzin 1991 seinen Kollegen in den anderen Sowjetrepubliken zu, um Michail Gorbatschow zu entmachten. Mit Blick auf die Rechte der untergeordneten Gebietseinheiten verstanden die Präsidenten der sowjetischen Nachfolgestaaten jedoch bald keinen Spaß mehr. Ethno-politische Spannungen waren ein wichtiger Faktor in vielen der postsowjetischen Zerfallskriege.

Russland spielte in allen Sezessionskriegen in der Nachbarschaft eine wichtige Rolle. Es trat 1992 die Rechtsnachfolge der Sowjetunion an und war damit für die Sowjetarmee einschließlich der Militärstützpunkte und Waffenarsenale in den neuen unabhängigen Staaten zuständig. Der wirtschaftliche Kollaps Russlands in den frühen 1990er-Jahre brachte eine dramatische finanzielle Unterversorgung der Streitkräfte mit sich. Soldaten und Offiziere – nicht nur russischer Nationalität – machten sich deshalb als Söldner und Waffenhändler »selbstständig«. Die Kriege in den Nachbarstaaten boten ein lukratives Betätigungsfeld. Der Auflösungsprozess der sowjetischen Streitkräfte trug erheblich zu den militärischen Eskalationen bei.

Auch der russische Staat profitierte von den Konflikten. Durch die – oftmals wechselnde – Unterstützung von einer der Kriegsparteien ließ sich Druck auf die Nachbarstaaten aufbauen. So wurden Georgien und Aserbaidschan dazu »bewegt«, der Gemeinschaft Unabhängiger Staaten (GUS), einem von Russland dominierten, losen Staatenbund der ehemaligen Sowjetrepubliken, beizutreten und russische Militärbasen auf ihrem Territorium zu akzeptieren.

Für Moskau waren die Kriege in dieser Phase aber mehr Bedrohung als willkommenes Instrument, weil die Lage auch in Russland selbst instabil war. Im russischen Nordkaukasus nahmen die Spannungen zu. Tschetschenen kämpften in Georgien, Armenien und Aserbaidschan. Der gesamte Kaukasus wurde zu einem kaum noch kontrollierbaren Gewaltraum. Deshalb fachte die russische Politik die Konflikte nicht nur an, wo es opportun war, sondern vermittelte paradoxerweise zeitgleich Waffenstillstände. Russland hatte als Vermittler in den frühen 1990er-Jahren eine Monopolstellung. Die westliche Aufmerksamkeit war ganz auf die Jugoslawienkriege gerichtet. Friedenstruppen, selbst wenn sie nominell von der GUS mandatiert waren wie in Abchasien, wurden ausschließlich von russischen Streitkräften gestellt.

Die russischen Militärbasen und Friedenstruppen sicherten Moskaus Einfluss – und wurden deshalb immer mehr zum Streitpunkt mit den Nachbarstaaten. Ende der 1990er-Jahre verpflichtete sich Russland im Rahmen der OSZE zum Abzug seiner Truppen aus Moldau und Georgien und schloss seine Militärbasen. Umso wichtiger wurden die »Friedenstruppen«, die von Chişinău und Tbilissi zunehmend als Besatzer gesehen wurden. Nach der georgischen Rosenrevolution 2003 verschärfte sich der Konflikt zwischen Moskau und Tbilissi. Die neue georgische Führung unter Micheil Saakaschwili strebte entschlossen in Richtung NATO und EU, um sich der russischen Einflusssphäre zu entziehen. Russland wiederum nutzte seine militärische Präsenz auf georgischem Territorium, um genau diese Ambitionen auszubremsen. Die Spannungen führten im August 2008 zum Russisch-Georgischen Krieg um Südossetien. Vorausgegangen war der NATO-Gipfel in Bukarest, auf dem der Ukraine und Georgien eine grundsätzliche Zusage gegeben wurde, dass sie Mitglieder des Bündnisses werden würden. Aus Sicht der NATO war das ein mühsam errungener Kompromiss zwischen Befürworter:innen und Gegner:innen eines *Membership Action Plan* (MAP) für beide Staaten. Mit einem MAP hätte die konkrete Vorbereitung auf den Beitritt begonnen. So leistete das Bündnis eine vage Zusage, verschob den Prozess aber in eine unbestimmte Zukunft. In Moskau wurde die Formulierung des Abschlussdokuments als weiterer Beleg für die mutwillige Ausdehnung US-amerikanischen Einflusses aufgefasst. Am Ende gab die georgische Seite die ersten Schüsse auf Südossetien ab.[9] Aber Moskau hatte viel dafür getan, Saakaschwili an diesen Punkt zu bringen. Und schlug dann mit aller Macht zurück. Der fünftägige Krieg kostete fast tausend Menschenleben und vertrieb die letzten Georgier:innen aus dem zuvor gemischt besiedelten Südossetien. Die russischen Truppen drangen weit auf georgisches Territorium vor und standen kurzzeitig nur etwa zwanzig Kilometer von Tbilissi entfernt. Der Krieg endete mit einem von der EU vermittelten Waffenstillstand, dessen Bestimmungen die russische Seite nur zwei Wochen nach der Beendigung der bewaffneten Auseinandersetzungen brach, indem sie Abchasien und Südossetien als »eigenständige« Staaten anerkannte. Mit dieser Entscheidung verabschiedete sich Russland von seiner bis dato am Status quo und der territorialen Integrität der Nachbarstaaten orientierten Politik und schlug einen revisionistischen Kurs ein. In den darauffolgenden Jahren wurden in beiden Gebieten russische Militärbasen errichtet. Die politische und wirtschaftliche Integration von Südossetien und Abchasien in Russland ist so weit vorangeschritten, dass von einer De-facto-Annexion gesprochen werden muss.

Tschetschenien

Das Gros der russischen Gesellschaft bekam von den Kriegen in der Nachbarschaft nicht allzu viel mit. Menschenrechtsorganisationen wie die Bürgerbeteiligung von Swetlana Gannuschkina unterstützten Geflüchtete aus den Kriegsgebieten. Memorial, zu dem auch die Bürgerbeteiligung gehört, dokumentierte Menschenrechtsverletzungen und die (Nicht-)Einhaltung internationaler Normen in den Konflikten. Diese zivilgesellschaftlichen Akteure beobachteten schon früh, wie sich auch die Lage in Tschetschenien verschlechterte. Im Dezember 1994 begann der Tschetschenienkrieg, der mit einer kurzen Unterbrechung anderthalb

Jahrzehnte dauern und tiefe Spuren in der russischen Gesellschaft hinterlassen sollte.

Die Geschichte der russisch-tschetschenischen Beziehungen besteht aus zwei Jahrhunderten voller Unterwerfungsversuche, Widerstand und exzessiver, in den Augen der Tschetschen:innen genozidaler Gewalt. Der amerikanische Kriegsreporter Thomas Goltz zitiert in seinem *Chechnya Diary* (Tschetschenisches Tagebuch) einen Dorfältesten: »Es gibt keinen zeitlichen oder räumlichen Unterschied zwischen den zaristischen Kanonen gegen Schamil 1854, den Bolschewisten, die uns 1918 zum Kampf gegen die Weißen verführten, der Deportation durch Stalin 1944 oder Jelzins Panzern, die über die Gräber unserer Vorfahren rollen. Alle fünfzig Jahre versuchen die Russen, uns auszulöschen, weil wir uns niemals unterworfen haben. Und sie werden es niemals schaffen.«[10]

Stalin ließ 1944 etwa eine halbe Million Tschetschen:innen, und damit fast die gesamte tschetschenische Bevölkerung, nach Zentralasien deportieren. Mindestens ein Drittel von ihnen kam um. Wie andere deportierte Ethnien konnten auch die Tschetschen:innen erst lange nach Stalins Tod in ihre kaukasische Heimat zurückkehren, wo sie bis zum Ende der Sowjetunion eine Minderheit blieben. Das Verhältnis zu Moskau war von tiefem gegenseitigen Misstrauen und Ressentiment geprägt. Anhaltende Diskriminierung führte dazu, dass die tschetschenische Gesellschaft sich in eine Art Parallelwelt zurückzog, die von ihrem muslimischen Glauben und traditionellen Clan-Strukturen bestimmt war. Für die übrige sowjetische Gesellschaft war »Tschetschene« gleichbedeutend mit »Bandit« und »organisiertem Verbrechen«. Der poststalinistische sowjetische Staat zeigte sich unfähig, die tschetschenische Gesellschaft zu integrieren.[11]

1991 nutzte die damalige Führung um Dschochar Dudajew in

Grosnyj die Wirren des sowjetischen Auflösungsprozesses und erklärte die Unabhängigkeit Tschetscheniens. Die Republik existierte als De-facto-Staat, solange Moskau zu schwach war, um den abtrünnigen Landesteil unter Kontrolle zu bringen. Dieser Zeitpunkt schien Boris Jelzin im Herbst 1994 gekommen. Zunächst versuchte er, die tschetschenische Führung durch einen Coup abzusetzen. Als das misslang, ließ Jelzin am 11. Dezember 1994 die russischen Streitkräfte in Tschetschenien einmarschieren. Dabei beging er den gleichen Fehler wie Putin 2022 in der Ukraine: Er gab sich der Illusion hin, Tschetschenien lasse sich in einem »Blitzkrieg« innerhalb weniger Tage »befrieden«. Stattdessen folgte ein zwei Jahre währender blutiger Krieg, in dem sich die desorganisierten, geschwächten und korrumpierten russischen Streitkräfte nicht durchsetzen konnten.

Im August 1996 schlossen die Konfliktparteien das Abkommen von Chassawjurt, das keine der grundlegenden strittigen Fragen klärte. Während der russische Staat von weiteren Krisen heimgesucht wurde, kehrte Tschetschenien in seine De-facto-Eigenständigkeit zurück.

Das nutzten die untereinander um Einfluss und Ressourcen konkurrierenden Clans und Warlords. Auf den Trümmern des ersten Krieges wucherte eine Gewaltökonomie, die auf Rechtlosigkeit, organisiertem Verbrechen und religiöser Radikalisierung beruhte. Al-Qaida-Terroristen fanden ab Mitte der 1990er-Jahre ihren Weg nach Tschetschenien und bauten mit Geld und Söldnern aus dem arabischen Raum Netzwerke und Kampfgruppen auf.[12] Moskau war nicht in der Lage, das zu verhindern, geschweige denn den Landesteil politisch und wirtschaftlich zu integrieren. Banden drangen immer wieder in das Gebiet benachbarter Republiken ein und entführten Menschen, um Geld zu erpressen. Im September 1999 kamen bei Bombenanschlägen auf Wohnhäuser in Moskau, Bujnaksk und Wolgodonsk mehrere Hundert Menschen ums Leben. Es ist wahrscheinlich, dass der russische Geheimdienst hinter den Anschlägen stand. Die russische Führung machte aber als Täter sofort tschetschenische Terroristen aus. Der frisch gekürte Premierminister Wladimir Putin nutzte die Situation, um in Tschetschenien einzumarschieren.

Russland führte den Zweiten Tschetschenienkrieg mit äußerster Härte. Die russischen Streitkräfte machten die tschetschenische Hauptstadt Grosnyj abermals dem Erdboden gleich. Bombardements von Wohngebieten, zivilen Einrichtungen und Krankenhäusern sollten die Zivilbevölkerung zermürben und den Rebellen die Unterstützung entziehen. Tatsächlich gelang es ihnen nach wenigen Monaten, die Hauptstadt Grosnyj einzunehmen. Doch die Kämpfe zogen sich in die Länge. Die tschetschenischen Kämpfer verwickelten die russische Armee in einen Guerillakrieg. Erst nach über zwei Jahren ebbte der tschetschenische Widerstand langsam ab – die Lage blieb aber noch lange instabil.

In der russischen Rhetorik handelte es sich bei diesem neuerlichen Tschetschenienfeldzug nicht mehr um einen Sezessionskrieg, sondern um den Kampf gegen islamistischen Terrorismus. Die Ausbreitung islamistischer Netzwerke im Nordkaukasus in der zweiten Hälfte der 1990er-Jahre verlieh dieser vorgeschobenen Begründung eine gewisse Substanz – und dem Krieg Legitimität in der durch Terroranschläge verschreckten russischen Bevölkerung. Das Narrativ diente dazu, den russischen Krieg in Tschetschenien mit dem internationalen Anti-Terror-Kampf zu verbinden und ihn so, besonders nach den Anschlägen auf das World Trade Center in New York am 11. September 2001, an die westliche Politik »anschlussfähig« zu machen. Russische und internationale Menschenrechtler:innen wandten sich vehement gegen diese Verknüpfung, in der sie den Versuch sahen, die horrenden

Verbrechen an der tschetschenischen Zivilbevölkerung reinzuwaschen. Anna Politkowskaja berichtete für die unabhängige und regierungskritische *Nowaja Gaseta* aus Tschetschenien. Sie wurde zur prominentesten Chronistin des Zweiten Tschetschenienkriegs und prangerte, wie auch die russische Menschenrechtsorganisation Memorial und andere, unermüdlich die brutale Kriegsführung und die Verbrechen an der Zivilbevölkerung an.[13] Sie zahlte mit ihrem Leben: Am 7. Oktober 2006 wurde sie im Aufgang ihres Wohnhauses in Moskau erschossen.

Nach 2002 verkündete Putin in regelmäßigen Abständen, den Einsatz zu beenden und die russischen Streitkräfte aus Tschetschenien abzuziehen – ohne dass die Kämpfe tatsächlich zu Ende gingen. Moskau fürchtete zu Recht, die gesellschaftliche Unterstützung für den Krieg zu verlieren. 2002 bekam Tschetschenien deshalb unter äußerst zweifelhaften Bedingungen, mitten im Krieg, eine neue Verfassung verpasst. Achmat Kadyrow, der Vater des heutigen tschetschenischen Herrschers Ramsan Kadyrow, wurde unter ebenso zweifelhaften Bedingungen zum Präsidenten »gewählt«. Moskau übergab die Verantwortung für die weitere Entwicklung Tschetscheniens einem der konkurrierenden Clans. Der Krieg hat die Bevölkerungsstruktur der Teilrepublik drastisch verändert – dort leben heute zu fast 100 Prozent Tschetschen:innen.

Achmat Kadyrow fiel bereits 2004 einem Attentat zum Opfer. Sein Sohn Ramsan war zum Nachfolger auserkoren, aber zu jung, um das Präsidentenamt sofort zu übernehmen. Nach einer Platzhalter-Regelung wurde er schließlich 2007 in seinem dreißigsten Lebensjahr von Putin zum Präsidenten der Tschetschenischen Republik ernannt. In den Jahren zuvor hatte er mit seinen Milizen bereits ungestraft Gegner aus dem Weg geräumt und so die eigene Position stabilisiert und ausgebaut. Kadyrow herrscht bis heute mithilfe eines komplexen Systems wirtschaftlicher Subventionierung aus Moskau. Einerseits erlaubten ihm die Mittel aus der russischen Hauptstadt den Wiederaufbau des in zwei Kriegen vollkommen zerstörten Tschetscheniens und die Verteilung von Pfründen an seine wachsende Klientel im heimischen Staatsapparat. Andererseits machten ihn die Geldspritzen abhängig von Moskaus, oder besser: von Putins Gnaden. Damit wird zumindest für die Dauer seiner Herrschaft jedes tschetschenische Streben nach Unabhängigkeit unterlaufen.[14] Dank dieser Konstruktion kann Ramsan Kadyrow bis heute uneingeschränkt und straffrei seine Gewaltherrschaft ausüben. Im April 2009 erklärte Moskau die »Anti-Terror-Operation« in Tschetschenien endgültig für beendet. Der Krieg wurde aber nicht von Frieden abgelöst, sondern von Kadyrows Terrorherrschaft.

Die *Pax Ramsana* zwingt jede:n in Ramsan Kadyrows Privatstaat zur Unterwerfung.[15] Besonders gilt das für Frauen, denn wie sein Moskauer Schutzherr beruft auch er sich auf sogenannte »traditionelle«, in Kadyrows Fall islamische Werte. Frauenrechte werden in Tschetschenien mit Füßen getreten. Die russische Verfassung verbietet Vielehe und Mädchenheirat. In Tschetschenien sind sie von Ramsans Gnaden erlaubt.

Im Mai 2015 machte der Fall der damals siebzehnjährigen Tschetschenin Cheda Gojlabijewa in ganz Russland Schlagzeilen. Das Mädchen sollte, offensichtlich gegen ihren eigenen und gegen den Willen ihrer Familie, mit dem über dreißig Jahre älteren Chef der lokalen Polizeibehörde, Naschud Gutschigow, verheiratet werden. Gutschigow war bereits in erster Ehe verheiratet und Vater mehrerer Kinder. Er war auch ein Kumpel von Ramsam Kadyrow. Die *Nowaja Gaseta* berichtete ausführlich über den Fall, Menschenrechtler:innen protestierten. In Moskau intervenierten der Vorsitzende des präsidialen Menschenrechtsrats, Michail Fedotow, und die Menschenrechtsbeauftragte Ella Pamfilowa.* Ramsam Kadyrow, der sich Jahre zuvor noch gegen Minderjährigen- und Vielehe ausgesprochen hatte, sorgte dafür, dass die Hochzeit stattfinden konnte. Er unterstrich seine Haltung dadurch, dass er auch selbst an ihr teilnahm. Die Journalistin Jelena Milaschina berichtete für die *Nowaja Gaseta* über den Fall. Sie erhielt während ihrer Recherchen massive Morddrohungen und musste Tschetschenien verlassen.[16] Das Schicksal von Cheda Gojlabijewa ist kein Einzelfall. Es steht exemplarisch für die Lebensrealität von Frauen in Kadyrows Reich. Es steht auch exemplarisch für das Schweigen des Kremls zu Kadyrows Machenschaften. Mitte der 2010er-Jahre erhoben sich noch Stimmen gegen solche Menschenrechtsverletzungen. Heute ist der Protest verstummt.

Auch politische Gegner:innen sind nicht vor Kadyrow sicher. Die Morde an Anna Politkowskaja und weiteren Journalist:innen, an Menschenrechtler:innen wie Natalja Estemirowa von Memorial sind mit an Sicherheit grenzender Wahrscheinlichkeit in seinem Auftrag verübt worden. Am 27. Februar 2015 wurde Boris

---

* Michail Fedotow setzte sich in seiner Zeit als Vorsitzender des Menschenrechtsrates beim russischen Präsidenten 2010–2019 immer wieder öffentlich und gegen die offizielle Linie für Menschenrechtsbelange ein. Er hatte enge Beziehungen zu allen wichtigen unabhängigen Menschenrechtsorganisationen. Im Oktober 2019 wurde er durch den kremlhörigen Walerij Fadejew ersetzt, der seitdem jeden politischen Protest als ausländisch gesteuerte Verschwörung diffamiert. Von ihm haben Menschenrechtler:innen keine Unterstützung mehr zu erwarten. Ella Pamfilowa war Fedotows Vorgängerin (2004 bis 2010). Sie trat wegen Meinungsverschiedenheiten mit der Staatsmacht zurück, wurde aber 2014 von Putin als Menschenrechtsbeauftragte vorgeschlagen. Von diesem Amt wechselte sie 2016 auf den Vorsitz der Zentralen Wahlkommission und rechtfertigt seitdem die Manipulation und Fälschung von Wahlen.

Nemzow – ehemaliger Gouverneur von Nischnij Nowgorod, ehemaliger stellvertretender Ministerpräsident und vor allem: eine der wichtigsten Stimmen gegen den russischen Krieg in der Ukraine – nahe dem Kreml erschossen. Die Spuren des Täters führen abermals nach Grosnyj. Putin lässt Kadyrow gewähren, solange er in Tschetschenien für Ordnung – anders formuliert: für Grabesstille – sorgt. Tschetschenien wechselte in den 2000er-Jahren von den Gewaltexzessen zweier Kriege nahtlos in die Gewaltherrschaft Kadyrows. Das ist eine Hypothek nicht nur für die Zukunft der Region, sondern für ganz Russland. Anna Politkowskaja schrieb 2004 den lakonischen Satz: »Der Kreml hat einen kleinen Drachen aufgezogen. Nun muss er ihn füttern, sonst speit er Feuer.«[17] Dies trifft 2023 immer noch zu. Nur ist Ramsan Kadyrow heute kein »kleiner« Drachen mehr. Er hat durch den Einsatz seiner Milizen im Krieg gegen die Ukraine seine Machtposition gegenüber Moskau noch einmal deutlich ausgebaut.

Russlands Rolle im Syrienkrieg

Im September 2015 griff Russland in den Syrienkrieg ein, um die militärische Niederlage Baschar al-Assads zu verhindern. Moskau wollte seinen Sturz abwenden, um nicht seinen wichtigsten Verbündeten in der Region und den Zugang zu seinen militärischen Einrichtungen in Tartus und Chmeimim an der syrischen Mittelmeerküste zu verlieren. Das Ende des libyschen Herrschers Muammar Al-Gaddafi im Zuge der US-geführten Militärintervention in Libyen 2011 stand Putin noch immer sehr plastisch vor Augen. In Syrien, so sah man es in Moskau, musste die westliche »Regimewechselpolitik« scheitern. Dieses Ziel hat Moskau erreicht. Assad ist bis heute Präsident Syriens und kontrolliert wieder weite Teile des vom Krieg zerschundenen Landes. Der Islamische Staat (IS) ist weitgehend zurückgedrängt. Russland hat sich durch seine Intervention als Schlüsselmacht nicht nur in Syrien, sondern in der gesamten Region etabliert, während die USA und der Westen erheblich an Einfluss einbüßten. Die russischen Streitkräfte stellten in Syrien ihre Einsatzfähigkeit unter Beweis, was das Bild Russlands als militärische Großmacht für einige Jahre erheblich stärkte – und 2022 mit zur Überschätzung derselben Streitkräfte in der ersten Phase der Vollinvasion in der Ukraine führte.[18]

Den Preis für den Erfolg des russischen Einsatzes zahlte die syrische Zivilbevölkerung. Der russische Luftkrieg diente ebenso sehr dem Erhalt des Assad-Regimes wie der Vertreibung des IS. Die russischen Streitkräfte gingen gegen von der syrischen Opposition kontrollierte Gebiete gnadenlos vor. Dabei wiederholten sie die aus den Tschetschenienkriegen bekannten Muster. Rücksicht auf die Zivilbevölkerung gab es nicht. Russische Luftangriffe trafen flächendeckend alle und alles und richteten immensen Schaden an. Sie wurden flankiert vom Bodenkrieg der syrischen Armee sowie Einsätzen irregulärer Kämpfer und privater Söldnergruppen, allen voran Jewgenij Prigoschins Wagner-Gruppe. Human Rights Watch schrieb in einem Bericht über die Rückeroberung der Region Idlib: »Unter Verletzung des Kriegsrechts unternahm die Allianz [Syrien und Russland] Dutzende von Luft- und Bodenangriffen gegen zivile Ziele und zivile Infrastruktur und attackierte Wohnhäuser, Schulen, medizinische Einrichtungen und Märkte – Orte, an denen Menschen leben, arbeiten und studieren. Streumunition, Brandbomben und improvisierte Fassbomben wurden in Siedlungsgebieten mit tödlichen Auswirkungen eingesetzt.«[19] Häufigkeit und Zielgerichtetheit, heißt es weiter in dem Report, zeigten, dass die Angriffe mit voller Absicht so durchgeführt worden seien. Diese menschenverachtenden Praktiken setzen sich heute in der Ukraine fort.

Russlands Krieg gegen die Ukraine

Russlands Krieg gegen die Ukraine begann am 27. Februar 2014. An diesem Tag übernahmen russische Sondereinheiten ohne Hoheitsabzeichen die Kontrolle auf der Krim. Moskau bestritt vehement, an den Ereignissen beteiligt zu sein. Nach einem Scheinreferendum wurde die Krim am 24. März der Russischen Föderation einverleibt.

Im April 2014 eskalierten Zusammenstöße zwischen Maidan-Gegner:innen und ukrainischen Sicherheitskräften im Süden und Osten der Ukraine. In Teilen der Gebiete Donezk und Luhansk wurden weitere Scheinreferenden durchgeführt und »Volksrepubliken« ausgerufen. Russische Sicherheitsdienste, irreguläre Kämpfer und Söldner der Wagner-Gruppe waren an den gewalttätigen Auseinandersetzungen maßgeblich beteiligt. Später »säuberten« sie die regionalen separatistischen Kräfte, um die Kontrolle Moskaus sicherzustellen. Kyjiw hatte den Zugang zu über 900 Kilometern der ukrainisch-russischen Grenze verloren. Militärisches Material, Waffen und Kämpfer gelangten so ungehindert in das Kriegsgebiet. Russland bestritt weiter vehement, am Krieg beteiligt zu sein.

Der Abschuss des malaysischen Passagierfluges MH17 durch eine russische Buk-Flugabwehrrakete am 17. Juli 2014 und die direkte Beteiligung russischer Truppen an der Schlacht um Ilowajsk im August 2014 zeugten jedoch vom Gegenteil.[20] Bei Ilowajsk bewahrte Moskau die Rebellen vor der sicheren Niederlage. Der Waffenstillstand, der im September 2014 und Februar 2015 unter

Vermittlung der OSZE, Deutschlands und Frankreichs in Minsk ausgehandelt wurde, fror die Front ein. Die »Minsker Vereinbarungen« waren eine Mischung aus Sicherheitsbestimmungen und ersten Schritten in Richtung einer politischen Lösung. Sie wurden acht Jahre lang nicht umgesetzt. Es gab keine Einigung über die Abfolge von Sicherheitsmaßnahmen und politischen Schritten, über die Modalitäten für Friedenstruppen, über den Wiederaufbau der vom Krieg zerstörten Gebiete, über die Behebung der humanitären Katastrophe, die der Krieg ausgelöst hatte. Der Waffenstillstand wurde unzählige Male gebrochen, neu verhandelt und wieder gebrochen. Von den knapp 14 000 Menschenleben, die der russische Krieg gegen die Ukraine vor dem 24. Februar 2022 forderte, entfällt mehr als die Hälfte auf die Zeit nach dem Abschluss der Minsker Vereinbarungen im Februar 2015.[21]

Russland bestand acht Jahre lang darauf, gemeinsam mit Deutschland und Frankreich »Vermittler« im Konflikt zwischen Kyjiw und den »Separatisten« zu sein. Diese Separatisten waren jedoch Moskaus Kreaturen und vollständig von der militärischen, politischen und wirtschaftlichen Unterstützung aus Russland abhängig. Der Kreml hatte sie geschaffen, um sich die dauerhafte Kontrolle über die Ukraine zu sichern. Die Berliner Politikwissenschaftlerin Gwendolyn Sasse schreibt: »Die Krim hatte für Russland große symbolische Bedeutung; der Krieg im Donbas dagegen war für Moskau vor allem ein Instrument, um den ukrainischen Staat langfristig zu schwächen, sich Einfluss auf die ukrainische Politik zu erhalten und die Möglichkeit zu haben, den Krieg je nach Belieben zu begrenzen oder auszuweiten.«[22] Die Ukraine, Deutschland und Frankreich nahmen die alles verzerrende russische Lüge hin, weil sie keine andere Möglichkeit sahen, den Krieg im Osten der Ukraine einzuhegen.

Die russische Politik der »kontrollierten Instabilität« erreichte jedoch nie ihr Ziel. Der ukrainische Staat brach nicht zusammen und ließ sich nicht von seinem pro-europäischen Kurs abbringen. Das löste bei den Herrschenden in Moskau ungeheure Frustration aus. Denn ein weiteres Mal ging ihre Rechnung für die Ukraine nicht auf. Der Moskauer Hoffnungsträger Wiktor Janukowytsch, der 2010 zum ukrainischen Präsidenten gewählt worden war, stürzte im Februar 2014 über seine eigene Politik. Die Regierung unter seinem Nachfolger Petro Poroschenko orientierte sich nach dem Euromaidan unbeirrt nach Westen, trotz des Krieges und wirtschaftlichen Drucks aus Russland. 2019 schaffte die Ukraine einen demokratischen und friedlichen Machtwechsel von Petro Poroschenko zu Wolodymyr Selenskyj. Der Schauspieler und Comedian Selenskyj galt in Moskau als Fliegengewicht, politisch unerfahren, fachfremd. Er war mit dem ausdrücklichen Vorsatz angetreten, den Krieg im Osten zu beenden und das Elend der Bevölkerung dort zu lindern. In Moskau verstand man seine Botschaft folgendermaßen: Mit Selenskyj bekommen wir unsere Version der Minsker Vereinbarungen und sichern uns damit ein für alle Mal die Kontrolle über die ukrainische Innen- und Außenpolitik. Russische Expert:innen, Spindoktor:innen und Politiker:innen hofften, dass damit auch das Verhältnis zum Westen bereinigt werden könnte. Denn der sei des Konflikts überdrüssig, wurde mir in Moskau immer wieder erklärt, und werde am Ende Kyjiw zu Konzessionen zwingen.

Diese Hoffnung erfüllte sich nicht. Selenskyj wollte zwar den Konflikt lösen, aber nicht zu den russischen Bedingungen. Er hätte den Spielraum dafür auch gar nicht gehabt, denn die überwältigende Mehrheit der ukrainischen Gesellschaft lehnte von Moskau diktierte Kompromisse ab. Die gegenseitige Blockade ging also weiter. In Moskau wuchsen Wut und Frustration. Das war in diesen Jahren in unzähligen Gesprächen zu spüren. Dabei hatten sich manche Kollegen zunächst einen differenzierten Blick bewahrt und in der Annexion der Krim 2014 einen strategischen Fehler gesehen. Mit öffentlicher Kritik hielten sie sich aus Furcht oder Opportunismus zurück, aber im direkten Gespräch offenbarten sie ihr Missfallen. Putin bewege sich wie in einem Sumpf, sagte ein Kollege 2015, er springe von Stein zu Stein. Es seien die Steine, die die Richtung der Politik bestimmten, nicht etwa eine sinnvolle Strategie des russischen Führers. Er könne aber auch nicht stehen bleiben – denn wer im Sumpf stehen bleibe, versinke. Mit der Zeit wandten sich jedoch auch diese Stimmen zunehmend gegen die Ukraine.

Oft vermittelten die Gesprächspartner:innen den Eindruck, als könnten sie es der Ukraine einfach nicht verzeihen, dass sie auch nach Jahren immer noch über die Annexion der Krim und über die Situation im Donbas sprechen mussten. Darüber, dass die Sanktionen nicht verschwanden; dass die Großmacht Russland die Konsequenzen ihres völkerrechtswidrigen Handelns nicht einfach aus dem Weg räumen konnte. Immer wieder hörte ich die Klage, der Westen schöbe Russland ungerechterweise die gesamte Verantwortung für die Umsetzung des Minsker Abkommens zu. Dabei halte sich Kyjiw mindestens ebenso wenig an seine Bestimmungen. Die Ukraine sei außerdem ein durch und durch korrupter und chaotischer Staat und als Partner nicht ernst zu nehmen. Auf den Einwand, dass schließlich Russland den Krieg begonnen habe, reagierten mit der Zeit selbst jene Kollegen:innen unwirsch, die 2014 die Annexion der Krim abgelehnt hatten. Sie sahen sich auch nicht veranlasst, ihren eigenen Wissensstand über das Nachbarland kritisch zu hinterfragen. Dabei war dieser denkbar gering und sehr verzerrt. Viele hielten es schon vor 2014 nicht für nötig, die politischen und gesellschaftlichen Entwicklungen in der Ukraine zu erforschen. Nach dem Ausbruch des Krieges verlor die russische Wissenschaftscommunity fast vollständig den Kontakt zur ukrainischen Realität. Die »Ukraine-Frage« erhielt eine sehr persönliche, emotionale Note. Die russischen Nationalist:innen, von denen in Kapitel 2 die Rede war, hatten die Ukraine schon immer mit chauvinistischem Hass überzogen. Zwischen 2014 und 2022 radikalisierten sich aber auch viele zuvor moderate Angehörige der Moskauer außenpolitischen Elite.

Am 24. Februar 2022 überfiel Russland die Ukraine mit dem Ziel, den unabhängigen ukrainischen Staat auszulöschen. »Entnazifizierung« und »Entmilitarisierung« hießen verharmlosend die Kriegsziele, mit denen Wladimir Putin zu Beginn der Vollinvasion die ukrainische Kapitulation forderte. Bereits 2021 hatten die Spannungen zwischen Russland und der Ukraine und zwischen Russland und dem Westen stetig zugenommen. Zweimal marschierten große russische Truppenkontingente an der ukrainischen Grenze auf. Im Dezember 2021 stellte Putin Washington und seinen Verbündeten ein Ultimatum: Die USA und die NATO müssten umfassende Sicherheitsgarantien geben, sonst werde Moskau zu »militärisch-technischen« Maßnahmen greifen. Putin ließ alle westlichen Verhandlungsversuche im Januar und Februar 2022 ins Leere laufen. Er hatte seine Entscheidung, ermutigt durch den chaotischen westlichen Abzug aus Afghanistan, wahrscheinlich schon im Herbst 2021 getroffen. Am 21. Februar 2022 erkannte er die »Volksrepubliken« Donezk und Luhansk als eigenständige Staaten an. In der Nacht zum 24. Februar überfielen die russischen Streitkräfte die Ukraine über Belarus, die Ostgrenze und von der Krim aus.

Der Kriegsverlauf seitdem ist bekannt und ausführlich dokumentiert. In den ersten Wochen drangen die russischen Truppen bis in das Umland Kyjiws vor, besetzten weitere Teile der Gebiete Donezk und Luhansk und stellten durch die teilweise Okkupation der Gebiete Cherson und Saporischschja eine Landbrücke zwischen der Krim und dem Donbas her. Der Versuch jedoch, die Ukraine in wenigen Tagen zu überrennen und die Regierung von Präsident Selenskyj abzusetzen, scheiterte kläglich. Bemühungen der ukrainischen Seite, in den ersten Wochen eine Verhandlungslösung herbeizuführen, misslangen.[23] Putin hielt an seiner Forderung nach Unterwerfung und totaler Kapitulation fest. Im April 2022 gaben die russischen Truppen die Belagerung Kyjiws auf und konzentrierten sich auf den Donbas und die Einnahme der Hafenstadt Mariupol am Asowschen Meer.

Bei der Befreiung besetzter Gebiete durch ukrainische Truppen wurden schwerste Kriegsverbrechen offenbar, die die russischen Besatzer an der Zivilbevölkerung begangen hatten. Von August bis November gelang es den ukrainischen Streitkräften mithilfe westlicher militärischer Unterstützung, Teile der besetzten Gebiete bei Charkiw und die Stadt Cherson zu befreien. Putin reagierte auf die Erfolge der ukrainischen Gegenoffensive, indem er im September 2022 die Annexion aller vier umkämpften Gebiete – Donezk, Luhansk, Saporischschja und Cherson – proklamierte und eine Teilmobilmachung verkündete. Russland verschärfte im Herbst 2022 den Luftkrieg und griff gezielt die Energieinfrastruktur und zivile Ziele in der Ukraine an. Im Winterhalbjahr 2022/2023 führten die Parteien einen Stellungskrieg mit hohen Verlusten, bei dem sich der Frontverlauf kaum veränderte. Die monatelange Schlacht um die Stadt Bachmut wurde zum Inbegriff der gegenseitigen Zermürbung. Im Juni 2023 begann die ukrainische Seite eine weitere Gegenoffensive. Am 6. Juni 2023 brach der Kachowka-Damm, der den Dnipro im Süden der Ukraine zu einem riesigen Wasserreservoir aufgestaut hatte. Über siebzig Siedlungen und große landwirtschaftliche Flächen am rechten und am russisch besetzten linken Flussufer wurden überflutet, während oberhalb des zerstörten Staudamms die Wasserversorgung für die Landwirtschaft und das Kernkraftwerk Saporischschja in Gefahr geriet. Der Trinkwasserzugang von 700 000 Menschen in der Region war bedroht, es bestand Seuchengefahr. Die Zerstörung des Kachowka-Staudamms löste eine weitere massive Fluchtbewegung und kommt einer humanitären, ökologischen und wirtschaftlichen Katastrophe gleich.[24] Seismologische Untersuchungen belegen, dass es kurz vor dem Bruch eine Explosion am Damm gegeben hatte. In der Kriegssituation lässt sich die Täterschaft nicht eindeutig ermitteln. Investigative Recherchen westlicher Medien legen nahe, dass die russische Besatzungsmacht den Damm gesprengt hat.[25] Sollte sich das als richtig erweisen, wäre es eine weitere massive Eskalation der russischen Kriegsführung und ein Kriegsverbrechen, das mit Fug und Recht als Ökozid beschrieben werden kann.

Die ukrainische Generalstaatsanwaltschaft und unabhängige ukrainische NGOs dokumentieren systematisch russische Kriegsverbrechen. Die Initiative Tribunal für Putin (T4P) sammelt in allen Regionen der Ukraine Informationen, die sie den ukrainischen Behörden, den Vereinten Nationen und dem Internationalen Strafgerichtshof zur Verfügung stellt. Nach eigenen Angaben hat T4P im ersten Jahr der Vollinvasion über 33 000 Vorfälle dokumentiert, darunter gezielte Tötungen, illegale Freiheitsberaubung, Einsatz von Chemiewaffen, Verminung, Zwangsmobilisierung in besetzen Gebieten, Geiselnahmen, Deportationen und vieles mehr.[26] Am 17. März 2023 erließ der Internationale Strafgerichtshof in Den Haag Haftbefehl gegen Wladimir Putin und seine Beauftragte für Kinderrechte Marija Lwowa-Belowa wegen der systematischen Verschleppung von ukrainischen Kindern aus den Kriegsgebieten nach Russland – laut ukrainischer Regierung seit Beginn der Invasion bereits in über 16 000 Fällen.

Unter den planvoll verübten Kriegsverbrechen finden sich auch Vergewaltigungen von Menschen unterschiedlichen Geschlechts und sexualisierte Gewalt als Teil von Folter. Das Büro des Hochkommissars für Menschenrechte der Vereinten Nationen veröffentlicht seit 2014 regelmäßig Berichte über die Menschenrechtssituation im ukrainischen Kriegsgebiet. Zwischen 24. Februar 2022 und 31. Januar 2023 dokumentierte es 133 Fälle von sexualisierter Gewalt durch russische Soldaten.* Die ukrainische Generalstaatsanwaltschaft hatte bis Ende Januar 2023 die Untersuchung von 155 Fällen veranlasst.[27] Die Dunkelziffer liegt sehr wahrscheinlich um ein Vielfaches höher. Sowohl Männer als auch Frauen sind von sexualisierter Gewalt durch die russischen Streitkräfte betroffen. Bei den männlichen Opfern war sie in den meisten Fällen Teil von Folter und ereignete sich in Gefängnissen und anderen Orten, wo sie festgehalten wurden. Vergewaltigungen von Frauen fanden vor allem in russisch besetzten Gebieten statt. Die Taten signalisieren unterschiedliche Botschaften: Werden Frauen vergewaltigt, so wird die Reproduktionsfähigkeit der feindlichen Gesellschaft verletzt; ihre Kämpfer werden erniedrigt, weil sie »ihre« Frauen nicht »beschützen« können. Sexualisierte Gewalt gegen Männer hingegen symbolisiert ultimative Unterwerfung. Die »Krieger« der

---

* Der Report dokumentiert für den gleichen Zeitraum 24 Fälle von genderbasierter und sexualisierter Gewalt in den ukrainisch kontrollierten Gebieten. Zumeist waren die Betroffenen Männer, denen, zum Beispiel wegen des Vorwurfs der Kollaboration mit den russischen Streitkräften oder Geheimdiensten, sexualisierte Gewalt angedroht wurde. Der Report begrüßt die Bemühungen der ukrainischen Regierung, die Opfer genderbasierter und sexualisierter Gewalt zu unterstützen. Er hebt außerdem hervor, dass die Ukraine im November 2022 die Istanbuler Konvention des Europarats zur Verhütung und Bekämpfung von Gewalt gegen Frauen und häuslicher Gewalt ratifiziert hat.

Gegenseite werden »entmannt«, zu »Schwulen« degradiert und ihrer Fähigkeit zum Kampf beraubt.

Die UN-Sonderbeauftragte für sexualisierte Gewalt in Konflikten, Pramila Patten, sagte im September 2022, alle Anzeichen für die Nutzung von Vergewaltigung als Kriegswaffe seien in der Ukraine vorhanden. »Wenn Frauen über Tage festgehalten und vergewaltigt werden, wenn kleine Jungen und Männer vergewaltigt werden, wenn Frauen aussagen, dass russische Soldaten mit Viagra ausgestattet sind, dann ist das eindeutig eine militärische Strategie, um die Opfer zu entmenschlichen.«[28]

»Der Terror, der gegen die Zivilbevölkerung verübt wird, ist weder Zufall, noch Ausnahme, noch Exzess. Die Vertreibung, die dadurch verursachte Flucht ist längst nicht nur zur Methode, sondern auch zur Waffe, zur Strategie [...] geworden«, sagte der ukrainische Autor, Übersetzer und Psychotherapeut Jurko Prochasko im Juni 2023 auf der Jahrestagung der Deutschen Gesellschaft für Osteuropakunde in Berlin. Er sei selbst seelisch verletzt und begegne seelischen Verletzungen »tagtäglich in der therapeutischen Praxis, in den Gruppen, im Alltag, in der Familie, im Privaten [...]. Mir ist niemand bekannt, zu keinem Zeitpunkt dieses Kriegs, an keinem Ort, in keinem Alter, der unversehrt geblieben wäre. Und dabei ist es noch lange nicht ausgestanden. Das wird uns bis zum Lebensende und über Generationen hinweg prägen, das wird unser Gemeinwesen existenziell gefährden. Und auch das ist das Ziel unserer Zerstörer – wenn nicht zu besiegen und zu unterdrücken, dann doch dauerhaft und möglichst schlimm zu beschädigen, damit wir uns davon nie erholen können, damit wir unter diesen Traumata zugrunde gehen und uns selber nicht mehr auszuhalten fähig sind.«[29]

Permanenter Krieg, Gewaltakteure und Gewaltreservoirs

Dreißig Jahre Krieg – vierzig, wenn man den Afghanistan-Krieg hinzuzählt – hinterlassen tiefe Spuren in einer Gesellschaft. Es gibt in Russland Soldaten und Söldner, die in allen Kriegen gekämpft haben, in ihnen sozialisiert und traumatisiert wurden. Solche Gewalterfahrungen prägen. Viele Menschen finden keinen Weg mehr aus ihnen heraus und geraten in einen Zyklus von Gewalt, Kriminalität und wiederkehrenden Haftstrafen. Aus diesem Gewaltreservoir speisen sich die russischen Streitkräfte und die nichtstaatlichen Kampftruppen, die eine immer größere Rolle in der russischen Kriegsführung spielen. Deren gibt es viele: private Militärunternehmen und Söldnergruppen, wie Wagner, Patriot oder Redut, von Gazprom und anderen Unternehmen finanzierte Söldnerformationen, Kosaken, regionale Freiwilligenverbände. Auch die private Truppe von Ramsan Kadyrow gehört dazu, weil sie außerhalb der Kontrolle der staatlichen Organe in Moskau steht. Besondere Prominenz und Macht erwarb sich in den 2010er-Jahren Jewgenij Prigoschin mit seiner Söldnertruppe Wagner. Prigoschins eigene Biografie ist ein Paradebeispiel für die Verbindung zwischen Kriminalität, Gewalt und Gefängniswelt. Der heute 62-Jährige verbüßte bis 1990 eine neunjährige Haftstrafe wegen Diebstahls und Raubüberfällen. Nach seiner Entlassung gründete er eine Kette von Hotdog-Ständen in Sankt Petersburg, eröffnete Mitte der 1990er-Jahre ein Luxusrestaurant und knüpfte ein weit verzweigtes Netzwerk von Kontakten in die politischen Strukturen und in die organisierte Kriminalität. Aus dieser Zeit stammt auch sein Kontakt zu Wladimir Putin. In den 2000er-Jahren zahlten sich Prigoschins Investitionen aus, denn er wurde mit lukrativen Aufträgen zur Verköstigung von Schulen, Krankenhäusern und Militäreinrichtungen überhäuft. Sein Geschäftsimperium ist mittlerweile weit verzweigt und verdankt seine Stellung, wie unter anderem die *Nowaja Gaseta* und Alexej Nawalnyj akribisch rekonstruiert haben, seinen korrupten Verbindungen zur russischen Staatsmacht.[30] Er schreckt auch vor Gewalt und Einschüchterung gegenüber politischen Gegnern nicht zurück. 2012 gründete er gemeinsam mit einem Geschäftspartner, Dmitrij Utkin, ein paramilitärisches Unternehmen. Nach Utkins Vorliebe für den deutschen Komponisten Richard Wagner tauften sie die Gruppe »Wagner«. Prigoschin unterstützt die Propaganda des Putin-Regimes mit Troll-Fabriken und eigenen Medienplattformen. Er hat seine politische Machtbasis im Putin-Regime enorm ausgeweitet.

Die »Wagner-Gruppe« war 2014 an der militärischen Besetzung der Krim und an der Entfesselung des Donbas-Krieges beteiligt. In Syrien flankierte die Gruppe die Einsätze von Assads Armee. Sie eroberte Öl- und Gasanlagen, Prigoschin erhielt dafür Anteile aus den Exporteinnahmen. Wagner wurde eingesetzt, um Opposition und Bevölkerung durch Terror zu »disziplinieren«. 2019 ging das Video von der bestialischen Hinrichtung eines syrischen Zivilisten durch Wagner-Söldner weltweit viral. Mehrere investigative Medien, darunter die *Nowaja Gaseta*, arbeiteten über Jahre an der Rekonstruktion der Ereignisse. Jewgenij Prigoschin und staatliche Stellen leugneten jede Verbindung zu dem Mord, ja jede Präsenz von Wagner-Söldnern in Syrien. Die Menschenrechtsorganisation Memorial stellte 2021 gemeinsam mit syrischen und internationalen Partnern einen Antrag auf eine gerichtliche Untersuchung des Falls. Die russischen Justizbehörden lehnten das Gesuch mit der Begründung ab, weder der Tatort noch die Beteiligung russischer Staatsbürger:innen an dem Verbrechen seien belegt.[31]

Mittlerweile sind zahlreiche ähnliche Fälle aus anderen Wagner-Einsätzen bekannt. 2023 war die Gruppe in über dreißig afrikanischen Staaten aktiv. Sie übernahm »Aufträge« von der Aufstandsbekämpfung über Personenschutz bis hin zur Ausbildung lokaler Milizen. Sie spielte im laufenden Krieg gegen die Ukraine eine bedeutende Rolle. Und auch dort gibt es Belege für unfassbare Grausamkeiten. Ein Video von der Ermordung eines Söldners namens Jewgenij Nuschin sorgte im November 2022 für Entsetzen. Nuschin hatte sich im Gefängnis von Wagner anwerben lassen, begab sich in ukrainische Gefangenschaft und sprach dort vor laufenden Kameras über seinen Einsatz. Ein Gefangenenaustausch brachte ihn zurück nach Russland, wo er von anderen Wagner-Kämpfern mit einem Vorschlaghammer erschlagen wurde. Das Video des Mordes wurde über Wagner-Kanäle in den sozialen Medien verbreitet. Der ehemalige Wagner-Kämpfer Andrej Medwedew sagte der *Zeit*-Journalistin Alice Bota im Februar 2023: »Wenn du dich weigerst zu kämpfen, wirst du hingerichtet. Ich habe von vielen dieser Hinrichtungen gehört. Zwei habe ich selbst gesehen. Die Männer wurden erschossen. Einer war mein Kumpel. Er hatte sich einem Befehl widersetzt. Bevor sie ihn töteten, hat er noch versucht, zu fliehen. Ich habe auch mitbekommen, dass ukrainische Gefangene exekutiert wurden. Vier Männer hatten sich mir und meinen Leuten ergeben. Wir haben sie bei meinen Vorgesetzten abgeliefert. Später habe ich erfahren, dass sie getötet wurden.«[32] Die Leiterin der Organisation Russland hinter Gittern (*Rus Sidjaschtschaja*), Olga Romanowa, sprach im Interview mit der *Nowaja Gaseta* von möglicherweise Dutzenden solcher Hinrichtungen ehemaliger Häftlinge, die von Wagner angeworben wurden, um in der Ukraine zu kämpfen.[33]

Berichte von der Front belegen, dass Wagner-Söldner in der Ukraine eingesetzt wurden, um die »Drecksarbeit« zu erledigen.

Besonders die neu rekrutierten Insassen von Straflagern erhielten kaum militärische Ausbildung und nur mangelhafte Ausrüstung. Romanowa schildert, dass sie als »Strafbataillone« vorgeschickt würden, um Gebiete »mit ihren eigenen Körpern« zu entminen. Sie seien »Kanonenfutter« – man schicke sie »zur Schlachtung« *(na uboj)*. Laut dem US-amerikanischen Institute for the Study of War sollen allein in den Kämpfen um Bachmut 30 000 Wagnersöldner getötet oder verwundet worden sein.[34]

Die Wagner-Gruppe steht beispielhaft dafür, wie informelle Kampfgruppen in Russland zu Sammelbecken für Veteranen aus den Kriegen der vergangenen Jahrzehnte und für vorbestrafte Männer mit teils schwerkrimineller Vergangenheit wurden. Seit Beginn der erneuten Invasion rekrutierte Wagner gezielt in russischen Strafkolonien. Im November 2022 publizierten unabhängige russische Medien ein Video, das Jewgenij Prigoschin höchstpersönlich dabei zeigte, wie er in einer Strafkolonie einer Gruppe von Häftlingen die Bedingungen eines Wagner-Einsatzes erklärt. Er verspricht ihnen, nach sechs Monaten könnten sie ihren »Dienst« bei Wagner beenden, würden amnestiert und als freie Menschen nach Hause zurückkehren. »Es gibt zwei, die euch in Holzkisten [aus dem Lager] rausbringen können: Gott und Allah. Ich bringe euch lebend hier raus. Aber ich bringe nicht alle lebend zurück.«[35]

Im Juni 2023 kam es zum direkten Konflikt zwischen Jewgenij Prigoschin und dem Kreml. Prigoschin hatte seit Herbst 2022 immer wieder harsche Kritik an Verteidigungsminister Sergej Schoigu und der Führung der russischen Streitkräfte unter Generalstabschef Walerij Gerassimow geübt. Er warf ihnen vor, den Feldzug in der Ukraine falsch zu führen, die Wagner-Gruppe nicht ausreichend zu unterstützen und für die hohen Verluste auf der russischen Seite (über die ja eigentlich nicht gesprochen wird) verantwortlich zu sein. Über Monate sah Putin dem Streit zu, der eine Folge seiner eigenen Politik war. Er selbst hatte die Entstehung und Verzweigung von Privatarmeen und informellen Kampfverbänden, die eigentlich gegen russisches Recht verstoßen, nicht nur toleriert, sondern für die verdeckte Kriegführung in der Ukraine, in Syrien und anderswo aktiv genutzt. Mit dem Krieg gegen die Ukraine wuchs die Bedeutung der informellen Kampfverbände, und Prigoschin schlug daraus politisches Kapital. Der Konflikt zwischen Prigoschin, Schoigu und Gerassimow war eine direkte Folge dieser Aushöhlung des staatlichen Gewaltmonopols. Anfang Juni 2023 kündigte das Verteidigungsministerium an, bis zum 1. Juli 2023 alle existierenden Söldner-Formationen in die Streitkräfte zu integrieren. Bereits zu Beginn des Jahres hatte das Ministerium Wagners Zugang zu den Strafkolonien eingeschränkt. Prigoschins Machtgrundlage war nun in unmittelbarer Gefahr. Am 23. Juni blies er zum Marsch auf Moskau. Was zunächst wie ein Putschversuch aussah, brach nach nur 36 Stunden in sich zusammen. Das Putin-Regime trug vorerst den Sieg davon. Aber der Blick in den Abgrund eines bewaffneten Aufstands ließ einen tiefen Schock zurück. Dessen genaue Auswirkungen sowie das Schicksal Prigoschins und seiner Wagner-Gruppe waren bei Abschluss dieses Manuskripts noch unklar.

Die russischen Streitkräfte und informelle Kampfgruppen zapfen im direkten Auftrag des russischen Staates das vielleicht größte Gewaltreservoir in Russland an: die Gefängnisse und Straflager. Sie sind selbst Orte von Erniedrigung, Terror und Gewalt. Menschenrechtsorganisationen weisen seit vielen Jahren auf die schlechten Haftbedingungen, miserable medizinische Versorgung, Zwangsarbeit, auf Folter, Vergewaltigung, physische und psychische Gewalt hin. Diese Praktiken haben eine lange Geschichte, die bis in die zaristische Vergangenheit Russlands zurückreicht. Das sowjetische Lagersystem des GULag (*Glawnoje Uprawlenie Lagerej* – Hauptverwaltung der Lager) war ein in sich geschlossenes Gewaltsystem, durch das Millionen von Menschen geschleust wurden. Die Historikerin Anne Applebaum geht von etwa 24 Millionen Menschen aus, die zwischen Ende der 1920er- und Mitte der 1950er-Jahre in der Sowjetunion Lagerhaft und Zwangsarbeit durchlitten.[36] Viele kamen um. Die Überlebenden blieben für ihr Leben gezeichnet. In den Lagern bildete sich ein komplexes soziales System heraus, das Gewalt, Unterdrückung und Kriminalität unter den Häftlingen förderte. Nach Stalins Tod wurde das GULag-System 1956 nominell aufgelöst. Viele Lager bestanden aber weiter und dienten als Verwahrorte für Kriminelle. Nach dem Ende der Chruschtschow'schen Tauwetterphase sperrte das Regime dort eine neue Generation von politischen Dissident:innen ein. Die politischen Gefangenen kamen Ende der 1980er-Jahre frei. Viele der sowjetischen Lager wurden aufgegeben. Andere werden im russischen Strafvollzug weiter genutzt, einschließlich der altbekannten Praktiken und Regeln. Olga Romanowa sagte dazu im Interview mit der Zeitschrift *Osteuropa*: »Das gegenwärtige Strafvollzugssystem Russlands ist niemals – ich betone: niemals – grundlegend reformiert worden.«[37]

In den russischen Lagern hat sich, ähnlich wie in sowjetischen Zeiten, eine Parallelwelt etabliert. Sie beruht auf informellen Regeln und roher Gewalt. Unter den Insassen gibt es eine Hierarchie der Unterdrückung und Kriminalität, die von den Lagerverwaltungen toleriert wird, solange diejenigen, die an der Spitze stehen und andere tyrannisieren und ausbeuten, für Ruhe sorgen.[38] Dafür erhalten sie Privilegien und können untereinander und mit der Welt außerhalb der Lager Geschäfte machen.[39] Auch die Sicherheitskräfte wenden gegenüber den Häftlingen massiv Gewalt an. Die Nichtregierungsorganisation Nein zum GULag (*Gulagu.Net*) dokumentiert seit 2011 die horrenden Menschenrechtsverletzungen und die Korruption in russischen Gefängnissen und Lagern. In ihren Recherchen und Filmen erbringt sie Belege für sexualisierte Gewalt, schwere körperliche und psychische Misshandlungen, die Verweigerung lebenswichtiger medizinischer Behandlung und viele andere Formen der Gewalt.[40] Ihre Mitarbeiter:innen befinden sich seit Frühjahr 2021 im Exil. In der »Zone«, wie die Lager gemeinhin genannt werden, herrscht Arbeitspflicht. »Teilweise finanziert sich das Gefängnissystem noch heute über diese Zwangsarbeit«, schreibt Jens Siegert.[41*]

Die »Zone« ist eine Männerwelt. Der Anteil der Frauen an der Gesamtzahl der Inhaftierten in Russland liegt unter zehn Prozent. Auch Frauen sitzen unter mindestens ebenso unmenschlichen Bedingungen in Frauenlagern ein. Nadeschda Tolokonnikowa von Pussy Riot hat sie in ihrem Buch *Anleitung für eine Revolution* 2016 beschrieben.[42] Frauen gehören aber nicht zum Gewaltreservoir der männlichen »Zone«. Vor allem für Männer der unteren Gesellschaftsschichten ist es völlig normal, Zeit in Haft zu verbringen. Schlägereien mit Körperverletzung unter Alkoholeinfluss, Diebstahl oder Drogenmissbrauch sind sehr weit verbreitete Delikte. Im politisch abhängigen russischen Justizwesen gibt es außerdem so gut wie keine Freisprüche. Wer vor Gericht kommt,

---

* Laut Memorial hat sich die Anzahl der politischen Gefangenen in Russland in den letzten fünf Jahren verdreifacht. Memorial unterscheidet zwischen politischen Gefangenen und Gefangenen aus religiösen Gründen. Die erste Gruppe wuchs von 2018 bis 2023 von 46 auf 183, die zweite von 137 auf 558 Personen. Angesichts zahlreicher anstehender Prozesse und verschärfter Repressionen muss mit noch höheren Zahlen gerechnet werden. Zentr Saschtschity Praw Tscheloweka »Memorial«: *Poloschenie polititscheskich saklutschennych w Rossii*, 12.04.2023, https://memorialcenter.org/analytics/polozhenie-politicheskih-zaklyuchennyh-v-rf.

wird verurteilt. Auf diese Weise lassen sich Fehden austragen: In der Geschäftswelt sind Anklagen ein probates Mittel, um die Konkurrenz aus dem Weg zu räumen. Entsprechend viele Männer kommen mit der brutalisierten Lagerwelt in Berührung und finden nicht mehr aus ihr heraus. Und auch hier bilden Nationalismus, Sexismus und autoritäre Subordinationsverhältnisse die Grundlage für die permanente Erfahrung und Reproduktion von Gewalt.

4

RUSSLANDS ZUKUNFT

Der Ausgang des Krieges gegen die Ukraine wird die Zukunft Russlands bestimmen. Erreicht Putin seine Kriegsziele und gelingt es ihm, den unabhängigen ukrainischen Staat zu zerstören und die ukrainische Gesellschaft zu unterwerfen, so ist die Fortsetzung seiner chauvinistischen Diktatur auf absehbare Zeit gesichert. Die russische Aggression könnte dann weitere Länder Osteuropas treffen. »Es darf keine Illusion geben«, sagt der russische Soziologe Grigorij Judin, »solange Putin im Kreml ist, wird der Krieg nicht enden. Er wird sich immer weiter ausbreiten.«[1] Putin bestätigte das, als er in der Nacht zum 24. Februar 2022 den Überfall ankündigte: »Die militärische Aneignung von Gebieten, die direkt an unser Land grenzen [durch die Gegner Russlands, also die USA und die NATO, S.F.], würde [...] auf Jahrzehnte hinaus Fakten schaffen, wenn wir sie zulassen, vielleicht auch für immer. Für Russland wäre das eine immer weiter wachsende, absolut inakzeptable Bedrohung.«[2] Wer so denkt, muss immer mehr Territorium erobern und wird sich doch immer weiter bedroht fühlen. Es ist eine Selbstverteidigung, die keine Grenzen kennt.

Verliert Russland den Krieg, ist das Ende des Putin-Regimes nicht zwangsläufig, aber wahrscheinlicher. Russland würde – militärisch und politisch geschwächt, dazu wirtschaftlich ausgelaugt – auf sich selbst zurückgeworfen. Für die russische Nachbarschaft würde sich das Risiko weiterer imperialistischer Überfälle verringern. Der Ausgang des russischen Angriffskrieges gegen die Ukraine bestimmt also auch die Zukunft Europas. Von ihm hängt ab, ob es in den kommenden Jahrzehnten wieder so etwas wie eine stabile europäische Sicherheitsordnung geben kann.

Wladimir Putin ist angetreten, die Ukraine als selbständigen Staat auszulöschen. In seinem Namen und auf seinen Befehl hin haben Hunderttausende Menschen in der Ukraine ihr Leben verloren. Es sind Kriegsverbrechen verübt, Städte, Dörfer, Schulen und Kindergärten, Krankenhäuser, Kraftwerke und Straßen zerstört worden. Aber Putin und seine Clique vergehen sich auch am eigenen Land. Der Krieg schadet und isoliert Russland. Er treibt Zigtausende russische Männer in den Tod und Hunderttausende russische Bürger:innen in die Emigration. Er wirft die russische Wirtschaft um Jahrzehnte zurück. Er zerstört immer mehr Sozialkapital in der Gesellschaft – und damit die Zukunft Russlands.

Im vorangegangenen Kapitel habe ich gezeigt, wie Krieg und Chauvinismus sich jahrzehntelang gegenseitig verstärkt haben. Dieser Teufelskreis hat die Gewalt in Staat und Gesellschaft beständig wachsen lassen. Das gilt für die Männerwelten des Militärs und der Gefängnisse und Straflager. Es gilt auch für die Geschlechterverhältnisse und die Privatsphäre. Der laufende große Krieg gegen die Ukraine wirkt in Russland wie ein Gewaltkatalysator. Schon wegen seiner Dimension wird er die negativen Folgen der vorangegangenen Kriege um ein Vielfaches übertreffen. Er hat Russland in eine historisch neue Situation gebracht. Bevor wir uns der Zukunft des Landes zuwenden, ist deshalb ein genauer Blick auf Russland im Krieg nötig.

Die Sitzung des russischen Sicherheitsrates am 21. Februar 2022 versinnbildlichte wie kaum eine andere Szene der vergangenen Jahre die extreme Personalisierung des Putin-Regimes, die sogenannte Machtvertikale. Der Präsident saß allein an einem Tisch im prunkvollen Säulensaal des Kremls und ließ die wichtigsten Mitglieder des Sicherheitsrates der Reihe nach ihre Unterstützung für die Anerkennung der »Volksrepubliken« Donezk und Luhansk beteuern.* Er demütigte den Chef des russischen Auslandsgeheimdienstes, Sergej Naryschkin, vor laufender Kamera, als der sich versprach. Putin band die Spitzen aller relevanten Staatsorgane an seine Kriegsentscheidung und demonstrierte so seine absolute Macht über das System. Ob er diese absolute Macht tatsächlich hat, ist eine Frage, von der in Zukunft vieles abhängen wird.

In den ersten zwei Wochen nach Beginn der Invasion verschärfte das Regime seine ohnehin schon äußerst repressive Gesetzgebung und führte die Kriegszensur ein.[3] Es begann damit, dass die Begriffe »Krieg«, »Angriff« und »Invasion« im Zusammenhang mit dem umfassenden Überfall auf die Ukraine nicht mehr verwendet werden durften. Russische Medien dürfen ihre Berichterstattung über den Kriegsverlauf ausschließlich auf offizielle russische Quellen stützen. Bei Zuwiderhandlung drohen ihnen Abmahnungen der Medienaufsichtsbehörde Roskomnadsor, bei mehrmaliger Abmahnung die Schließung. Mehrere Hundert un-

* Der russische Nationale Sicherheitsrat hat 30 Mitglieder, 29 Männer und eine Frau, Walentina Matwijenko, die Vorsitzende des Föderationsrates. Bei der Sitzung am 21. Februar 2022 sprachen 12 Männer und Matwijenko.

abhängige Medien im ganzen Land mussten ihre Arbeit einstellen, Hunderte Journalist:innen flohen ins Ausland. Im Dezember 2022 liefen gegen neunzehn Journalist:innen Strafprozesse mit hohen Strafandrohungen. Der Staat hat den Informationsraum endgültig von abweichenden Elementen »gesäubert«. Jede Nation und ganz besonders Russland, sagte Putin im März 2022, »wird immer wahre Patrioten von Abschaum und Verrätern unterscheiden können und wird sie einfach ausspucken wie ein Insekt, wird sie auf den Boden spucken. Ich bin überzeugt, dass eine solche natürliche und notwendige Selbstentgiftung der Gesellschaft unser Land, unsere Solidarität, unseren Zusammenhalt und unsere Fähigkeit, jeder Herausforderung zu begegnen, stärken wird.«[4]

Die Staatsduma beschloss im Eilverfahren hohe Bußgelder für die »Diskreditierung« der russischen Streitkräfte sowie für den Aufruf zu Sanktionen gegen Russland. Je nach Einstufung müssen Betroffene mit bis zu 12 200 Euro rechnen oder mit Haftstrafen von bis zu sieben Jahren. Für die »Verbreitung von Falschinformationen« über die Tätigkeit der Streitkräfte oder anderer russischer Staatsorgane im Ausland drohen sogar bis zu 18 400 Euro Bußgeld. Das durchschnittliche monatliche Einkommen lag 2021 bei etwa 500 Euro. In »besonders schweren« Fällen von »Fakes« über die Streitkräfte können bis zu fünfzehn Jahre Lagerhaft verhängt werden.[5] Der Paragraf zu »Falschinformationen« über die Streitkräfte wurde im März 2023 auf private Militärunternehmen ausgeweitet.[6] In den ersten drei Monaten nach Beginn der Invasion wurden etwa 2 500 Menschen zu Strafgeldern in Höhe von insgesamt einer Million Euro verurteilt.[7] Die Menschenrechtsorganisation OVD-Info führt eine Liste von über 500 laufenden Verfahren gegen Kriegsgegner:innen, denen auf der Basis dieser Artikel der Prozess gemacht wird.[8] Politische Gerichtsurteile, die 2022 gefällt wurden, rufen Erinnerungen an die Stalinzeit wach. So wurde im September 2022 der Journalist Iwan Safronow wegen Hochverrats zu 22 Jahren Lagerhaft verurteilt. Im April 2023 folgte die Verurteilung des Oppositionellen Wladimir Kara-Mursa, ebenfalls wegen Hochverrats, zu 25 Jahren Lagerhaft. Es steht zu fürchten, dass sich solche Fälle häufen werden. Ex-Präsident Dmitrij Medwedew tut sich mit besonders radikalen Vorschlägen hervor, wie sich die Repressionen weiter verschärfen ließen. 2022 spekulierte er mehrmals öffentlich, das Moratorium auf die Todesstrafe, das Russland in den 1990er-Jahren vor seinem Beitritt zum Europarat eingeführt hatte, könnte aufgehoben werden.[9] Er forderte außerdem, dass im Ausland lebende russische Kriegsgegner:innen zu »Staatsfeinden« erklärt und auf Lebenszeit aus Russland verbannt werden sollten.[10] In der Duma finden solche Vorschläge großen Anklang. Der Duma-Abgeordnete Andrej Guruljow, Mitglied des Verteidigungsausschusses, sagte im April 2023 im Interview mit dem Kreml-Propagandisten Wladimir Solowjow: »Es ist Zeit, den Begriff ›Volksfeind‹ wieder einzuführen. Worauf warten wir? Es gibt die Feinde, aber den Begriff gibt es nicht. Das sind nicht nur Leute, die [in der Ukraine, S.F.] idiotische Befehle geben, sondern auch hier bei uns, in der Bevölkerung, diese Zögerer und alle anderen Arschlöcher […].« Guruljow sprach über seinen Großvater, der während des gesamten Großen Vaterländischen Kriegs gekämpft und dann neun Jahre im Lager gesessen habe. Aber »alle verstanden, dass der Staat das in diesem Moment tun musste. Ich werde gefragt: ›Willst du stalinistische Repressionen?‹ Ich will! Es gab Fehler, klar. Aber es gab auch Disziplin. Das ist heute die grundlegendste Frage – Disziplin.«[11] Meist ist unklar, ob Duma-Abgeordnete sich mit ihren radikalen Ideen in vorauseilendem Gehorsam gegenüber dem Kreml gegenseitig übertreffen wollen oder ob solche Vorstöße direkt vom Kreml gesteuert werden. So oder so steht die Wiedereinführung der Todesstrafe und des Tatbestands »Volksfeind« nun im Raum, und es ist nicht auszuschließen, dass beides Realität wird.

Ist Russland ein faschistischer, ein totalitärer Staat? Darüber wird seit dem 24. Februar 2022 noch heftiger gestritten als zuvor. Die Befürworter:innen der Faschismus-These verweisen auf die immer rigidere Machtvertikale und den Personenkult um Putin, die Rückbezüge auf faschistische und totalitäre Ideologen, den russischen Militarismus, die faschistische Sprache, auf die Symbolik und Propaganda, die immer umfassendere Unterdrückung von Pluralismus, Dissens und unabhängigem Aktivismus, schließlich auf die wachsende staatliche Durchdringung der Privatsphäre.[12] Der Soziologe Lew Gudkow vom unabhängigen Lewada-Zentrum diagnostizierte für Russland schon 2018 einen »Rückfall in den Totalitarismus«.[13] Der amerikanische Historiker Timothy Snyder schrieb im Mai 2022 in der *New York Times:* »Ein Zeitreisender aus den 1930er-Jahren hätte keine Probleme, das Putin-Regime als faschistisch zu erkennen. Das Z-Symbol, die Massenaufmärsche, die Propaganda, der Krieg als reinigender Akt der Gewalt und die Leichengräben rund um ukrainische Städte machen alles klar. Der Krieg gegen die Ukraine ist nicht nur die Rückkehr auf das traditionelle faschistische Schlachtfeld, sondern auch zur traditionellen faschistischen Sprache und Praxis.«[14]

Gegner:innen dieser Auffassung argumentieren, dass Russland zum totalitären und faschistischen Staat ein zentrales Merkmal fehle: die Mobilisierung der Massen.[15] Tatsächlich vermied es der russische Staat zunächst, für seinen »Verteidigungskrieg« Volksmassen in Bewegung zu setzen. Das galt im Wortsinn auch für die militärische Mobilmachung, die das Regime so lange wie möglich hinauszögerte. Putin entschied sich erst zu diesem Schritt, als die ukrainischen Streitkräfte bei ihrer ersten Gegenoffensive im August 2022 große Gebiete befreiten – und bemühte sich aber sogleich, die Maßnahme als eng begrenzt darzustellen. Das bedeutet nicht, dass nicht weiter mobilisiert würde, im Gegenteil: Im Frühjahr 2023 wurde die digitale Mobilmachung eingeführt. Die Einberufungsbefehle sind nun gültig, sobald sie in einem neu geschaffenen, zentralen elektronischen Register auftauchen. Die Einberufenen können sich also nicht mehr wie zuvor der physischen Zustellung der *powestka*, des Einberufungsbriefes, entziehen. Sie dürfen vom Moment der Einberufung das Land nicht mehr verlassen. Wenn sie sich nicht innerhalb von zwanzig Tagen zum Dienst melden, verlieren sie zahlreiche Rechte, von Immobilienbesitz über die Kreditwürdigkeit bis zur Nutzung von Verkehrsmitteln.[16] Die Verschärfung der Mobilisierungsbestimmungen geschieht im Stillen, um möglichst wenig Aufsehen zu erregen. Das Regime wolle die Bevölkerung aus Angst vor Gegenreaktionen »in ihrer Komfortzone halten«, erklärte ein russischer Kollege. Mit totalitärer und faschistischer Massenmobilisierung hat das wenig gemein.

Unterm Strich haben sowohl die Befürworter:innen als auch die Gegner:innen der Totalitarismus- und Faschismus-These recht: Der russische Staat zeigt in seiner Politik immer mehr totalitäre und faschistische Absichten – aber er hat ein Problem mit der Bevölkerung. Denn die russische Gesellschaft des 21. Jahrhunderts lässt sich nicht mehr ohne Weiteres unter ein totalitäres Joch pressen.

Heute ist vielen Menschen kaum noch in Erinnerung, dass in den ersten Tagen nach dem Überfall auf die Ukraine in Russland eine Antikriegsbewegung entstand. Der Schock in der russischen Bevölkerung war riesig. Im ganzen Land gingen Menschen auf die Straße, um gegen die Invasion zu protestieren. In den sozialen Netzwerken wurde das Hashtag #нетвойне (#neinzumkrieg) millionenfach geteilt.* Hunderttausende Journalist:innen, Universitätsdozent:innen und einfache Bürger:innen unterschrieben Internetpetitionen und offene Briefe. Eine Antikriegspetition des Menschenrechtsaktivisten Lew Ponomarjow auf change.org erreichte in wenigen Tagen über eine halbe Million Unterschriften. Im Mai 2023 stand sie bei knapp 1,3 Millionen.[17] Aber es gab auch zahllose »kleine Beispiele«: Eine Freundin, Dozentin an einer Moskauer Universität, unterschrieb gemeinsam mit Kolleg:innen ihres Lehrstuhls einen Protestbrief gegen den Krieg. Sie wurden daraufhin in einem anonymen Telegramkanal als »Brutstätte der Russophobie und des Neonazismus« denunziert, bedroht und von der Universitätsleitung massiv unter Druck gesetzt. Meine Freundin lebt heute im Exil. Anfang März 2022 veröffentlichte eine Gruppe von Bezirksabgeordneten aus Sankt Petersburg einen offenen Brief an Wladimir Putin, in dem es hieß: »Wegen Ihrer historischen Fantasien sind die Schicksale Tausender russischer Soldaten und von Millionen Ukrainern bedroht. Schon jetzt ist die internationale Position Russlands unwiederbringlich beschädigt. […] Der Kommunalrat des Stadtteils Smolenskoje ruft Sie auf, das Blutvergießen zu beenden, sofort die russischen Truppen aus der Ukraine abzuziehen und zurückzutreten.«[18] Im September 2022 forderten dieselben Bezirksdelegierten die Abgeordneten der Staatsduma in Moskau auf, ein Verfahren wegen Hochverrats gegen Wladimir Putin einzuleiten und ihn des Amtes zu entheben.[19] Den drei Initiatoren drohten juristische Konsequenzen. Auch sie befinden sich heute im Exil.[20] OVD-Info zählte in den

* Auf Instagram alleine knapp 800 000 Posts mit dem Hashtag, auf YouTube über 60 000 Videos, auf Tiktok wurde der Hashtag über 9 Milliarden Mal aufgerufen (Stand Mai 2023).

ersten Wochen der Invasion über hundert solcher Erklärungen verschiedenster Berufsgruppen und Bürger:innenvereinigungen.[21]

Die staatliche Reaktion erfolgte prompt, hart und umfassend. Allein in den ersten Tagen nach dem 24. Februar wurden weit über 10 000 Menschen festgenommen. Die Sicherheitskräfte gingen brutal gegen die Protestierenden vor. Bis Mai 2023 gab es fast 20 000 Inhaftierungen wegen öffentlicher Äußerungen gegen den Krieg und die Mobilmachung im September 2022.[22]

In dieser Atmosphäre der Angst verpufften die Proteste. Die Aktionen wurden kleiner. Eine Bekannte nimmt in Buchläden Bücher aus dem Regal, die Nationalismus und Krieg verherrlichen, und versteckt sie. Menschen stellten sich allein mit einem leeren Blatt in der Hand auf die Straße. Solche individuellen Mahnwachen, *pikety*, sind üblich, seit das Demonstrationsrecht in den 2010er-Jahren empfindlich eingeschränkt wurde. Meist stehen die Menschen nur wenige Minuten, bevor sie von Sicherheitskräften abgeführt werden. Selbst Gespräche mit Freund:innen und Familienangehörigen in Cafés und Restaurants sind gefährlich geworden. Denn auch Denunziationen haben drastisch zugenommen. Dutzende der Strafverfahren wegen »Diskreditierung der militärischen Spezialoperation« gehen darauf zurück, dass Menschen andere Menschen anschwärzen.[23] Denunziation war lange eine böse Erinnerung an die Zeiten der sowjetischen Gewaltherrschaft. In den ersten postsowjetischen Jahrzehnten genossen die Menschen ihre wiedergewonnene Privatsphäre und ließen sich gegenseitig in Ruhe. Nun müssen Kriegsgegner:innen in Russland wieder vorsichtig sein, was sie wem gegenüber wo und wie sagen. Der Krieg zerstört die Ukraine. Und er vergiftet die russische Gesellschaft.

Derweil signalisieren Umfrageergebnisse, dass weite Teile der Bevölkerung die Aggression gegen die Ukraine mittragen. Die russische Gesellschaft versinkt in ihrer eigenen moralischen Katastrophe – einer Katastrophe, die mit jener der deutschen Gesellschaft während des Nationalsozialismus durchaus vergleichbar ist. Die Frage, ob dieser Krieg Putins Krieg ist oder der Krieg der Russ:innen, entscheidet mit über die Zukunft Russlands. Von ihr hängt ab, ob sich aus der Gesellschaft heraus irgendwann ein anderes Russland entwickeln kann. Und es gibt keine einfachen Antworten.

Während der ersten sechs Kriegsmonate lag die Zustimmung zur sogenannten militärischen Spezialoperation der russischen Streitkräfte in der Ukraine konstant bei 65 bis 75 Prozent der Befragten, wie die Erhebungen sowohl der staatsnahen Umfrageinstitute wie des unabhängigen Lewada-Zentrums ergaben. Die Unterstützung für Wladimir Putin stieg von etwas über 60 Prozent am Vorabend des Überfalls auf über 80 Prozent einige Monate später. Im September 2022, nach der Ankündigung der militärischen Teilmobilmachung, brach die Stimmung für kurze Zeit ein.[24] Es kam vor allem in den Teilen des Landes, wo besonders viele Rekruten ausgehoben wurden, zu kleineren Protesten. Bilder von demonstrierenden Frauen gingen um die Welt. Sie riefen »Nein zum Krieg!«, »Schande! Schande!« und »Russland hat angegriffen!«.[25] In solchen Szenen wurde offenbar, dass viele Menschen doch ein recht klares Bild davon hatten, was der Krieg bedeutet. Sie reagierten aber erst, als er sie persönlich betraf.

Wie so oft in der Vergangenheit passte sich der Staat schnell an die atmosphärische Veränderung in der Bevölkerung an. Die Mobilmachung war ohnehin als »begrenzt« angekündigt worden. Bereits Ende November 2022 erklärte Putin sie für beendet. Trotzdem eröffnet das nach wie vor geltende präsidentielle Dekret zur Mobilmachung vom 21. September 2022 in seiner Vagheit viele Möglichkeiten, weiter zu mobilisieren.[26] Den Menschen aber wurde suggeriert, die Anzahl der Eingezogenen reiche aus, um in der Ukraine weiter erfolgreich vorgehen zu können. Wichtiger noch war allerdings, dass die russischen Grenzen nicht geschlossen wurden. Vor der Entscheidung für eine Mobilmachung schwirrten Gerüchte über ein mögliches Ausreiseverbot durch das Land. In den Monaten zuvor hatte ich bei russischen Freund:innen und Bekannten alle möglichen negativen Gefühle beobachtet: Schock, Lähmung, tiefe Depression, Schuld, Verzweiflung. Nun machte sich nackte Panik breit. Alle halfen allen, sich der Mobilmachung zu entziehen. Menschen, die bereits im Exil waren, lotsten von der Rekrutierung Bedrohte in ihre leer stehenden Wohnungen, damit sie sich dort verstecken konnten. Zu Tausenden machten sich junge Männer vor allem aus der städtischen Mittelklasse auf den Weg nach Georgien, Kasachstan oder in die Türkei. Der Staat schloss dieses Ventil ganz bewusst zunächst nicht. Er ließ die Menschen ausreisen und nahm so Druck aus dem System. Die Grenzschließung für Rekruten erfolgte um einige Monate zeitversetzt mit der digitalen Einberufung. Nennenswerte Proteste dagegen gab es nicht mehr.

In Russland darf es keine Diskussion über die in der Ukraine gefallenen russischen Soldaten geben. Offizielle Todeszahlen werden nicht veröffentlicht. Hier tut sich eine Parallele zur Situation während der Corona-Pandemie auf: Das Ausmaß der russischen Verluste auf den ukrainischen Schlachtfeldern wird ebenso systematisch vertuscht wie die Anzahl der Corona-Opfer. Betroffene Familien begraben ihre Angehörigen in Stille. Die Gefallenenzahlen werden auch in der Bevölkerung verdrängt. Wie in einer Art kollektiver Trance – auch das erinnert an die Zeit der Pandemie – schauen die Menschen an den massiven Verlusten vorbei, um nicht auf sie reagieren zu müssen. Ein Bekannter erzählte mir von einem Friedhofsbesuch in der sibirischen Provinz. Niemals habe er so viele neue Gräber gesehen. Eine gesellschaftliche Aufarbeitung – gemeinsame Trauer – wird so gezielt verhindert.

Die weit verbreitete Unterstützung für die Politik Putins und den Krieg gegen die Ukraine sei keine spontane Reaktion der Gesellschaft, schreibt Lew Gudkow. »Vielmehr handelt es sich um einen organisierten Konsens, ein typisches Kennzeichen einer totalitären Ordnung.«[27] Das Begründungs- und Rechtfertigungsnarrativ über den Krieg beherrscht seit vielen Jahren die russische Propaganda und damit einen großen Teil der Lebenswelt der Menschen in Russland: Der Westen führe einen verdeckten Krieg gegen Russland, die Ukraine und ihre »faschistische Elite« seien lediglich ein Instrument in den Händen des amerikanischen Imperialismus, Russland müsse sich und seine Bürger:innen in der Ukraine gegen diese Aggression verteidigen. Schon in den Monaten vor dem Beginn der Invasion wurde die Propaganda-Beschallung spürbar verstärkt. Meinungsumfragen aus dieser Phase zeigen, wie die Angst vor einem »großen Krieg« in der Bevölkerung beständig anwuchs.[28] Aber in diesem imaginierten Krieg spielte die Ukraine gar keine Rolle. Wovor den Menschen Angst gemacht wurde, war ein »Angriff der NATO« auf Russland. Die Zerstörung der unabhängigen Medien durch die Kriegszensur versiegelte den russischen Informationsraum endgültig für Interpretationen, die vom offiziellen Propaganda-Narrativ abwichen. Blockierte Websites lassen sich zwar immer noch über VPN erreichen. Die VPN-Nutzung in Russland ist nach dem Überfall auf die Ukraine und der Schließung der unabhängigen russischen Medien gestiegen, blieb aber auch 2022 bei knapp unter einem Viertel der Bevölkerung.

Viele Menschen haben sich nach und nach an den Krieg gewöhnt. Sie »routinisieren« und integrieren ihn in die eigene Normalität; sie versuchen, ihm »Sinn« zu geben. Bei der Suche nach

Erklärungen und Rechtfertigungen greifen sie willig auf die von der staatlichen Propaganda vorgegebenen Argumente zurück. Sie geben dem »russlandfeindlichen« Westen die Schuld an den Ereignissen. Immer wieder hörte ich in Gesprächen, die westlichen Sanktionen und das systematische »Canceln« russischer Kultur im Westen veranlassten gerade pro-europäische Russ:innen dazu, sich von Europa abzuwenden. Das mag eine korrekte Beschreibung der emotionalen Reaktion vieler Menschen in Russland sein. Es ist aber auch eine Umkehr von Ursache und Wirkung – ganz zu schweigen von der Ignoranz und Empathielosigkeit gegenüber den ukrainischen Opfern des russischen Angriffskrieges. Die Menschen weigern sich, die Schuld anzuerkennen, die Russland mit dem Krieg auf sich geladen hat. Stattdessen inszenieren sie sich als Opfer einer angeblichen westlichen Aggression und »Cancel Culture«. Eigene Verantwortung oder ein Gefühl der Schuld an den Geschehnissen in der Ukraine bekennen laut Lewada-Institut nur etwa ein Viertel der Befragten.[29] »Russland hat die Gewaltexzesse und Verbrechen der Kriege der vergangenen vierzig Jahre nicht reflektiert und verarbeitet. Wir haben uns nie bei irgendjemandem entschuldigt. Deshalb gibt es auch für diesen Krieg kein Bewusstsein«, wurde mir in einem Interview gesagt. Stattdessen flüchten sich die Menschen in die Privatsphäre, wo sie bei Familie und Freund:innen seelischen Ausgleich und Distanz zu den politischen Ereignissen suchen.

Unter unabhängigen russischen Soziolog:innen ist derweil eine heftige Kontroverse über die zitierten Umfragen entbrannt. Kritiker:innen stellen den Wert von Umfragen in einem diktatorischen politischen Kontext grundsätzlich infrage. Ein:e Kolleg:in erklärte: »Wir wissen nicht, was in der Gesellschaft vor sich geht. Russland ist eine Autokratie, die jetzt auch noch einen Krieg führt. Wir haben keine Instrumente, das zu erfassen.« Der Zweifel fängt mit den Fragen an. Wenn Begriffe wie »Krieg«, »Angriff« und »Aggression« nicht verwendet werden dürfen – wie verlässlich sind dann die Ergebnisse von Umfragen über Krieg, Angriff und Aggression? Außerdem hätten viele Menschen schlichtweg Angst. Sie verweigerten sich entweder ganz, wenn sie von Umfrageinstituten kontaktiert werden. Oder sie gäben die Antworten, die ihrem Gefühl nach erwartet würden. Die Menschen vermuteten hinter Anrufen von Umfrageinstituten den repressiven Staat, wurde mir erklärt. Und mit dem Staat wollen sie keinen Ärger bekommen.

Die Skeptiker:innen suchen deshalb nach anderen Methoden, um die Haltungen und Emotionen in der russischen Gesellschaft zu ermitteln. Sie machen Tiefeninterviews, sie beobachten Debatten in den sozialen Netzwerken und sammeln Daten über psychische Erkrankungen. Projekte wie Russian Field oder Chroniki führen eigene Umfragen durch.[30] Auch das Team von Alexej Nawalnyj hat seit dem Beginn der Invasion mehrere Umfragen veröffentlicht.[31] Sie alle suchen nach Nuancen im breiten Feld der Unterstützer:innen des Krieges. Eine Studie des Projekts Chroniki kam beispielsweise im Herbst 2022 zu dem Ergebnis, dass die Masse der »Befürworter:innen« sich in etwa 30 Prozent Überzeugte und 40 Prozent »Widerstandslose« unterteile, die nicht bereit seien, ihrer Skepsis Ausdruck zu verleihen. Diese Menschen blieben apathisch, entpolitisiert und ängstlich. Allerdings gab ein Drittel derer, die die Ausgangsfrage nach der Unterstützung der »Spezialoperation« mit Ja beantwortet hatten, auf Kontrollfragen keine kriegsbejahenden Antworten. Der Anteil derer, die sich zum Widerstand bereit erklärten, lag aber auch in dieser Studie bei unter zehn Prozent.[32]

Im Kern streiten die unabhängigen russischen Soziolog:innen über die Frage, ob politischer Wandel im heutigen Russland möglich ist. Verfechter:innen der These vom »totalitären Konsens« müssen hier logischerweise skeptisch sein. Ihre Opponent:innen hingegen sehen sogar in der jetzigen Situation Ansatzpunkte, um die russische Bevölkerung aus ihrer Atomisierung und entpolitisierten Apathie herauszuholen. Wir können heute nicht wissen, wer von beiden am Ende recht behalten wird. Beide Seiten haben überzeugende Argumente. Denn die russische Bevölkerung ist mehrheitlich politisch apathisch und hat sich seit dem Beginn der erneuten Invasion noch weiter in ihren Kokon zurückgezogen. Aber es ist auch eine Gesellschaft, die in den vergangenen zwei Jahrzehnten einen kontinuierlichen Modernisierungsprozess durchlaufen hat; die mobiler geworden ist und einen hohen Grad an Digitalisierung aufweist.* Umfragen des Lewada-Instituts aus den vergangenen zehn Jahren zeigten deutlich, wie unzufrieden beträchtliche Teile dieser Gesellschaft mit dem russischen Staat und seiner Politik waren. Das betraf fast alle staatlichen Institutionen mit nur wenigen – freilich schwerwiegenden – Ausnahmen: der Präsident, die Armee sowie die Russisch-Orthodoxe Kirche. Alltagsgespräche mündeten häufig innerhalb kürzester Zeit in bittere Beschwerden über schlechte Verwaltung, allgegenwärtige Korruption, den miserablen Zustand des Gesundheitssystems, die Machtpartei Einiges Russland, insbesondere ihren Vorsitzenden Dmitrij Medwedew, und viele andere Dinge. Der russische Staat steckt schon seit Langem in einer tiefen Legitimationskrise. Vor

* Der Zusammenhang zwischen Internet-Affinität, Alter und Haltung zum Regime ist eindeutig: Je jünger die Menschen, desto mehr Informationen holen sie sich aus dem Internet und desto kritischer verhalten sie sich zum Putin-Regime. Das zeigen auch Umfragen nach dem Februar 2022. Der Staat antwortet darauf, indem er mit seiner Propaganda immer tiefer in das Erziehungs- und Ausbildungswesen eindringt.

2020 spaltete diese Krise die russische Gesellschaft in eine langsam wachsende Minderheit der Unzufriedenen und Protestwilligen und eine schrumpfende Mehrheit, die aus Konformismus, Traditionalismus, Resignation oder schlicht Angst vor Veränderungen das Regime mittrug. Der russische Staat reagierte auf die unzufriedene Minderheit mit immer mehr Repression, die die Gesellschaft weiter spaltete. Er setzte der gesellschaftlichen Modernisierung Archaisierung entgegen. Der Angriff auf die Ukraine und die Errichtung der Diktatur in Russland haben diese Entwicklung auf die Spitze getrieben.

Der Krieg hat eine ungeheuer deformierende Wirkung auf die russische Gesellschaft. Er macht sie zu einer Tätergesellschaft. Schuldverweigerung und Gewalterfahrung verschärfen die moralische Krise und die Entwertung aller Werte. Das Regime lenkt mit einem neuen Heldenkult von den katastrophalen Gefallenenzahlen ab. Seit Februar 2022 ist die Nachfrage nach Antidepressiva um 70 Prozent gestiegen.[33] Zugleich hat die therapeutische Aufarbeitung erlittener Gewalttraumata keinen Platz. Abertausende Veteranen werden als »echte Männer« allein mit dem zurechtkommen müssen, was sie erlebt haben. Viele werden das nicht schaffen – mit vorhersehbar katastrophalen Auswirkungen auf die Gewaltrate in der russischen Gesellschaft.[34] Ohne tiefgreifenden politischen und gesellschaftlichen Wandel wird all das weit in die Zukunft wirken. Der russische Chauvinismus erhält so immer weiter Nahrung.

Und doch gibt es auch heute noch Gegenbewegungen. Russland ist eine Diktatur – Widerstand gegen den Krieg findet folgerichtig vor allem im Untergrund statt. Da ist zum Beispiel der Feministische Antikriegswiderstand (*Feministkoje Antiwojennoje Soprotiwlenije*, FAS). Er entstand in den ersten Tagen der Invasion.[35] Zehn Jahre nachdem Pussy Riot in der Christus-Erlöser-Kathedrale die Mutter Gottes aufforderten, Feministin zu werden, engagieren sich Feministinnen im Untergrund gegen den Vernichtungskrieg der russischen Diktatur in der Ukraine. Sie helfen ukrainischen Deportierten und Geflüchteten. Sie organisieren Partisanenaktionen und Protest im Netz. Sie demonstrieren als »Women in Black« im öffentlichen Raum. Im Rahmen der Aktion #Mariupol5000 errichteten sie im April 2022 nach eigenen Angaben in 73 russischen Städten 900 Kreuze und improvisierte Mahnmale, um der Opfer der Belagerung und Zerstörung Mariupols durch die russischen Truppen zu gedenken.[36] FAS betreibt Aufklärung über Facebook, Telegram, VKontakte, Odnoklassniki und andere soziale Netzwerke.

FAS knüpft an die Tradition der sowjetischen Dissident:innen an und gibt eine eigene Zeitung nach dem Vorbild des Samisdat heraus. Mit der *Wahrheit der Frau (Schenskaja Prawda)* versuchen sie, die Informationsblockade des Regimes zu durchbrechen. Die Zeitung richte sich an Frauen über 45, erklärt Lilija Weschewatowa, eine der Organisatorinnen der Bewegung, die im Exil lebt.[37] Die Artikel stellen einen Zusammenhang her zwischen Moskaus Vernichtungskrieg in der Ukraine und dem Alltagsleben der Menschen in Russland, zwischen den Kosten der militärischen Kampagne und den gestiegenen Lebensmittelpreisen. Zwischen der Sinnlosigkeit und Widerrechtlichkeit der Aggression und den Gefallenen, die immer mehr russische Familien zu beklagen haben. Dazwischen finden sich Artikel über Prominente und auch einmal ein Kochrezept. Aufgemacht ist das Blatt wie städtische Anzeiger oder Werbeblättchen. Weschewatowa sagt, die Aktivist:innen vervielfältigten die Zeitung dezentral und steckten sie in Briefkästen, legten sie in Supermärkten an der Kasse oder an Bücherständen aus. Die gesellschaftliche Basis des Krieges seien ältere und alte Menschen. Sie selbst sei 39 und habe nie etwas anderes als eine unabhängige Ukraine gekannt. Aber die Älteren erinnerten sich noch an die Sowjetunion, sie seien für die Botschaften des Regimes empfänglich, und sie schauten staatlich kontrolliertes Fernsehen. Zu ihnen wolle FAS durchdringen.

Passend dazu veröffentlichten Pussy Riot am 24. Dezember 2022 ihren Antikriegssong »Mama, schau kein Fernsehen!«.[38] Die Bilder des Videos setzen Putins Krieg in den Kontext von Autokratie, Militarismus, Sexismus und Nationalismus, Russisch-Orthodoxer Kirche, politischen Morden, kurz: in den Kontext des chauvinistischen russischen Regimes. Am Ende des Liedes uriniert eine der Sängerinnen auf ein Putin-Porträt.

Frauen machten mehr als die Hälfte derer aus, die in den ersten Tagen der Invasion gegen den Krieg auf die Straße gingen. Der Anteil von Frauen am Antikriegsaktivismus im Untergrund liegt nach Schätzungen zwischen 60 und 95 Prozent.[39] Laut dem unabhängigen Nachrichtenportal *Meduza* waren über 70 Prozent der bis September 2022 bei Antikriegsprotesten Festgenommenen weiblich.[40] Wie kommt es, dass Frauen diese Rolle übernommen haben? Eine befreundete Feministin, die dem FAS nahesteht, erklärte mir: »Frauen [...] wissen, was männliche Gewalt ist, deshalb waren sie die Ersten, die sich organisiert haben. Putin ist ein Vergewaltiger, er wird nicht aufhören, bis er gestoppt wird. Wir Feminist:innen haben vor dieser moralischen Katastrophe gewarnt, und wir haben recht behalten. Männer sind am 24. Februar 2022 in einer anderen Welt aufgewacht. Wir hingegen wussten, was kommt.« Während prominente politische Aktivist:innen und Oppositionelle (in der absolut überwiegenden Mehrheit Männer) festgenommen wurden oder ins Exil flohen, gelang es den Frauen, ihr Untergrundnetzwerk aufzubauen. Allerdings sind die staatlichen Strukturen mittlerweile aufmerksamer geworden. Darja Serenko, eine der bekanntesten Aktivistinnen und Koordinatorin des FAS, wurde im Februar 2023 als »ausländische Agentin« diffamiert. Sie lebt bereits seit Sommer 2022 im Exil. Im April 2023 wurden in der Staatsduma Forderungen laut, Feminismus müsse zur extremistischen Ideologie erklärt werden.[41]

FAS ist nicht die einzige Bewegung gegen den Krieg. In Warschau rekrutiert seit November 2022 ein »Mobilmachungszentrum« russische Freiwillige, die aufseiten der Ukraine kämpfen wollen. Die Organisator:innen sprechen von Hunderten Interessierten.[42]* Politische Opposition habe keinen Sinn mehr, sagte einer von ihnen im Gespräch. Solange Russland versuche, die Ukraine zu zerstören, zähle nur noch der Kampf. Widerständler:innen in Russland arbeiten in Netzwerken und Zellen, um dem Zugriff des Staates zu entgehen. Sie sammeln Daten über Gefallene, unterstützen deren Familien und versuchen, Informationen über die russischen Verluste öffentlich zu machen. Sie verüben Anschläge auf Eisenbahnlinien und Rekrutierungsbüros. Sie helfen geflüchteten und deportierten Ukrainer:innen, Russland wieder zu verlassen. Niemand weiß, wie viele solcher »Partisan:innen« es gibt. Der lange Weg in die Diktatur hat sie gelehrt, immer

---

* Seit dem Frühjahr 2023 führte das sogenannte Russische Freiwilligenkorps von ukrainischem Boden mehrere Angriffe auf die russischen Grenzregionen um die Städte Brjansk und Belgorod. Der Gründer und Anführer des Korps, Denis Kapustin alias Denis Nikitin, ist ein extremer russischer Nationalist. Er erhielt dank der Angriffe in den westlichen Medien viel Aufmerksamkeit. Es ist wichtig, zu verstehen, dass die russischen Freiwilligen, die auf der Seite der Ukraine kämpfen, nicht alle rechtsextreme Nationalist:innen sind. Das Mobilisierungszentrum in Warschau und sein politischer Arm, der sogenannte Bürgerliche Rat, rekrutieren Freiwillige unterschiedlicher politischer Couleur, die gegen das Putin-Regime kämpfen wollen. www.reuters.com/world/europe/how-russians-end-up-far-right-militia-fighting-ukraine-2023-05-11/.

neue Überlebensstrategien zu entwickeln. Sie haben nicht viel Aussicht auf Erfolg gegen Putins System. Aber sie zeigen, dass Teile der russischen Gesellschaft sich auch heute dem Regime und dem Krieg widersetzen.

Russlands Zukünfte

2020 führte ich mit einer Gruppe von etwa vierzig Außenpolitikexpert:innen aus der EU und Russland ein Szenarienprojekt durch. Das Expert:innen-Netzwerk bestand bereits seit 2016. Die Gruppe war gut eingespielt. Die Mitglieder hatten im Laufe der Jahre Vertrauen aufgebaut und konnten mit ihren Meinungsverschiedenheiten umgehen. Wir lernten voneinander. Das Szenarienprojekt sollte sich mit der Frage beschäftigen, wo das Verhältnis zwischen der EU und Russland 2030 stehen würde. Wir erarbeiteten vier Szenarien: »kühle Partnerschaft« und pragmatische Kooperation bei gleichzeitigen tiefen Divergenzen über europäische Sicherheit; »Absturz in die Anarchie« und Zerfall Europas unter Zutun Russlands, Chinas und der USA; »am Rande eines Kriegs« zwischen einem konsolidierten Westen und einem schwachen und autoritären Russland; und »Wertegemeinschaft« zwischen einem demokratisch transformierten Russland und einer starken EU.[43] Wir waren uns alle einig, dass die Situation in der Ukraine für alle Zukunftsoptionen entscheidend sein würde. Wir waren auch überzeugt, dass die innenpolitische Situation in Russland und der EU das gegenseitige Verhältnis wesentlich bestimmen würde. Als wir mögliche Entwicklungen in Russland diskutierten, schlugen einige Kolleg:innen in einem Szenario vor, 2030 könnte eine Frau zum russischen Staatsoberhaupt gewählt werden. Die Idee fiel augenblicklich durch. »Unmöglich«, sagten die russischen Expert:innen. Dafür werde Russland 2030 niemals bereit sein.

Die Mehrheit der Gruppe stimmte am Ende für eine »kühle Partnerschaft« als plausibelstes, also aus der Gegenwart am logischsten ableitbares Szenario. Niemand hielt eine Wertegemeinschaft für möglich. Nur eine Person glaubte an einen großen Krieg. Wir lagen falsch. Die russische Politik orientierte sich nicht an unseren Plausibilitätskriterien. Mein russischer Co-Autor schrieb im März 2022: »Wir irrten uns, weil wir verstanden hatten, welche Folgen ein Krieg nach sich ziehen würde.«[44]

Wladimir Putin hat mit der Entscheidung, einen Angriffskrieg gegen die Ukraine zu entfesseln, die Zukunft seines eigenen Landes zerstört. Die russische Gesellschaft wird Generationen benötigen, um das Erbe dieses verbrecherischen Krieges hinter sich zu lassen. Welchen Weg auch immer das Land in Zukunft einschlagen wird, er wird vom Krieg überschattet sein. Ich sehe drei mögliche Szenarien für die zukünftige Entwicklung Russlands: Regimeerhalt, Regimekollaps, und Regimewandel hin zu einer demokratischeren politischen Ordnung. Alle sind sie aufs Engste mit Verlauf und Ausgang des Krieges verbunden.

Regimeerhalt ist in unterschiedlichen Ausprägungen denkbar. Putin kann an der Macht bleiben. Er hat sich mit der Verfassungsreform von 2020 die Möglichkeit gesichert, bis 2036 weiter zu regieren. Im Oktober 2023 wird er 71 Jahre alt. Immer wieder wabern Gerüchte über seinen schlechten Gesundheitszustand durch Moskau und die Welt. Bei öffentlichen Auftritten werden seine Bewegungen beobachtet und Altersflecken auf seinen Händen gezählt. Ich habe mich bei solchen Spekulationen immer zurückgehalten. Putins Gesundheit ist eines der bestgehüteten Geheimnisse der Welt. Dafür sorgt er auch selbst, etwa durch seine paranoide Selbstisolation seit der Corona-Pandemie. Je diktatorischer das russische politische System wird, desto weniger werden wir über Putins Gesundheit wissen. Je wichtiger es für Putin wird, nach allen Seiten Stärke zu demonstrieren, desto unzugänglicher werden Informationen über seine Person. In der Situation, die er mit dem Krieg herbeigeführt hat, kann ihm jedes noch so kleine Anzeichen von Schwäche gefährlich werden. Gehen wir also hier davon aus, dass seine Gesundheit ihm den Verbleib im Kreml erlauben wird.

Innenpolitisch wird sich dann entweder nichts ändern, oder aber die Situation verschlimmert sich. Schon jetzt stützt sich das chauvinistische Putin-Regime im Inneren vor allem auf Repression und wachsende totalitäre Durchdringung des Informationsraums und der Gesellschaft. Dieser Trend wird dann wohl anhalten und sich wahrscheinlich sogar verstärken. Putin wird seinen Krieg nach außen, gegen die Ukraine und damit aus seiner Sicht gegen den Westen, weiterführen, auch wenn die Kämpfe wegen beiderseitiger Erschöpfung irgendwann zum Stillstand kommen sollten. Putin hat sein Land in den Kriegszustand versetzt. Er hat diesen Zustand über lange Zeit vorbereitet und ihn zur wichtigsten Legitimationsquelle seiner Herrschaft gemacht. So ist sein Regime vom permanenten Kriegszustand, von der imaginierten Bedrohung von außen abhängig geworden. Auf Dauer ist das schwer durchzuhalten. Schon im ersten Kriegsjahr war zu beobachten, wie wenig die Bevölkerung sich mitreißen ließ. Wirtschaftliche Probleme und internationale Isolation werden das Leben der Menschen dauerhaft belasten und den Lebensstandard weiter absenken. Die Unzufriedenheit darüber wird wachsen. Auf diese Entwicklung hatte der Staat schon im vergangenen Jahrzehnt immer nur eine Antwort: noch mehr Kontrolle und noch mehr Repression. Es spricht nichts dafür, dass Putin und seinem Regime in Zukunft Besseres dazu einfallen wird. Die Macht der

Sicherheitsdienste und der in den Krieg gegen die Ukraine involvierten Gewaltakteure dürfte weiter zunehmen. Politische und wirtschaftliche Eliten werden sich wahrscheinlich in Konformismus üben, mit desaströsen Auswirkungen auf die ohnehin schon schlechte Verwaltung des Staates. »Unsere Eliten haben einen zwanzigjährigen negativen Selektionsprozess durchlaufen«, sagte ein Kollege schon vor einigen Jahren. Für Menschen, die selbständig denken und handeln wollten, sei immer weniger Platz im System. »Konformismus ist unser größtes Problem«, meinte ein anderer Gesprächspartner. Die Abkopplung von großen Teilen der Welt und die zunehmenden Eingriffe des Staates in die berufliche und akademische Ausbildung werden zudem das Qualifikationsniveau weiter senken. Die Abwanderung von Intelligenz und Verstand, unter der Russland ohnehin schon leidet, wird sich noch verstärken.

In diesem Szenario wird das chauvinistische Russland Putins – nach innen repressiv und totalitär, nach außen aggressiv und voller Ressentiment – für die Ukraine eine existenzielle und für andere Nachbarstaaten zumindest eine potenzielle Bedrohung bleiben. Moskau wird keine seiner Forderungen und Ansprüche im Hinblick auf ukrainisches Territorium und gegen das Existenzrecht des unabhängigen ukrainischen Staates zurücknehmen. Es wird weiter alles daransetzen, in seiner Umgebung keine liberalen Demokratien entstehen zu lassen und jene des Westens zu untergraben. Die Konfrontation zwischen dem Chauvinismus des russischen Regimes und den Werten liberaler Demokratien wird sich auf der geopolitischen Ebene fortsetzen. Die Beziehungen zwischen Russland einerseits und der EU, der NATO und den USA andererseits sind 2022 zusammengebrochen. Ändert sich die russische Politik nicht, werden die sicherheitspolitischen Spannungen weiter zunehmen. Das gegenseitige Verhältnis wird von Bedrohung und Abschreckung geprägt sein. Das sukzessive Ende wichtiger Rüstungskontrollregime ebnet den Weg für eine neue nukleare und konventionelle Rüstungsspirale. Der geopolitische Konflikt zwischen den USA und China wird diese Spannungen überwölben und seinerseits die neue Konfrontation in Europa beeinflussen. Die Konkurrenz um Einfluss in anderen Erdteilen wird ebenfalls zunehmen. Bleibt Wladimir Putin im Kreml, wird Russland auf lange Sicht weiter chauvinistische Politik betreiben und Krieg(e) führen.

Das Regime bliebe auch erhalten, wenn Wladimir Putin abträte oder verdrängt würde, sich aber an Aufbau und Funktionsweise des politischen Systems nichts Wesentliches änderte. Es ist wenig wahrscheinlich, dass Außenseiter wie Ramsan Kadyrow oder Jewgenij Prigoschin die Macht an sich ziehen könnten. Sie sind umstritten, sehr exponiert und haben zu viele Gegner in den Machtstrukturen. Ramsan Kadyrow hätte als Tschetschene wenig Chancen, sich in der von antikaukasischem Rassismus geprägten Moskauer Machtelite als Führer durchzusetzen. Prigoschins Meuterei im Juni 2023 scheiterte auch deshalb, weil niemand in den Streitkräften und Sicherheitsdiensten sich mit ihm solidarisierte. Gut denkbar wäre aber ein Nachfolger aus den Sicherheitsdiensten, der sich als chauvinistischer Radikaler entpuppt. Szenarien der Machtergreifung durch solche Akteure wurden im Westen häufig mit der Befürchtung verbunden, es könnte »noch schlimmer« kommen als mit Putin. Vor dem Beginn der Vollinvasion in der Ukraine hat das nicht wenige Entscheidungsträger:innen im Westen bewogen, Putin als das »kleinere Übel« zu sehen. Der Vernichtungskrieg, den er jetzt in der Ukraine führt, sollte diesen Gedankengängen ein Ende gesetzt haben. Putin selbst hat den russischen Chauvinismus auf die Spitze getrieben – es gibt kein »größeres Übel« neben ihm.

Denkbar wäre auch, dass ein interner Aushandlungsprozess einen etwas gemäßigteren Technokraten an Putins Stelle rückt. Das könnte sogar mit Putins Einverständnis geschehen, falls er sich doch irgendwann zurückziehen wollte – was nur in einem von ihm kontrollierten Prozess möglich wäre. In einer solchen Situation könnte jemand vom Schlage des derzeitigen Premierministers Michail Mischustin Putin beerben. Im Januar 2020 folgte er Dmitrij Medwedew ins Amt, davor leitete er zehn Jahre lang die russische Steuerbehörde. Dort sorgte er für Effizienzsteigerung und umfassende Digitalisierung und erwarb sich so den Ruf eines erfolgreichen Reformers. Während der Corona-Pandemie übernahm Mischustin neben dem Moskauer Bürgermeister Sobjanin eine Hauptrolle als Krisenmanager. Er gilt als wirtschaftsorientierter Technokrat ohne eigene politische Ambitionen.

Was würde geschehen, wenn plötzlich solch ein vergleichsweise moderater Regimevertreter im Kreml säße? Sein Hauptziel wäre wohl, die schlimmsten Folgen des Angriffskrieges für die russische Wirtschaft abzufedern. Dazu müssten die Kampfhandlungen in der Ukraine unter- und die westliche Sanktionsfront aufgebrochen werden, zum Beispiel durch russische Initiativen für Waffenstillstandsverhandlungen mit Kyjiw. Gleichzeitig wären solchen Initiativen aber sehr enge Grenzen gesetzt. Putin würde sehr wahrscheinlich weiter Kontrolle über Entscheidungen seines Nachfolgers ausüben. Mit der Verfassung von 2020, die die Abgabe russischer Territorien ausdrücklich verbietet, hat er außerdem jeglichem für die Ukraine akzeptablen Kompromiss einen Riegel vorgeschoben. Ein Nachfolger, der sich nicht in offene Opposition zu Wladimir Putin begeben kann oder will, wird deshalb den russischen Anspruch auf die Krim, Luhansk, Donezk, Saporischschja und Cherson nicht rückgängig machen können. Putin hat hier im wahrsten Sinne des Wortes mit Blick auf die Ewigkeit gearbeitet. Wollte sein Nachfolger die völkerrechtswidrig annektierten Gebiete zurückgeben, müsste er einen neuen Verfassungsprozess anstrengen und wäre mit einer Vielzahl von Vetospielern konfrontiert. Reparationszahlungen oder die Ahndung russischer Kriegsverbrechen in der Ukraine stünden schon gar nicht auf der Agenda. Im Gegenteil, die im Krieg gestärkten Gewaltakteure würden weiter eine wichtige Rolle in Russland spielen. Der Handlungsspielraum eines Präsidenten wie Mischustin wäre außerdem durch die enorme Macht der Sicherheitsstrukturen eingeschränkt. Vielleicht würde der Druck auf die Gesellschaft etwas nachlassen, aber der Staat bliebe grundsätzlich autoritär und repressiv. Auch Wirtschaftsreformen hätten nur begrenzte Wirksamkeit. In der staatlich dominierten russischen Wirtschaft, die zunehmend zur Kriegswirtschaft umgebaut wird, gäbe es sehr starke beharrende Kräfte. Reformen, welche die Grundprobleme der russischen Wirtschaft, nämlich ihre Rohstoffabhängigkeit, die weitgehende Verstaatlichung und die systemische Korruption angehen, würden das Regime selbst gefährden. Daran scheiterten alle Reformversuche der vergangenen Jahrzehnte.

Auch das Verhältnis zum Westen bliebe gestört. Solange Russland Teile der Ukraine besetzt hält, ist weder eine Normalisierung der politischen Beziehungen noch die Aufhebung von Sanktionen denkbar. Russische Initiativen, die Kyjiw, Brüssel und Washington nicht aufgreifen würden, würden wiederum die innenpolitische Position von Putins Nachfolger schwächen. Es ist kaum anzunehmen, dass ein moderater Technokrat im Kreml die außenpolitischen Grundlinien Wladimir Putins grundlegend verändern könnte oder wollte. Die russische Abhängigkeit von China würde sich weiter vergrößern. Lediglich das Engagement Moskaus in Afrika und Lateinamerika könnte etwas nachlassen, um Ressourcen zu sparen. Auch hier könnte es jedoch zu internen Spannungen mit Akteuren wie der Wagner-Gruppe kommen, die in der letzten Dekade dieses Engagement umgesetzt und davon profitiert haben.

Der Aufstand der Wagner-Söldner im Juni 2023 gab für 36 Stunden den Blick darauf frei, was im Falle eines »Regimekollapses« passieren könnte. Die Putin'sche Machtvertikale wäre akut einsturzgefährdet, wenn sie von oben ins Wanken geriete. Putin hat über einen Zeitraum von dreiundzwanzig Jahren alle relevanten Institutionen und Akteure unter seine Kontrolle gebracht und gegeneinander ausbalanciert. Er hat konkurrierende Geheim- und Sicherheitsdienste geschaffen. Er hat die Entstehung von illegalen Privatarmeen und Militärunternehmen zugelassen, die ihrerseits mit den Streitkräften und Geheimdiensten konkurrieren. Sollte Putins Macht schwinden, könnte er die Fähigkeit verlieren, diese Akteure im Zaum zu halten. Gewalttätige Auseinandersetzungen zwischen ihnen wären dann nicht mehr auszuschließen. Die Vielzahl von Gewaltakteuren, deren Gedeihen Putin über zwei Jahrzehnte nicht nur toleriert, sondern aktiv gefördert hat, könnte Russland dann sehr teuer zu stehen kommen.

In diesem Szenario könnte ein neuer Tschetschenienkrieg den Nordkaukasus destabilisieren. Der tschetschenische Machthaber Kadyrow ist eine Kreatur Putins, sein Reich existiert ausschließlich von dessen Gnaden und Subventionen. Sollte Putin die Kontrolle über das System verlieren, wären Kadyrows Position und die Grundlage seiner Macht unmittelbar gefährdet – zumal ihn mit vielen Akteuren in Moskau eine intime Feindschaft verbindet. In einem solchen Fall würde der starke Mann in Grosnyj sehr wahrscheinlich zu dem greifen, was er am besten kann und kennt: Gewalt, um seine Herrschaft über Tschetschenien zu sichern. In anderen ethnischen Republiken wie Burjatien, Dagestan oder

Tuwa gibt es viel Verbitterung, weil sie überdurchschnittlich stark von der Mobilmachung betroffen sind und entsprechend hohe Gefallenenzahlen verzeichnen.[45] Weitere Sezessionsbewegungen oder gar -kriege wären nicht sehr wahrscheinlich, sollten aber nicht vollständig ausgeschlossen werden. Manche Regimekritiker:innen sind überzeugt, dass Russland sich niemals von seiner chauvinistisch-imperialistischen Politik lösen wird, wenn es in seiner jetzigen Form bestehen bleibt: »Gab es jemals ein Imperium, das sich in einen wirklichen und friedlichen Föderalstaat verwandelt hat? Russland müsste weiter zerfallen«, resümierte ein:e Gesprächspartner:in im Juni 2022.

Eine gewaltsame Destabilisierung Russlands ist keine rosige Zukunftsaussicht. Die Frage der Kontrolle über die russischen Atomwaffen würde sich akut stellen, ebenso wie Anfang der 1990er-Jahre beim Zerfall der Sowjetunion. Der Absturz in einen neuen Nordkaukasuskrieg hätte verheerende Folgen für die russische Gesellschaft, noch mehr Menschen würden getötet, ins Elend getrieben und traumatisiert, eine weitere Hypothek würde auf der Zukunft des Landes lasten. Die Implosion der Machtvertikale und die damit einhergehende Schwächung des russischen Staates könnte jedoch militärischen Druck von der Ukraine nehmen – nämlich dann, wenn sich das Machtmonopol der personalisierten Diktatur Putins in einem internen Machtkampf zwischen vielen Polen auflösen würde. Das würde die Fortführung einer konsistenten chauvinistisch-aggressiven Außenpolitik, wie Putins Russland sie jetzt gegenüber der Ukraine, seinen anderen Nachbarn, und dem Westen betreibt, erschweren. Es bliebe freilich die große Frage nach der Dauer und dem Ausgang eines solchen Machtkampfes. Würde er zur Errichtung eines ähnlich chauvinistischen Regimes führen? Das Potenzial dafür ist in der Elite wie auch auf allen Ebenen des Staates und der Gesellschaft gegeben. Oder besteht doch eine Chance, dass Russland sich noch einmal in Richtung Demokratie wendet?

Zum ersten Jahrestag des russischen Überfalls veröffentlichte Nawalnyj »15 Punkte eines Bürgers, der Gutes für sein Land will«. Er rief zur sofortigen Beendigung des Krieges auf. Russland solle die Ukraine in ihren völkerrechtlichen Grenzen anerkennen, die besetzten Territorien zurückgeben und für den durch die Putin'sche Aggression verursachten Schaden aufkommen. Dies sei der einzige Weg zurück zu einer normalen Entwicklung für Russland. Nawalnyj schrieb:

> »Wir sind am Boden und müssen uns von ihm abstoßen, wenn wir wiederauftauchen wollen. Das ist moralisch richtig, rational und (für Russland) nützlich. Die Putin'sche Diktatur muss demontiert werden. Idealerweise durch freie Wahlen und eine konstitutionelle Versammlung. Wir brauchen eine parlamentarische Republik, die auf Machtwechseln durch ehrliche Wahlen, auf unabhängigen Gerichten, Föderalismus, lokaler Selbstverwaltung, vollständiger wirtschaftlicher Freiheit und sozialer Gerechtigkeit fußt. Unsere Geschichte und unsere Traditionen machen uns zu einem Teil Europas. Wir müssen dem europäischen Entwicklungsweg folgen. Einen anderen haben wir nicht, und brauchen wir nicht.«[46]

Kann es dieses »wunderbare Russland der Zukunft« geben? Ich weiß es nicht. Klar ist: Kein anderes Szenario würde einen tiefgreifenderen politischen und gesellschaftlichen Wandel erfordern.

In der von den Geheimdiensten dominierten personalisierten Machtvertikale der Putin-Diktatur ist ein solcher Wandel schwer vorstellbar. Demokratische politische Kräfte sind in einem seit zweieinhalb Jahrzehnten andauernden Zermürbungsprozess aufgerieben worden. Die marginalisierte liberale Opposition hat sich in diesem Zeitraum unzählige Male zerstritten und neu formiert, ohne jemals signifikante Teile der Bevölkerung für sich einnehmen zu können. Bei Wahlen, selbst als diese in den 2000er-Jahren noch einen begrenzten Wettbewerb zuließen, blieben sowohl die linksliberale Jabloko-Partei als auch die eher rechtsliberal angesiedelten Vereinigungen Republikanische Partei Russlands – Partei der Volksfreiheit (RPR-PARNAS) und die Union Rechter Kräfte (SPS) regelmäßig unter drei Prozent der Wähler:innenstimmen. Das Putin-Regime hatte mit den liberalen Parteien auch deshalb leichtes Spiel, weil einige ihrer Führungsfiguren wie Michail Kasjanow, Boris Nemzow oder Wladimir Ryschkow in den 1990er-Jahre hohe Staatsämter innegehabt hatten. Sie konnten so leicht als »Mitverantwortliche« für die Schmach der 1990er-Jahre stigmatisiert werden. Der einzige Oppositionspolitiker, dem in den 2010er-Jahren noch einige Erfolge gelangen, war Alexej Nawalnyj. 2013 konnte er bei den Bürgermeisterwahlen in Moskau 27 Prozent der Stimmen erringen – durch Wahlkampf im Internet und auf der Straße, denn zum staatlich kontrollierten Fernsehen hatten Oppositionelle da schon längst keinen Zugang mehr. Kurz darauf wurde er wegen angeblicher Veruntreuung rechtskräftig verurteilt und verlor damit sein passives Wahlrecht. Er sitzt seit Januar 2021 im Gefängnis. Die meisten anderen noch lebenden liberalen russischen Politiker:innen sind entweder bereits vor dem 24. Februar 2022 ins Exil gegangen oder haben Russland nach dem Überfall auf die Ukraine verlassen. In Russland spielen sie heute keine Rolle mehr und sind der Mehrheit der Bevölkerung unbekannt.

Ähnlich ergeht es anderen potenziellen Träger:innen eines demokratischen Wandels in Russland. Viele der geflohenen Journalist:innen haben im Ausland Medien aufgebaut, mit denen sie weiter die russische Bevölkerung zu erreichen suchen. *Meduza*, TVRain und die *Nowaja Gaseta Europa* sind nur die prominentesten Beispiele, es gibt Dutzende andere. Aktivist:innen gründen im Exil neue Strukturen und setzen ihre Arbeit fort, häufig in enger Kooperation mit noch im Land lebenden Kolleg:innen. Es gibt sie, die Menschen, die ein anderes, demokratisches Russland wollen. Die Frage ist, wie lange sie in der prekären Lage durchhalten können, in der sie sich jetzt befinden.

Das andere Russland, das demokratische, liberale, diverse und offene Russland ist schwach. Es sind die Journalist:innen, die für unabhängige Berichterstattung kämpfen. Die Historiker:innen von Memorial, die sich für die Aufarbeitung der sowjetischen und russischen Verbrechen einsetzen. Die Feminist:innen, die für Gender-Gerechtigkeit in Russland und aus dem Untergrund gegen den Krieg kämpfen. Die jüngeren Männer, die sich in den vergangenen Jahren zunehmend für feministische Botschaften geöffnet haben. Die Umwelt-Aktivist:innen im ganzen Land, die sich für Naturschutz und gesunde Lebensbedingungen einsetzen. Die »unpolitischen« Organisationen, die für nachhaltige Stadtentwicklung, Inklusion, Hospize und andere soziale Anliegen arbeiten. Viele NGOs berichteten in den letzten Jahren, dass die staatlichen Repressionen auch unbeabsichtigte Folgen gehabt hätten. Von zusätzlichen Einnahmen durch Crowdfunding ist da die Rede, von einer wachsenden Zahl von Freiwilligen, die sich trotz staatlicher Repressionen und Drohgebärden für Organisationen wie Memorial oder OVD-Info einsetzten. Das sind Indizien dafür, dass auch breiteren Schichten der Bevölkerung die Bedeutung von politischer Partizipation bewusst ist – einer Partizipation, die sich in den enger werdenden Spielräumen der russischen Autokratie immer neue Formen suchen musste.

Dieses andere, liberale und demokratische Russland hätte sich im Falle eines Regimewechsels gegen autoritäre, korrupte Machtstrukturen und Gewaltakteure durchzusetzen. Es müsste Wege finden, die atomisierte und politisch apathische Bevölkerungsmehrheit wach zu rütteln und von einer demokratischen Zukunft zu überzeugen. Dafür müssten die heute unterdrückten oder emigrierten demokratischen und liberalen Akteur:innen frei an der Gestaltung des politischen Prozesses mitwirken können. Der Einfluss der Sicherheitseliten müsste zurückgedrängt werden, staatliche und wirtschaftliche Strukturen wären zu entflechten. Militarismus und gewaltträchtige patriarchale Strukturen in Staat und Gesellschaft müssten wirksam bekämpft werden. Medien müssten frei berichten können. Eine immense Aufklärungsarbeit wäre nötig, um das Denken und Erinnern in der Gesellschaft von den Propagandalügen der letzten zwanzig Jahre zu befreien.

Vor allem aber müsste ein demokratisches Russland einen Umgang mit den Verbrechen finden, die heute von Russ:innen in der Ukraine begangen werden. Denn ohne Aufarbeitung dieser Verbrechen würde ein demokratischer Aufbruch, wie schon in den 1990er-Jahren, verschattet beginnen. Ohne die Rückgabe der besetzten Territorien an die Ukraine, ohne Reparationszahlungen und ohne die Verurteilung der Kriegsverbrecher:innen ist eine Aussöhnung zwischen Russland und der Ukraine nicht möglich. Diese aber ist die Voraussetzung für die Rückkehr Russlands in die demokratische Staatengemeinschaft.

Die drei Szenarien Regimeerhalt, Regimekollaps und demokratischer Regimewandel sind hypothetisch. Wir können nicht vorhersehen, welchen Weg Russland in der Zukunft einschlagen wird. Die Gegenwart lässt eine Demokratisierung wenig plausibel erscheinen. Aber ausgeschlossen ist auch sie nicht. Wahrscheinlich werden Elemente aller drei und noch anderer Szenarien für die Zukunft Russlands eine Rolle spielen. Wichtig ist, dass Chauvinismus weiter die russische Politik prägen wird, und zwar selbst im Falle einer Demokratisierung, denn der Wandel von Denkmustern ist ein Prozess über Generationen. Darauf muss sich die Ukraine einstellen. Darauf muss sich auch Europa einstellen.

5

EUROPAS ANGRIFFSFLÄCHEN

»Machst du immer noch diesen Blödsinn?« waren die Begrüßungsworte eines russischen Kollegen, als wir uns im Herbst 2016 in Moskau trafen. Die Frage war nicht durchweg scherzhaft oder freundlich gemeint. Wir kennen uns seit den späten 1990er-Jahren und haben unzählige Male miteinander über den Stand und die Entwicklung der Beziehungen zwischen der EU und Russland gesprochen. Nun ließ er mich wissen, dass die europäisch-russische Expert:innengruppe, die wir im Rahmen unseres Projekts für die EU-Delegation in Moskau aufgebaut hatten, Zeitverschwendung sei. Die Europäische Union und die Beziehungen zwischen der EU und Russland hatten für ihn keine Bedeutung mehr. Die Zeichen standen auf Entflechtung und Konfrontation.

Das russische Verhältnis zu Europa schwankte stets zwischen Abgrenzung und Überhöhung.[1] Spätestens seit Peter dem Großen, also seit dem 17. Jahrhundert, standen auf der einen Seite die »Westler« *(sapadniki)*, die Russlands Zukunft in Europa sahen. Auf der anderen Seite glaubten die »Slawophilen« an die zivilisatorische Eigenständigkeit Russlands als Kulturnation, Staat und Imperium. Der Westen war für sie im besten Fall fremd, im schlimmsten Fall ein gefährlicher Gegner. »Heute sind die Bezeichnungen *Liberale* und *Patrioten* gängiger«, schreibt Jens Siegert, »auch wenn sich am Grundkonflikt kaum etwas geändert hat.«[2]

Nach dem krachenden Scheitern des sowjetischen Experiments

war »Europa« für viele Menschen in Russland das herbeigesehnte Paradies. Man wünschte sich Freiheit, Sicherheit, Frieden, man wünschte sich vor allem auch Wohlstand, Status und Konsum. All das fehlte zu Hause, all das gab es in den Staaten Westeuropas, die sich nach dem Zweiten Weltkrieg in der Europäischen Gemeinschaft zusammengeschlossen hatten. Die Annäherung an diese Demokratien schien sehr vielen Menschen im postsowjetischen Russland wie ein Heilsversprechen. Gleichzeitig idealisierten sie häufig die Lebensverhältnisse der Menschen in Westeuropa, weil sie keinerlei Berührung mit ihnen hatten. Wie viel ich im Monat zum Leben bräuchte, fragte mich 1992 ein Freund in Sankt Petersburg, wenn ich *nicht* jeden Abend ins Restaurant ginge. Er wollte mir nicht glauben, dass ich es mir als Studentin *nicht leisten* konnte, jeden Abend auswärts zu essen. Andere waren schlicht überfordert. Eine Freundin erzählte mir von dem Schock ihrer ersten Reise in die EU. Sie war Restauratorin und auf altchinesische Kunst spezialisiert. Als wir uns 1992 kennenlernten, klebte sie mehrere Tage in der Woche in einer Glasfabrik dekorative Abziehbildchen auf Trinkgläser, um etwas Geld dazu zu verdienen. Später hatte sie als gefragte Expertin viele Aufträge in westlichen Museen. Bei ihrem ersten Besuch in Paris musste sie sich beim Anblick der Fleischtheke in einem Supermarkt übergeben. Der Überfluss war zu viel für sie.

Mit der Zeit begann das Idealbild vom Westen zu bröckeln. Nationalistische Kräfte wurden stärker. Viele Menschen hatten den Einfluss der EU und der USA auf ihr Land überschätzt. Als die Stabilisierung der eigenen Lebensverhältnisse ausblieb, machten sie sie dafür mitverantwortlich. Vorwürfe, die westliche Unterstützung sei nicht groß genug gewesen, schlugen um in die Behauptung, der Westen wolle Russland kleinhalten.[3] Das war die große Kränkung *(obida)*, die ab den 2000er-Jahren die antiwestliche und europafeindliche Politik des russischen Staates befeuerte. Die staatliche Propaganda deutete das demokratische Wohlstandsparadies Europa zu *Gayropa* um, einem dekadenten Gebilde, das vor lauter Diversität und »Gender-Ideologie« den Zugang zu seiner eigenen Kultur und Geschichte sowie zu seinen christlich-abendländischen Werten verloren habe und willenlos den Vorgaben Washingtons folge. Ihm wurde das Bild Russlands als Bewahrer christlicher Werte und Traditionen gegenübergestellt.

Das Propaganda-Narrativ von der europäischen Dekadenz setzte sich im Denken der Menschen fest. In vielen Situationen tauchten trotzdem immer wieder die alten Idealbilder auf. Besonders drastisch wurde mir das bewusst, als ich mich in den Jahren von 2019 bis 2021 mit Inklusionsthemen beschäftigte. Menschen mit Behinderungen, besonders mit geistigen, psychischen, schweren körperlichen und Mehrfachbehinderungen, haben es in Russland schwer.* Viele von ihnen leben isoliert von

---

* 2021 führte ich gemeinsam mit meinem Kollegen Jens Siegert eine Studie zu zivilgesellschaftlicher Arbeit in Russland durch. Wir analysierten unter anderem auch den Bereich Inklusion. Unsere Interviewpartner:innen sagten uns damals, die Situation von Menschen mit Behinderungen in Russland sei um Meilen besser als in der Sowjetunion. Die Entwicklung der vergangenen fünf bis zehn Jahre beschrieben sie jedoch als entmutigend. Der zunehmend autoritäre und patriarchale Staat ziehe sich aus der progressiven Inklusionspolitik zurück, zeige kein Interesse und investiere viel zu wenig Geld. So blieben Fortschritte Einzelpersonen in den lokalen und regionalen Verwaltungen sowie zivilgesellschaftlichen Initiativen überlassen. Gegen Ende unseres Untersuchungszeitraums, 2021, zeigten sich staatliche Institutionen im bis dato relativ unpolitischen Arbeitsbereich Inklusion der Zivilgesellschaft gegenüber immer feindseliger. Sabine Fischer und Jens Siegert: »Überleben in der Autokratie. Russische Zivilgesellschaft unter Druck«, in: *Osteuropa*, 71.Jg., (8–9/2021), S.203–225.

der Mehrheitsgesellschaft und unter teils menschenunwürdigen Bedingungen in sogenannten psycho-neurologischen Internaten. Wir brachten im Rahmen unseres Projekts Inklusionsexpert:innen nach Russland, um den Austausch über das Thema zu fördern. Unsere russischen Gesprächspartner:innen offenbarten nicht selten idealisierte und unrealistisch positive Vorstellungen von der Situation in der EU. Sie waren geschockt, als unsere Expert:innen ihr Bild korrigierten. Als auf einer unserer Konferenzen ein schwer körperlich behinderter Aktivist kritisch von der Inklusionspolitik in seiner Heimat Griechenland berichtete, herrschte im Publikum ratlose Stille. Die Situation von Menschen mit Behinderungen in Ländern wie Schweden wiederum erscheint russischen Betroffenen zu Recht wie das Paradies auf Erden. Unsere russischen Partner:innen legten besonderen Wert auf das Tabuthema Sexualität und Behinderung. Nach langer Abwägung der Risiken entschlossen wir uns 2019, eine öffentliche Veranstaltung dazu zu machen. Wir zeigten in einem Museum im Zentrum Moskaus den Dokumentarfilm »Les petits mots doux: vivre sa vie sentimentale« von Bernard Bourdeau, in dem Menschen mit geistiger Behinderung über Liebe und Sexualität sprechen. Darauf folgte eine Podiumsdiskussion mit behinderten und nichtbehinderten Sprecher:innen aus Russland und der EU. Auch eine schwedische Aktivistin war dabei, die sich auf »Liebes-Coachings« für Menschen mit Behinderung und ihre Angehörigen spezialisiert hatte. Wir mussten sie im Vorgespräch bitten, Anschauungsmaterial und Sexspielzeuge zu Hause zu lassen, damit sie an der Grenze keine Schwierigkeiten bekommen würde. Für die etwa 250 Zuhörer:innen im komplett vollen Saal war der Abend eine Offenbarung. Immer und immer wieder sprachen Russ:innen in solchen Momenten vom Unterschied zwischen Russland und »normalen Ländern«. In einem »normalen Land« –

sie meinten damit: in einer europäischen Demokratie – käme dies und jenes nicht vor, könnten Menschen wie sie »normal« leben. Nicht so in ihrer russischen Heimat.

Eine kurze Geschichte der EU-Russland-Beziehungen

In den politischen Beziehungen zwischen Russland und der EU standen die Zeichen nach dem Zusammenbruch der Sowjetunion zunächst auf schnelle Annäherung. Brüssel und Moskau schlossen 1994 ein Partnerschafts- und Kooperationsabkommen (PKA).* Das Abkommen hatte eine Laufzeit von zehn Jahren. Seine Zielsetzung war klar: Russland sollte bei seiner Transformation in Richtung Demokratie, Rechtsstaat und Marktwirtschaft unterstützt und so weit wie möglich an die EU angebunden werden. Vereinzelt war sogar von einem möglichen EU- oder NATO-Beitritt die Rede, doch wurden solche Gedankenspiele weder in Moskau noch in den europäischen Hauptstädten aufgegriffen.

Das Verhältnis war aber auch in den 1990er-Jahren nicht völlig ungetrübt. Die EU stimmte der Inkraftsetzung des PKA erst zu, nachdem Russland 1996 den Ersten Tschetschenienkrieg beendet hatte. Die Kriege auf dem Gebiet des ehemaligen Jugoslawiens führten immer wieder zu Divergenzen. Moskau stellte sich unter Verweis auf historisch gewachsene panslawische Verbindungen an die Seite der Serb:innen. Die westlichen Verbündeten machten

* Partnerschafts- und Kooperationsabkommen wurden im Laufe der 1990er-Jahre außerdem mit der Ukraine, Moldau, den drei südkaukasischen und drei der zentralasiatischen Republiken abgeschlossen. Belarus blieb wegen Lukaschenkas autokratischer Herrschaft außen vor.

Serbien unter Slobodan Milošević für die größten Verbrechen während der Kriege verantwortlich. Die Auseinandersetzung erreichte ihren Höhepunkt während des Kosovo-Krieges 1998/99. Die Entscheidung der NATO, im März 1999 militärisch einzugreifen, löste in Moskau scharfe Proteste aus. Der damalige russische Außenminister Jewgenij Primakow war auf dem Weg nach Washington, als am 24. März die NATO-Luftschläge gegen Serbien begannen. Er ließ sein Flugzeug über dem Atlantik wenden und kehrte nach Moskau zurück. Dennoch suchten Moskau und die westlichen Hauptstädte weiter gemeinsam nach einer Lösung. Boris Jelzin ernannte den ehemaligen russischen Ministerpräsidenten und Gazprom-Vorsitzenden Wiktor Tschernomyrdin zu seinem Kosovo-Sonderbeauftragten. Tschernomyrdin vermittelte gemeinsam mit dem damaligen finnischen Präsidenten Martti Ahtisaari das Ende des Krieges.

Auch in den ersten Regierungsjahren Wladimir Putins blieben die Beziehungen erst einmal auf Kurs. Die EU bereitete in dieser Phase ihre historisch größte Erweiterungsrunde vor: Am 1. Mai 2004 traten ihr zehn Staaten bei, darunter Estland, Lettland, Litauen, Polen, die Tschechische Republik, die Slowakei, Ungarn und Slowenien. Die NATO hatte 1999 Polen, Tschechien und Ungarn als neue Mitglieder aufgenommen. 2004 folgten die drei baltischen Staaten, Bulgarien, Rumänien, die Slowakei und Slowenien.

Die EU formulierte 2003 in ihrer Sicherheitsstrategie, was sie mit ihrer Politik gegenüber ihrer östlichen und südlichen Nachbarschaft erreichen wollte: »Wir müssen darauf hinarbeiten, dass östlich der Europäischen Union und an den Mittelmeergrenzen ein Ring verantwortungsvoll regierter Staaten entsteht, mit denen wir enge, auf Zusammenarbeit gegründete Beziehungen pflegen können.«[4] Moskau und Brüssel einigten sich 2003 auf rechtlich nicht bindende »gemeinsame Räume« in den Bereichen Wirtschaft, Freiheit, Sicherheit und Justiz, äußere Sicherheit sowie Wissenschaft, Bildung und kulturelle Aspekte, in denen die Beziehungen vertieft werden sollten. 2005 veröffentlichten die Partner noch Roadmaps für die Umsetzung. Aber da hatten die politischen Beziehungen ihren Zenit bereits überschritten.

Denn nach den demokratischen und pro-europäischen Revolutionen in Georgien 2003 und in der Ukraine 2004 wurde der Ton rauer. Die geopolitischen Spannungen nahmen zu. Die russische Kritik richtete sich in erster Linie gegen die USA und die NATO, die angeblich die demokratischen Bewegungen angezettelt hätten, um ihren Einfluss auf Kosten Russlands weiter auszudehnen. Auch die EU rief in Moskau wachsenden Unwillen hervor. Sie passte nicht in das Weltbild der politischen Elite um Wladimir Putin, weil ihre Mitgliedsstaaten einen Teil ihrer Souveränität freiwillig an supranationale Institutionen abgaben. Dass die Stimmen kleiner Staaten wie Estland oder Malta in der EU genauso viel zählen sollten wie jene Deutschlands und Frankreichs, erschien der Kreml-Elite unbegreiflich. Ein solches Gebilde konnte in ihren Augen nur schwach sein und unfähig, sich mit Großmächten wie Russland zu messen. Dann wieder verschreckte der »demokratische Ansteckungseffekt« der EU auf Länder in der russischen Nachbarschaft die Herrschenden in Moskau. Der Anspruch der EU, liberale Demokratie, Menschenrechte und Gleichberechtigung zu exportieren, war für das Putin'sche Russland nicht mehr akzeptabel.

Auch in der EU veränderte sich derweil die Debatte über die Ostpolitik. Die ostmitteleuropäischen Mitgliedsstaaten hatten historisch begründet ein großes Bedürfnis nach Sicherheit vor Russland. Polen und die baltischen Staaten wurden zu aktiven Anwälten einer möglichst raschen Annäherung der neuen östlichen

Nachbarstaaten an die EU. Die EU glitt in dieser Phase zusehends in eine geopolitische Auseinandersetzung mit Russland, die der zwischen der NATO und Russland bald in nichts mehr nachstand.

2005 begannen Brüssel und Moskau, über ein neues Abkommen zu verhandeln, welches das Partnerschafts- und Kooperationsabkommen ablösen sollte. Aber beide Seiten konnten sich nicht mehr einigen. Zu tief waren die Risse im gegenseitigen Verhältnis, zu brüchig war das Vertrauen. Die geopolitischen und weltanschaulichen Spannungen machten die Gespräche immer zäher und Fortschritte immer unwahrscheinlicher. Die kurzlebige Modernisierungspartnerschaft mit Dmitrij Medwedew von 2010 änderte daran nichts mehr. Trotzdem stellte die EU die Verhandlungsbemühungen erst nach der Annexion der Krim im März 2014 endgültig ein. Es entbehrt nicht einer gewissen Ironie, dass so das Partnerschafts- und Kooperationsabkommen von 1994 bis heute die rechtliche Grundlage der Beziehungen bildet. Das Abkommen verlängert sich jedes Jahr automatisch um ein zusätzliches Jahr, solange es nicht explizit aufgekündigt wird.

Die wirtschaftlichen Beziehungen zwischen Russland und der EU gediehen indes fast ungestört. Die EU war schon in den 1990er-Jahren zu dem mit Abstand wichtigsten Handelspartner Russlands aufgestiegen. In den 2000er-Jahren lag der Anteil der EU am russischen Außenhandel bei über 50 Prozent. Russland nahm unter den Wirtschaftspartnern der EU einen weniger prominenten Platz ein, lieferte aber über 30 Prozent des in der EU verbrauchten Öls und etwa 40 Prozent des Gases. Die Volkswirtschaften der EU profitierten von günstigen russischen Energielieferungen, die russische Autokratie von sicheren Exporteinnahmen.

Der erste Einbruch kam mit dem Beginn des russischen Krieges gegen die Ukraine 2014. Nach der Annexion der Krim und dem Beginn des Krieges im Donbas verhängte die EU in mehreren

Stufen Sanktionen.[5] Sie stellte die halbjährlichen Gipfeltreffen und die zahlreichen institutionalisierten Austauschformate ein. Die EU sah Russland nun als »entscheidende strategische Herausforderung« und begann, die Prioritäten ihrer Ostpolitik neu zu ordnen.[6] Die EU wolle ihre eigene Widerstandsfähigkeit und die der östlichen Partnerländer gegenüber Bedrohungen aus Russland stärken, hieß es in den »Fünf Leitlinien für die Russland-Politik der EU« von 2016. Den Kontakt mit der russischen Gesellschaft wolle man halten und ausbauen, die Zusammenarbeit mit dem russischen Staat hingegen selektiv auf Bereiche reduzieren, in denen sie unausweichlich sei, zum Beispiel bei der Lösung internationaler Krisen oder der Bekämpfung der Klimakatastrophe.[7]

Mit den politischen Beziehungen ging es derweil weiter bergab. Die russische Einmischung in den amerikanischen Präsidentschaftswahlkampf 2016 und andere westliche Wahlen löste in der EU einen tiefen Schock aus. Der Giftanschlag auf den ehemaligen russischen Geheimdienstmitarbeiter Sergej Skripal und seine Tochter in Salisbury 2018 belegte ein weiteres Mal, dass Russland nichts mehr auf die Einhaltung völkerrechtlicher Normen gab. Die Corona-Pandemie verstärkte die beidseitige Isolation. Putin lehnte eine internationale Kooperation zur Bekämpfung der Pandemie ab, während die russische Propaganda versuchte, die europäischen Gesellschaften durch Desinformation über das Coronavirus weiter zu spalten. Im August 2020 unterstützte Moskau den belarusischen Machthaber Lukaschenka, während die EU sich mit der Demokratiebewegung solidarisierte. Der Mordanschlag auf den russischen Oppositionspolitiker Alexej Nawalnyj markierte einen weiteren Tiefpunkt. 2021 beschleunigte sich die Talfahrt, bis Russland mit der Vollinvasion in der Ukraine am 24. Februar 2022 den endgültigen Bruch vollzog.

Heute bestehen die Beziehungen zwischen der EU und Russland aus Sanktionen und gelegentlichen frostigen Kontakten zwischen Putin und einigen EU-Staats- und Regierungschefs. Tausende westliche Firmen haben sich aus Russland zurückgezogen. Eine solch rasante wirtschaftliche Entflechtung gab es historisch nur in (anderen) Kriegszeiten. Russland hat alle EU- und NATO-Mitglieder mit Ausnahme der Türkei zu »unfreundlichen Staaten« erklärt. Die diplomatischen Vertretungen sind wegen gegenseitiger Ausweisungen personell stark geschrumpft. Die kulturelle, gesellschaftliche und wissenschaftliche Zusammenarbeit ist zum Erliegen gekommen. Russland und die EU sind zu Gegnern geworden.

Die russische Legende von der »russophoben« Politik des »kollektiven Westens« unter amerikanischer Führung, die seit dem Ende des Ost-West-Konflikts Russland in die Knie zwingen wolle, ist und bleibt eine Propaganda-Lüge. Das bedeutet aber nicht, dass westliche Akteure im Verhältnis zu Russland und in ihrer Politik gegenüber den Staaten Osteuropas keine Fehler gemacht hätten. Die EU hätte sich früher dem pro-europäischen Votum der ukrainischen und der georgischen Gesellschaft öffnen müssen. Dadurch hätte sie in der zweiten Hälfte der 2000er-Jahre womöglich geopolitische Spannungen abbauen können, als die Debatte über eine mögliche NATO-Mitgliedschaft Georgiens und der Ukraine Fahrt aufnahm. Die Bush-Administration versuchte 2008, die Entscheidung trotz durchaus vorhandener Skepsis in den eigenen Reihen durchzudrücken.[8] Berlin und Paris hielten dagegen, waren aber ihrerseits nicht bereit, an anderer Stelle mehr politische Zugeständnisse zu machen. Sie glaubten, einen geopolitischen Konflikt mit Russland vermeiden zu können, der aber längst begonnen hatte.

Die Bush-Administration kündigte im Frühjahr 2002 den Vertrag über die Begrenzung von antiballistischen Raketenabwehrsystemen (ABM), um ihre Pläne für ein solches Abwehrsystem vorantreiben zu können. Die Erosion der internationalen Rüstungskontrollabkommen begann in Washington, auch wenn Moskau im Laufe der Jahre immer mehr dazu beitrug. Die Invasion der von den USA geführten »Koalition der Willigen« im Irak war ein Völkerrechtsbruch. Die Völker- und Menschenrechtsverletzungen, die im Zuge des *War on Terror* begangen wurden, zogen kaum rechtliche Konsequenzen nach sich. Die USA gehören, gemeinsam mit Russland und China, zu den Staaten, die den Internationalen Strafgerichtshof nicht anerkannt haben. Das schwächt die Institution in ihrer Glaubwürdigkeit und Handlungsfähigkeit – auch jetzt, wo sie einen Haftbefehl gegen Wladimir Putin erlassen hat.

Die Fehler des Westens haben Spannungen verschärft und Missverständnisse vertieft. Aber sie sind nicht die Ursache für die Radikalisierung der russischen Politik. Diese liegt darin, dass das Putin-Regime keinen anderen Weg fand, mit der russischen Gesellschaft und den Gesellschaften in den Nachbarstaaten umzugehen. Wann immer sich auf gesellschaftlicher Ebene Widerstand regte und mehr Demokratie gefordert wurde, konnte aus Sicht Moskaus dahinter nur eine Verschwörung des »russophoben Westens« stehen. Kein Wunder, dass das Putin-Regime mit der Zeit auch die liberalen Demokratien des Westens ins Visier nahm.

Was Russland tut

»Wir gehen davon aus, dass unsere Positionen von vielen Menschen [...] in westlichen Staaten geteilt werden. [...] Wir wissen, dass wir sehr viele Unterstützer haben. Wir verlassen uns auf sie, wenn es um unsere Beziehungen zum sogenannten kollektiven Westen geht. Ich kann Ihnen nur allen Erfolg beim Kampf für Ihre nationalen Interessen wünschen«, sagte Putin auf dem Waldai-Forum im Oktober 2022.[9] Wenn dieser Kampf einmal gewonnen sei, so Putin weiter, dann stünde auch guten Beziehungen mit Russland nichts mehr im Wege. Übersetzt lautete die Botschaft: Die »einfachen Menschen« im Westen müssten nur die herrschenden Eliten abschütteln, dann wären auch die Probleme in den Beziehungen mit Russland erledigt. In seiner Rede hatte Putin gesagt: »Wir stehen wahrscheinlich am Beginn der gefährlichsten […] und gleichzeitig wichtigsten Dekade seit dem Ende des Zweiten Weltkriegs. Der Westen kann die Menschheit nicht mehr alleine beherrschen. Die Mehrheit der Nationen will das nicht mehr hinnehmen. […] [D]as ist ein revolutionärer Moment.« Mit diesen Worten tat Putin nichts anderes, als sich an die Spitze einer globalen rechtspopulistischen Bewegung gegen die liberalen Demokratien zu stellen.

Netzwerke zwischen russischen und westlichen Rechtsextremist:innen gibt es schon seit den 1980er-Jahren.[10] Sie blieben in der politischen Schmuddelecke, solange Moskau an konstruktiven Beziehungen mit den jeweiligen Regierungen interessiert war. Das änderte sich nach Putins Rückkehr in den Kreml 2012 und mit dem Beginn des Krieges gegen die Ukraine 2014. Je gestörter die Beziehungen mit den EU-Institutionen und den Regierungen der EU-Mitgliedsstaaten waren, desto wichtiger wurden populistische Kräfte als Partner:innen der russischen Politik. In Moskau wurde das als reziproke Antwort und Retourkutsche gesehen: Die russische Politik »erwiderte« nur westliche Versuche, die unabhängige Zivilgesellschaft und die demokratische Opposition in Russland zu stärken.

Die freundschaftlichen Bande zwischen Moskau und europäischen Rechtspopulist:innen nehmen viele Formen an. Die russische politische Führung und die Staatsduma werteten ihre neuen

Partner:innen immer ostentativer auf. Marine Le Pen, Politiker:innen der FPÖ, der Lega Nord oder der AfD wurden zu gerne gesehenen Gästen in Moskau. Sie wurden zu Luxusreisen eingeladen, bekamen prestigeträchtige Termine weit über ihrem protokollarischen Status und durften an der Elitehochschule des russischen Außenministeriums, dem Moskauer Staatlichen Institut für Internationale Beziehungen (MGIMO), den Studierenden ihre Weltsicht darlegen. Russisches Geld floss an den Front National, die FPÖ, die Lega Nord, die ungarische Jobbik-Partei und andere.[11] Der russische Staat und ultrakonservative Privatleute finanzieren kulturelle Einrichtungen und Thinktanks, welche die rechtspopulistische Agenda unterstützen. Russland ist eine der wichtigsten Geldquellen für Organisationen und Netzwerke, die in der EU Anti-Gender-Mobilisierung betreiben.*[12]

Im Gegenzug machten sich die so geförderten Rechtspopulist:innen in ihren Heimatländern und im Europäischen Parlament für prorussische Positionen stark. Sie forderten, die Krim als russisch anzuerkennen und die Sanktionen aufzuheben. Sie reisten auf die annektierte Krim und in die besetzten Gebiete im ukrainischen Donbas. AfD-Politiker:innen »beobachteten« die russische Präsidentschaftswahl 2018, unter anderem in Wahllokalen auf der Krim, wo die Abstimmung gegen internationales Recht verstieß.[13] Das Gleiche geschah bei der Staatsdumawahl 2021, deren Beobachtung die OSZE wegen zu restriktiver Aufla-

---

* Laut einem Bericht des European Parliamentary Forum for Sexual and Reproductive Rights kamen zwischen 2009 und 2018 die meisten Anti-Gender-Geldmittel, 437,7 Millionen Dollar, aus Europa selbst. 188,2 Millionen stammten von Stiftungen, Thinktanks und Medien, die mit den ultrakonservativen russischen Geschäftsmännern Konstantin Malofejew und Wladimir Jakunin verbunden sind. 81,3 Millionen kamen von NGOs und konservativen Denkfabriken der religiösen Rechten in den USA.

gen vonseiten Moskaus abgelehnt hatte.[14] Populist:innen aus Deutschland und anderen EU-Staaten unterstützten so die Bemühungen Moskaus, undemokratischen Wahlen und illegalen Gebietsnahmen den Anschein internationaler Legitimität zu verleihen.

Die Verbindungen zu Rechtspopulist:innen wurden zu einem wichtigen Baustein der russischen (Anti-)EU-Politik. Moskau blieb bis zum Februar 2022 jedoch pragmatisch: Wo Kontakte zu etablierten Parteien mehr Einfluss versprachen, hatten die Populist:innen das Nachsehen. Das bekam Marine Le Pen während des Präsidentschaftswahlkampfes 2017 zu spüren. Nachdem Putin sie höchstpersönlich im Kreml empfangen hatte, fuhr Moskau seine Unterstützung für den *Rassemblement National* (RN), den Nachfolger des *Front National*, zurück, weil man in François Fillon, dem Kandidaten der konservativen *Les Républicains*, einen aussichtsreicheren Partner sah. Die russische Einmischung in die deutschen Bundestagswahlkämpfe hielt sich vor 2022 in Grenzen, weil der Kreml auf seine Beziehungen zu etablierten Parteien, besonders zur SPD, setzte. Das Putin-Regime baute über Jahre systematisch Netzwerke in Politik und Wirtschaft von EU-Mitgliedsstaaten auf, um sich Möglichkeiten der Einflussnahme zu sichern. In Deutschland half vor allem die wachsende Abhängigkeit von russischen Energielieferungen.[15] Ein anderes Beispiel für starke russische Einwirkungen ist Österreich. Auch in Frankreich sind russische Einflussagenten seit vielen Jahren aktiv.[16]

Mit der Vollinvasion in der Ukraine machte Putin allerdings sogar seinen rechtspopulistischen Freund:innen in der EU das Leben schwer. Sie mussten ihre Positionen zumindest teilweise anpassen. Die AfD-Spitze bezeichnete Russlands Krieg als völkerrechtswidrig, kritisierte jedoch weiter die westlichen Sanktionen und forderte den Stopp von Waffenlieferungen an die Ukraine.[17]

Russland ist zu einem Zankapfel zwischen den rechtsextremen und den moderateren Kräften in der Partei geworden. Der französische *Rassemblement National* justierte seine Haltung, distanzierte sich von Moskau und suchte sogar den Kontakt zur ukrainischen Staatsführung.[18] Andere populistische Politiker:innen blieben Putin treu, so zum Beispiel der Italiener Matteo Salvini von der *Lega Nord*. Das wiederum nutzte Giorgia Meloni von den neofaschistischen *Fratelli d'Italia*, um sich im Wahlkampf gegen ihre Konkurrenz innerhalb der radikalen Rechten abzugrenzen. Putin hat also einen Teil seiner Soft Power bei den zuvor russlandfreundlichen Rechtspopulist:innen in der EU verloren. Diese nutzen aber die durch den Krieg ausgelöste Wirtschaftskrise, um ihre Agenda voranzutreiben. Der *Rassemblement National*, die *Fratelli d'Italia* oder *Die Finnen* haben seit Februar 2022 Wahlerfolge erzielen können. Die populistische Gefahr für die liberalen Demokratien der EU besteht weiter.[19]

Die russischen Auslandsmedien sind seit ihren recht bescheidenen Anfängen in den 2000er-Jahren zu einem riesigen Imperium herangewachsen. 2022 finanzierte Moskau sie mit etwa 1,5 Milliarden Euro aus der Staatskasse. »Die Medien erhielten damit prozentual eine deutlich umfangreichere Budgeterhöhung als das Militär«, schreibt der *Zeit*-Journalist Michael Thumann. »Das belegt, dass die Propagandamaschine für Putin im Krieg nach außen und innen zumindest nicht weniger wichtig war als die Militärmaschine.«[20] Die wichtigsten Medien sind der Fernsehsender *RT* (bis 2012 *Russia Today*) und die Internetportale Sputnik und Ruptly. Zu diesem Imperium gehören auch Troll-Fabriken, die das Internet und die sozialen Medien mit Kommentaren fluten.[21]

Die Auslandsmedien wurden zur Kriegswaffe, als die Spannungen mit dem Westen wuchsen. Daran ließ die RT-Chefredakteurin Margarita Simonjan in einem Interview mit der Zeitung *Kommer-*

sant 2012 keinen Zweifel: »Die Informationswaffe wird in kritischen Momenten gebraucht. Krieg ist immer ein kritischer Moment, da ist Information eine Waffe wie jede andere.«[22] Nur dass Simonjan und ihre Kolleg:innen »Information« sehr weit definieren, denn RT und die anderen russischen Propagandamedien verbreiten gezielt Desinformation. Sie relativieren Fakten bis zur totalen Verwirrung des Publikums. In Russland gibt es für den geistigen Zustand, der unter diesem propagandistischen Sperrfeuer entsteht, einen stehenden Ausdruck: *Wsjo ne tak odnosnatschno* – Es ist alles nicht so eindeutig. Genau diesen Effekt will der Kreml mit seiner Propagandawaffe auch in westlichen Demokratien erzeugen, wenn es um die Legitimität der Politik demokratischer Regierungen geht. In diesem Sinne erteilt er den staatlich kontrollierten russischen Medien direkte Anweisungen.[23] Sie arbeiten mit populistischen Kräften in der EU zusammen und bieten ihnen eine Plattform für die Verbreitung ihrer Ideen. Unter den Mitarbeitenden der Ableger von RT in westlichen Demokratien finden sich Vertreter:innen extrem rechter und linker Positionen, Verschwörungstheoretiker:innen, Querdenker:innen und Putin-Loyalist:innen.[24]

Russland unternimmt seit den 2000er-Jahren Cyber-Angriffe auf andere Staaten. Zuerst traf es Nachbarländer und russlandkritische EU-Staaten wie Estland. In Deutschland begannen größere Attacken erst Mitte der 2010er-Jahre. Seitdem waren wiederholt politische Institutionen, Medienanstalten, Parteien und einzelne Politiker:innen betroffen. Russland hat sich über Hacks und Leaks mehrmals direkt in Wahlen westlicher Demokratien eingemischt. Russische Hacker knackten 2016 den Server des Democratic National Committee und leakten erbeutete E-Mails der demokratischen Präsidentschaftskandidatin Hillary Clinton. Diese war in Moskau für ihre Rolle als Außenministerin während der Obama-Jahre zutiefst verhasst. Putin hielt sich auch mit sexistischen Kommentaren nicht zurück. Im Juni 2014 sagte er gegenüber einem französischen TV-Sender: »Mit Frauen streitet man besser nicht. Aber Frau Clinton war noch nie sehr taktvoll in ihren Äußerungen. [...] Wenn Menschen zu weit gehen [Clinton hatte die Annexion der Krim mit der Politik Hitlers vor dem Zweiten Weltkrieg verglichen, S.F.] tun sie das, weil sie schwach sind, nicht stark. Aber vielleicht ist Schwäche nicht die schlechteste Eigenschaft einer Frau.«[25] Auch Emmanuel Macron wurde während des französischen Präsidentschaftswahlkampfes 2017 Opfer von Hackerangriffen. Russische Propagandamedien versuchten, ihn mit Gerüchten zu diskreditieren, er sei homosexuell und habe einen Liebhaber.[26]

Die Schwäche(n) der EU

Was macht die EU verwundbar für die destruktive Politik Russlands? Und warum fühlt das russische Regime sich ermutigt, zu solchen Mitteln zu greifen? Die Antwort fällt überzeugten Europäer:innen nicht leicht: Die EU ist nach anderthalb Jahrzehnten einander überlagernder Krisen in ernsten Schwierigkeiten. 2008 geriet sie im Zuge der globalen Rezession aus dem wirtschaftlichen Gleichgewicht. 2015 folgte die sogenannte Migrationskrise, ab 2016 der Brexit und 2020 die Corona-Pandemie. In diesen Jahren verlangsamte sich die Integrationsdynamik, und die Bindekraft der europäischen Idee ließ nach. Tendenzen der Entsolidarisierung und Renationalisierung machten sich breit – vom Streit über die Bekämpfung der Eurokrise bis zu vorübergehenden Grenzschließungen während der Fluchtbewegung nach Europa und zu Beginn der Corona-Pandemie.

Die sozialen Kosten dieser Mehrfachkrise sind enorm. Sie verstärken die fundamentalen wirtschaftlichen, gesellschaftlichen und politischen Verwerfungen, die neoliberales Wirtschaften, Globalisierung und Digitalisierung in den vergangenen Jahrzehnten mit sich gebracht haben. Sie haben beträchtliche Teile der Bevölkerung in wirtschaftliche Unsicherheit oder gar Armut geführt. Auf der anderen Seite wächst der Wohlstand einer winzigen Schicht Superreicher. Dieser Trend hat sich seit Beginn der Corona-Pandemie noch einmal verstärkt. Die Organisation Oxfam rechnete im Januar 2023 vor, dass seit 2020 das reichste Prozent der Weltbevölkerung fast zwei Drittel des neu erwirtschafteten Wohlstands für sich verbuchen konnte. Das restliche Drittel verteilte sich auf die verbleibenden 99 Prozent.[27] Auch die Industrienationen des globalen Nordens sind von diesem Trend betroffen. Derweil sind Entscheidungen über wirtschaftliche und soziale Fragen immer stärker von der europäischen Ebene beziehungsweise von demokratisch schwach legitimierten Institutionen wie Zentralbanken oder internationalen Wirtschaftsabkommen abhängig und werden so dem demokratischen Wettbewerb entzogen.[28] Die von wirtschaftlichem Abstieg betroffenen oder bedrohten Menschen verlieren an Einfluss auf politische Entscheidungsprozesse. Sie reagieren darauf mit Angst und Wut. Autokratien unterdrücken Unzufriedenheit und Dissens. Demokratien können nicht zu solchen Methoden greifen, sie müssen Dissens im öffentlichen Raum aushalten – oder sie hören auf, Demokratien zu sein.[29]

Davon profitierten in Europa und weltweit vor allem rechtspopulistische Parteien. Sie haben den Weg in immer mehr Parlamente und Regierungen von EU-Mitgliedsstaaten gefunden. Rechtspopulismus vereint alle drei Kernelemente des Chauvinismus: Nationalismus, Sexismus und Autokratie. Für das Putin-Regime (und andere chauvinistische Regime) eröffnen sich dadurch Einfallstore in die europäische Politik.

Rechtspopulist:innen sind Ethno-Nationalist:innen. Sie schüren Ängste vor Zuwanderung, Multikulturalismus und »Bevölkerungsaustausch«, vor der Zerstörung des christlichen Abendlandes durch fremde Einflüsse. Die »Anderen«, gegen die Rechtspopulist:innen das »Volk« zu verteidigen vorgeben, können Muslim:innen sein, Migrant:innen oder Sinti:zze und Rom:nja, Juden und Jüdinnen, Homosexuelle und queere Menschen, Obdachlose oder Menschenrechtler:innen – oder all diese Gruppen zusammen.[30] Hier finden sich viele Überschneidungen mit dem Nationalismus, der LGBTQI*-Feindlichkeit und dem Antifeminismus des russischen Regimes.

Putin und die europäischen Populist:innen sind sich auch einig in ihrem Antiamerikanismus – wenn nicht gerade Donald Trump im Weißen Haus sitzt. Sie lehnen pro-europäische Eliten und die EU-Institutionen in Brüssel ab. Sie verschreien die EU als koloniales Herrschaftsinstrument, mit dem eine »kosmopolitische« und »amerikahörige« Elite die »einfachen Menschen« unterjochen wolle. Mit diesem Anti-EU-Diskurs erreichten die Brexiteers in Großbritannien 2016 eine knappe Mehrheit für den Ausstritt aus der Union. Die AfD will die Europäische Union in einen »Staatenbund souveräner Staaten« zurückführen und aus der Eurozone austreten.[31] Ähnliche Töne schlägt Marine Le Pens Rassemblement National an. Die PiS in Polen und Fidesz in Ungarn setzen eine ähnliche Programmatik bereits in Politik um.

All das ist Musik in den Ohren der Spindoktoren im Kreml. Dabei geht es nicht um vollständige ideologische Übereinstimmung. Das Putin-Regime ist nicht offen islamfeindlich, weil es sich nicht leisten kann, die fast 13 Prozent Muslim:innen in der Russischen Föderation gegen sich aufzubringen. In Europa dagegen heizt die russische Propaganda islam- und migrationsfeindliche Stimmungen an, wo es nur geht. Die AfD relativiert die deutschen Verbrechen während des Nationalsozialismus und im Zweiten Weltkrieg. Putin hingegen hat den sowjetischen Sieg über den Faschismus zum Kern seiner Legitimationserzählung gemacht. All das hindert die Populist:innen und den Kreml aber nicht daran, gemeinsam auf die Schwächung der liberalen Demokratie in Deutschland hinzuwirken.

Für die EU ist das sehr gefährlich, denn irgendwann könnten sich die populistischen Nationalismen in einzelnen Mitgliedsstaaten auch gegeneinander wenden. Die Verwerfungen zwischen den EU-Ländern sind nach fünfzehn Jahren Polykrise unübersehbar. Die Eurokrise spaltete die wirtschaftlich schwächeren südlichen und die stabileren nördlichen Mitgliedsstaaten. In der Migrationspolitik verlaufen Risse zwischen den Mittelmeeranrainern, den ostmitteleuropäischen und den westlichen Mitgliedsstaaten. Die Rechtsstaatskonflikte mit Polen und Ungarn (und in der Zukunft möglicherweise mit anderen rechtspopulistischen Regierungen) vertiefen die politischen Gräben. Vorerst verstehen sich die meisten europäischen Rechtspopulist:innen in ihrem Illiberalismus und ihrer Ablehnung der EU prächtig.* Aber Viktor Orbán läuft bei Fußballspielen mit Schals herum, auf denen ein Großungarn abgebildet ist, das Teile Österreichs, Kroatiens, Serbiens, Rumäniens, der Slowakei und der Ukraine umfasst.[32]

---

* Die wichtigste Trennlinie verläuft zwischen der polnischen PiS und Orbáns Fidesz-Partei, und sie betrifft ausgerechnet die Politik gegenüber Russland. Denn die PiS lehnt, wie das polnische Parteienspektrum und insgesamt die polnische Gesellschaft, den russlandfreundlichen Kurs Orbáns ab. Diese Positionsunterschiede verhindern auch eine gemeinsame rechtspopulistische Parteiengruppe im Europäischen Parlament.

Marine Le Pens Rassemblement National und die polnische PiS machen mit antideutschen Positionen Wahlkampf.[33] Auch andere rechtspopulistische Parteien sind nicht frei von Ressentiments gegenüber europäischen Nachbarn. Man stelle sich vor, die Rechtspopulist:innen erreichten irgendwann ihr Ziel und brächten die EU zu Fall. In einem Post-EU-Europa könnten nationalistisch regierte ehemalige Mitgliedstaaten dann auch wieder miteinander in militärische Konflikte geraten.

Wie bei allen Chauvinist:innen verschmelzen auch bei den europäischen Rechtspopulist:innen Nationalismus und patriarchale Vorstellungen.[34] Sie propagieren die traditionelle, auf das männliche Oberhaupt ausgerichtete Familie, in der weiße, deutsche, französische, polnische oder ungarische Frauen viele Kinder gebären sollen, um die Reproduktion und die Reinheit der Nation sicherzustellen. Rechtspopulistische Kräfte kämpfen gegen Feminismus und die sogenannte Gender- und LGBTQI*-Ideologie, weil diese nicht nur ihr traditionalistisches Familienideal, sondern auch ihr nationalistisch-patriarchales Staatskonzept infrage stellen. Rechtspopulist:innen geht es, ganz wie dem Putin-Regime, um Remaskulinisierung. In den Worten des rechtsextremen AfD-Politikers Björn Höcke: »Wir müssen unsere Männlichkeit wiederentdecken. Denn nur wenn wir unsere Männlichkeit wiederentdecken, werden wir mannhaft. Und nur wenn wir mannhaft werden, werden wir wehrhaft, und wir müssen wehrhaft sein, liebe Freunde!«[35]

Führungsfiguren wie Giorgia Meloni in Italien, Marine Le Pen in Frankreich oder Alice Weidel in Deutschland verleihen dem europäischen Rechtspopulismus bisweilen ein pseudoemanzipiertes Antlitz. Die Tatsache, dass Politikerinnen auch in rechtsextremen Parteien in einflussreiche Führungspositionen aufsteigen können, spiegelt den Wandel europäischer Gesellschaften. Aber diese Frauen predigen die nationalistische, rassistische, antifeministische und sexistische Programmatik ihrer Parteien ebenso wie ihre männlichen Gesinnungsgenossen – die sowohl beim Parteipersonal als auch unter den Wähler:innen der Parteien weiter die erdrückende Mehrheit stellen. Rechtspopulistische Führerinnen sind mehr als die russischen Komplizinnen des Putin-Regimes. Sie haben reale politische Macht. Sie machen ihre Parteien für größere Teile der jeweiligen Gesellschaft – besonders für Frauen – wählbarer.

Die Sichtbarkeit von Frauen an der Spitze rechtspopulistischer Parteien liefert ein willkommenes Argument für die Delegitimierung von Gleichstellungspolitik. Denn Gleichstellung, so ihre Behauptung, sei in den westlichen Gesellschaften bereits vollzogen. Rechtspopulist:innen lehnen Feminismus ab, der »zu weit geht«, die biologistische Geschlechterdichotomie und die traditionelle Familie infrage stellt und für das Recht von sexuellen Minderheiten eintritt.[36] Dieser Pseudofeminismus schlägt in Femonationalismus um, wenn seine Vertreter:innen behaupten, sie verteidigten die Errungenschaften der Emanzipation und der sexuellen Befreiung in westlichen Gesellschaften gegen den Ansturm »archaischer muslimischer Männer«. Hier schließt sich der Kreis zu Ethnonationalismus, Migrationsfeindlichkeit und Rassismus.[37]

Wo Rechtspopulist:innen regieren, gehören Frauen und sexuelle Minderheiten zu den ersten Bevölkerungsgruppen, deren Rechte eingeschränkt werden. In Polen gibt es seit 2020 *de facto* ein Abtreibungsverbot. Auch in Ungarn wurde die Abtreibungsgesetzgebung verschärft. 2021 verabschiedete das ungarische Parlament ein Gesetz, das die Verbreitung von Informationen über Homo- und Transsexualität einschränkt. Die Parallelen zu den Entwicklungen in Russland sind auch hier nicht zu übersehen.

Rechtspopulist:innen tendieren zu autokratischer Herrschaft.

Wer für sich in Anspruch nimmt, das gesamte Volk zu vertreten, dem steht der Sinn nicht nach politischer Konkurrenz, freien Medien oder demokratischen Machtwechseln. Also nutzen viele Rechtspopulist:innen, einmal an der Macht, ihre Position in autokratischer Manier, um Hindernisse für den eigenen Machterhalt aus dem Weg zu räumen.[38] Die PiS und die Fidesz manipulieren demokratische Institutionen in Polen und Ungarn bis zur Unkenntlichkeit. So entsteht ein Systemtyp, den Viktor Orbán schon 2014 als illiberale Demokratie bezeichnet hat. Orbán ist seit dreizehn Jahren an der Macht, ein Ende seiner Herrschaft ist nicht absehbar. Die PiS regiert seit 2015 in Polen und eifert Orbán in vielem nach.[39] Donald Trump rief seine Anhänger:innen zu einem Staatsstreich auf, weil er seine Abwahl nicht akzeptieren wollte. In Polen und Ungarn existieren trotz der Schwächung der Demokratie weiter Oppositionsparteien und unabhängige zivilgesellschaftliche Strukturen. In Polen, nicht allerdings in Ungarn, gibt es bis heute eine freie Presse. In anderen EU-Mitgliedsstaaten sind rechtspopulistische Parteien wieder abgewählt worden – es bleibt abzuwarten, wie sich dieser Trend weiterentwickelt. Das russische Regime jedenfalls ist vielen Rechtspopulist:innen ein Vorbild, Wladimir Putin ein viel bewundertes Modell autoritärer Führung.

Wann sterben Demokratien?

»Dumme Wessifotze. Totale Fehlbesetzung bei ›Hart aber Fair‹«, schrieb mir im September 2022 ein Zuschauer noch während der Sendung, zu der ich eingeladen war, um die aktuelle Eskalation im russischen Krieg gegen die Ukraine zu diskutieren. Das ist nur ein Beispiel für die vielen verbalen Angriffe und Gewaltandrohungen, denen ich – ebenso wie viele andere Kolleg:innen und Politiker:innen – ausgesetzt bin.* In solchen Übergriffen kommt nicht nur die Missachtung der Persönlichkeitsrechte und der Würde anderer Menschen zum Ausdruck, die in liberalen Gesellschaften selbstverständlich sein sollten. Sie stehen für ein tiefes Misstrauen gegenüber den Institutionen der liberalen Demokratie, zu denen neben der Meinungsfreiheit auch die Freiheit der Wissenschaft zählt. Dieses Misstrauen wird von rechtspopulistischen Akteur:innen gezielt geschürt. Sie behaupten, wissenschaftlich belegte Tatsachen durch »alternative Fakten« widerlegen zu können. Sie stellen die Legitimität von demokratischen Institutionen und den demokratischen Konsens infrage. In den Echokammern des Internets und der sozialen Medien können sich solche Haltungen, Misstrauen und Hass ausbreiten und verstärken.

Männer und Frauen sind davon gleichermaßen, aber nicht in gleicher Weise betroffen. Der Politikwissenschaftler Carlo Masala von der Bundeswehr-Universität in München fasste den Unterschied bei einer gemeinsamen Veranstaltung zum Thema Hass im Netz zusammen: »Ich bekomme alles: ob ich überhaupt eine Ahnung habe, ob ich gedient habe, dass ich auf der Gehaltsliste von diversen Geheimdiensten stehe, dass ich ein heißer Kandidat für das Nürnberger Tribunal 2.0 bin, ich bekomme Morddrohungen, ich bekomme rassistische Beleidigungen, ich bekomme nur eine einzige Sache nicht, ich bekomme keinen sexistischen Scheißdreck. Also weder bekomme ich eine E-Mail […], wo jemand meine Schuhe kaufen will, weil er diesen Fetisch hat, noch kriti-

* Ich ging mithilfe der Organisation HateAid gegen den Absender vor. Es kam zu einer außergerichtlichen Einigung; der Beleidiger musste etwa 3000 Euro Anwaltsgebühren und Kompensation zahlen und eine Unterlassungserklärung unterzeichnen.

siert man meine Kleidung, noch kritisiert man meine Haare, noch will man mich vergewaltigen.«[40] Die freie Meinungsäußerung, die gegenseitige Achtung und Toleranz gegenüber politischen Gegner:innen und die Einhaltung von Regeln im Diskurs sind Existenzbedingungen liberaler Demokratien. Wenn diese Leitplanken brüchig werden, setzen Polarisierung, Entzivilisierung und Verrohung ein. Am Ende stehen sich feindliche Lager unversöhnlich gegenüber und greifen zu extremen Mitteln der Auseinandersetzung – inklusive Gewalt. Dann sterben Demokratien.[41]

Die Erosionsprozesse liberaler Demokratien sind ein Geschenk für das chauvinistische Putin-Regime. Sie schwächen die Politik der demokratischen Staaten, ihren Zusammenhalt und ihre Position im internationalen System. Sie diskreditieren die Demokratie als politisches Modell, sie versorgen die russische Diktatur mit Argumenten und Anschauungsmaterial für die eigene Bevölkerung wie auch für jene in anderen Ländern. Dabei darf nicht vergessen werden: Die Probleme der liberalen Demokratien sind hausgemacht. Es wäre eine Überschätzung, sie ursächlich dem russischen, chinesischen oder sonst einem Einfluss von außen zuzuschreiben. Aber das russische Regime tut, was es kann, um die demokratische Erosion zu beschleunigen.

Die Schwächen der Nachbarschaft

Die fragilen Staaten der östlichen Nachbarschaft und die Länder des westlichen Balkans können der russischen Einflusspolitik weniger entgegensetzen als die EU-Mitgliedstaaten. Die russische Politik unternimmt alles, um die Orientierung dieser Staaten nach Europa zu unterbinden. Sie setzt dabei an den Konflikten zwischen den eher traditionalistischen Werten der Gesellschaften und dem gesellschaftspolitischen Liberalismus der EU an. Die russische Auslandspropaganda schürt dort aktiv Homophobie, LGBTQI*-Feindschaft und Antifeminismus.

Die Republik Moldau leidet seit vielen Jahren unter massivem politischen und wirtschaftlichen Druck aus Russland. Moskau nutzt seine engen Verbindungen zu moldauischen Oligarchen, um die pro-europäische Präsidentin Maia Sandu und ihre Regierung zu destabilisieren.[42] Die Präsenz russischer Truppen im abtrünnigen Transnistrien könnte dazu führen, dass die Kriegshandlungen auf Moldau übergreifen. Im März 2023 enthüllten investigative Medien konkrete Pläne des Kremls, in Chişinău eine Vasallenregierung zu installieren.[43]

Georgien hielt nach dem Fünf-Tage-Krieg 2008 lange Distanz zum nördlichen Nachbarn. Nun fürchten viele Menschen in dem südkaukasischen Land, der russische Einfluss könnte trotz Annäherung an die EU wieder wachsen. Die georgische Regierung versuchte im Frühjahr 2023, nach russischem Muster ein Gesetz über »ausländische Agenten« durch das Parlament zu bringen. Nach wochenlangen Protesten in den Straßen von Tbilissi musste sie den Entwurf wieder zurücknehmen. Premierminister Irakli Gharibaschwili warf während der Demonstrationen der ukrainischen Regierung vor, sich in die inneren Angelegenheiten Georgiens einzumischen und das Land in den Krieg hineinziehen zu wollen. Dafür erhielt er vom russischen Propagandisten Wladimir Solowjow das zweifelhafte Prädikat »echter *muschik* mit Eiern«.[44]

Auf dem Balkan befeuert Moskau die nationalistische Politik des serbischen Präsidenten Aleksandar Vučić. Moskau und Belgrad beschwören ihre traditionelle slawisch-orthodoxe Gemeinschaft. Russische Propagandamedien heizen illiberale, EU- und NATO-skeptische und serbisch-nationalistische Stimmungen an. Moskau unterstützt den radikalen Führer der bosnischen Serben,

Milorad Dodik, und untergräbt so die internationale Verwaltung Bosnien-Herzegowinas, eingesetzt im Rahmen des Dayton-Abkommens, das 1995 den Bosnien-Krieg beendete. Auch in Montenegro gab es russische Destabilisierungsversuche bis hin zu einem Putschversuch 2016, um den montenegrinischen NATO-Beitritt zu verhindern. Wirtschaftliche Probleme, Armut, simmernde ethno-politische Konflikte und die Nachwirkungen der Kriege der 1990er-Jahre machen die Staaten und Gesellschaften des Westbalkans anfällig für die russische Einflussnahme. Die Blockaden in den EU-Beitrittsprozessen von Montenegro, Serbien, Nordmazedonien, Albanien und Kosovo verstärken die Frustration der Menschen. Das nutzt Russland, um die EU zu diskreditieren.[45]

Der globale Kampf um Narrative

Auf der internationalen Ebene profitiert das Putin-Regime vom Reputations- und Einflussverlust des Westens in vielen Ländern Lateinamerikas, Afrikas und Asiens und versucht, diesen weiter voranzutreiben. Bei keinem Thema ist das zuletzt sichtbarer geworden als beim Streit um die ukrainischen Getreideexporte. »Du wirst sehen, sie stricken jetzt das gesamte Narrativ um«, sagte ein Gesprächspartner in Moskau im Juni 2022, »und Russland setzt sich an die Spitze der antikolonialen Bewegung.«

Zu diesem Zeitpunkt verhandelten die Konfliktparteien unter Vermittlung des türkischen Staatspräsidenten Recep Tayyip Erdoğan und des Generalsekretärs der Vereinten Nationen António Guterres über die Ausfuhr ukrainischen Getreides durch das Schwarze Meer. Die Ukraine gehört, wie Russland, zu den größten Getreideexporteuren der Welt. Die neue Ernte stand vor der Tür und die Getreidespeicher mussten dringend geleert werden. Die

Exporte sind für die kriegsgebeutelte ukrainische Wirtschaft überlebenswichtig. Russland aber blockierte seit Beginn der Invasion die ukrainischen Schwarzmeerhäfen, über die der Großteil der ukrainischen Getreideexporte verschifft wird. Dazu behauptete Moskau in klassischer Täter-Opfer-Umkehr: Nicht die russische Seeblockade im Zuge des völkerrechtswidrigen Krieges sei daran schuld, dass das Getreide nicht transportiert werden könne, sondern ukrainische Minen in den ukrainischen Küstengewässern sowie die westlichen Sanktionen gegen Russland. Den Staaten auf dem afrikanischen Kontinent, deren prekäre Ernährungssituation sich weiter zu verschlechtern drohte, wurde also signalisiert: Nicht Russland, sondern der Westen trüge die Verantwortung dafür, dass kein ukrainisches Getreide mehr bei ihnen ankam.

Im Juli 2022 einigten sich Kyjiw und Moskau auf einen komplexen Mechanismus, der zumindest einen Teil der ukrainischen Getreideernte für den internationalen Handel freigab.* Dieser »Getreide-Deal« musste regelmäßig verlängert werden. Russland drohte von Beginn an, das Abkommen platzen zu lassen, und bettete seine destruktive Politik in sein vermeintlich antikoloniales Narrativ ein. Zum Beispiel behauptete Putin seit Sommer 2022 unermüdlich, die durch das Abkommen ermöglichten ukraini-

---

* Ukrainische Lotsenboote geleiteten kommerzielle Frachtschiffe durch die verminten Küstengewässer. Ein Gemeinsames Koordinationszentrum prüfte in Istanbul die Ladung der Schiffe und stellt sicher, dass sie keine Waffen in Richtung Ukraine transportieren. Um das Risiko der Transportunternehmen zu mindern, wurde ein Fond an der Londoner Versicherungsbörse ins Leben gerufen. Russland erhielt von den Vereinten Nationen Unterstützungszusagen im Hinblick auf den Export seiner eigenen Ernährungsprodukte und Düngemittel. Sabine Fischer: »Friedensverhandlungen im Krieg zwischen Russland und der Ukraine: Mission impossible«, Oktober 2022, SWP-Aktuell Nr.66, Oktober 2022, S.5.

schen Getreideexporte würden in der EU gehortet. Die Dokumentation der UN hingegen zeigt, dass die meisten Getreidetransporte nach China gingen, gefolgt von Spanien und der Türkei – von wo aus ein Teil der Fracht weiterverschifft wurde.[46] EU-Mitgliedsstaaten nahmen 2022 tatsächlich mehr ukrainisches Getreide auf, weil sie die Ukraine bei der Ausfuhr über Land und Flüsse unterstützten. Daraus ergab sich im Frühjahr 2023 sogar ein Konflikt, als Polen, Ungarn und die Slowakei den Import ukrainischer Agrarprodukte stoppten, um die eigenen Landwirte zu schützen. Der Zwist zeigt exemplarisch, wie die russische Propaganda Ursache und Wirkung, Opfer und Täter verdreht und dadurch die Gegenseite zu entzweien sucht. Am 17. Juli 2023 kündigte Wladimir Putin das Getreideabkommen endgültig auf.

Moskau arbeitet seit Längerem mit gemischtem Erfolg daran, seinen Einfluss in Afrika, Lateinamerika und Asien zu stärken. Sein wirtschaftlicher Fußabdruck bleibt im Vergleich zu China und den westlichen Staaten winzig. Russland leistet keinen nennenswerten Beitrag zur Entwicklungszusammenarbeit. Stattdessen stützt sich der russische Einfluss auf den Export von Öl, Agrarprodukten, Düngemittel und Waffen sowie, besonders in Afrika, auf Paramilitärs, die Sicherheitsdienstleistungen für autoritäre Regime erbringen.[47] Und auf die russische Propaganda, die sich überall ausbreitet und Länder des globalen Südens mit antiwestlichen Narrativen überzieht. Die sogenannten traditionellen Werte, Antifeminismus und Homosexuellen-Feindlichkeit spielen auch hier eine große Rolle.

Dieser Propaganda-Mix trifft auf Gesellschaften, in denen Unzufriedenheit mit der Politik der EU und der USA weit verbreitet ist. Sie speist sich aus der europäischen kolonialen Vergangenheit und historischer Hegemonialpolitik. Moskau kommt zugute, dass die Sowjetunion während des Ost-West-Konflikts an vielen Orten der damals sogenannten Dritten Welt als antikolonialer Akteur gesehen wurde. Die Erinnerung daran überdeckt heute den imperialistischen Charakter des Kriegs, den Russland in der Ukraine führt. Die antiwestlichen Haltungen werden außerdem von sehr realen Machtasymmetrien und hierarchischen Beziehungen in der Gegenwart befeuert. In Afrika leidet der Ruf der EU an der tiefen Kluft zwischen Partnerschafts- und Entwicklungsrhetorik einerseits und andererseits einer Migrationspolitik, die auf Abwehr von Flüchtenden zielt und in den Augen afrikanischer Staaten ihre Interessen nicht berücksichtigt. In Lateinamerika und Afrika führte die EU-Pandemiepolitik zu Unmut, weil auch sie für das Empfinden vieler Staaten sehr einseitig an europäischen Interessen ausgerichtet war. Ähnliche Vorwürfe gibt es im Hinblick auf Handels- und Agrarpolitik und viele andere Politikfelder.[48] Nichteuropäische Staaten betrachten Russlands Krieg gegen die Ukraine häufig nicht als globalen, sondern als europäischen Konflikt. Sie verweisen auf leidvolle Kriege anderswo in der Welt, die im Westen kaum Aufmerksamkeit erhalten.[49] Sie hinterfragen den Export europäischer Waffen in Kriegsgebiete, wo sie, wie zum Beispiel im Jemen, großes Leid anrichten. Sie kritisieren die westliche Politik, weil sie russische Völkerrechtsverletzungen und Kriegsverbrechen in der Ukraine anklage, aber aus eigenen Verfehlungen wie dem Irakkrieg und Verbrechen von US- oder NATO-Soldat:innen keine Konsequenzen gezogen habe.[50] Die russische Propaganda findet hier unzählige Anknüpfungspunkte, um den Ruf des Westens in den Gesellschaften Afrikas, Lateinamerikas und Asiens weiter zu schädigen.

Staaten außerhalb Nordamerikas und Europas haben durch deren relativen Machtverlust und den relativen Machtgewinn Chinas neue Spielräume erhalten. Mittelmächte wie die Türkei, Indien, Brasilien, Saudi-Arabien oder Südafrika pochen selbstbewusst auf ihre eigenen Interessen. Beziehungen zum Westen bleiben für sie wichtig. Aber sie profitieren auch von ihren Beziehungen mit Russland und wägen von Fall zu Fall ab, wo sich welche Allianz lohnt. Einige dieser Staaten, wie die Türkei unter Erdoğan oder Indien unter Narendra Modi, werden von populistischen Führern regiert, die von einem »Männerkartell« mit Wladimir Putin zu profitieren glauben.[51]

Was bedeutet das konkret für die internationalen Gestaltungsmöglichkeiten der USA und der EU seit dem russischen Überfall auf die Ukraine? Außerhalb Europas und Nordamerikas haben sich nur wenige Staaten den Sanktionen angeschlossen, unter ihnen Australien, Japan, Neuseeland, Singapur und Südkorea. Zur Ukraine Defense Contact Group, die seit ihrem ersten Treffen in Ramstein im April 2022 die Verteidigung der Ukraine mit Waffenlieferungen unterstützt, gehören neben allen NATO- und EU-Staaten auch einige afrikanische und asiatische, aber kein lateinamerikanischer Staat. Die Abstimmungen in der Generalversammlung der Vereinten Nationen seit Februar 2022 zeigen: Gut zwei Drittel aller Staaten verurteilen den russischen Angriffskrieg und senden der Ukraine ein starkes Signal der politischen Unterstützung für ihre Unabhängigkeit und territoriale Integrität. Nur eine Handvoll Regierungen, darunter immer Belarus, Nordkorea und Syrien, stellen sich konsequent auf die russische Seite. Die Enthaltungen von China, Indien und anderen zeigen aber auch, dass viele Staaten nicht eindeutig für Kyjiw Partei ergreifen wollen.

Wer sich im Wettstreit der Narrative auf globaler Ebene durchsetzen wird, bleibt abzuwarten. Es hängt vom Ausgang des russischen Krieges gegen die Ukraine ab – und von der Politik, die die EU und die USA künftig gegenüber den Staaten Lateinamerikas, Afrikas und Asiens betreiben werden. Chinas Aufstieg hat die Welt grundlegend verändert. Das Ende der Nachahmung, stellen Stephen Holmes und Ivan Krastev zu Recht fest, ist gekommen.[52] Die liberalen Demokratien des Westens können nicht mehr davon ausgehen, dass sie machtpolitisch überlegen sind und ihr Entwicklungsmodell in anderen Erdteilen selbstverständlich die größte Anziehungskraft hat. Sie müssen in Zukunft die eigenen Doppelstandards hinterfragen, zuhören, werben und überzeugen.

6

EUROPAS ANTWORTEN

Am 20. Februar 2022 flog ich von Moskau zurück nach Berlin. Ich hatte meine übliche Runde gemacht, mit Außenpolitikexpert:innen, Soziolog:innen, Aktivist:innen, Freund:innen gesprochen. Ich war zu diesem Zeitpunkt gereist, weil in meinem Pass ein noch gültiges russisches Mehrfachvisum klebte, das ich auf Einladung von Memorial International im September 2021 erhalten hatte. Die Organisation war im Dezember 2021 verboten worden. Am 28. Februar 2022 stand die Berufungsverhandlung an, und es gab keine Zweifel, dass sie mit einer Bestätigung des Verbots enden würde. Deshalb wollte ich noch einmal die Gelegenheit zu einer Forschungsreise nutzen, denn schon damals war völlig ungewiss, wie es mit Reisemöglichkeiten für Ausländer:innen weitergehen würde.

Meine Gespräche wurden allesamt von der herannahenden Katastrophe überschattet. Aber ausgerechnet die Außenpolitikexpert:innen waren davon überzeugt, dass es keinen Krieg geben würde. Zu diesem Zeitpunkt verhandelten Moskau und die westlichen Hauptstädte noch über die russischen Vertragsentwürfe zu Sicherheitsgarantien vom Dezember 2021. Meine Kolleg:innen glaubten fest an einen Kompromiss. Manche zollten Putin Anerkennung für seine entschlossene Zwangsdiplomatie. Bei vielen war der Hass auf die Ukraine mit Händen zu greifen. Denn während die Expert:innen darauf bestanden, dass Russland keinen

Krieg beginnen würde, spekulierten sie ausgiebig darüber, was im Falle eines »ukrainischen Angriffs« auf Russland geschehen würde. Dann, so wurde mir erklärt, käme das »Ende des ukrainischen Staates«. Die russischen Truppen würden innerhalb von Tagen in Kyjiw stehen und die politische Führung unter Präsident Selenskyj absetzen. Die Ukraine würde geteilt in die russisch kontrollierte Ost-, Zentral- und Südukraine und einen westukrainischen »Rumpfstaat«. Aber sie glaubten nicht daran. Die unabhängigen Wissenschaftler:innen und liberalen Aktivist:innen hingegen waren extrem besorgt. Sie sprachen weniger über Außenpolitik. Aber sie sagten sehr genau voraus, welche Konsequenzen ein Krieg in Russland selbst haben würde: Kriegszensur und die Errichtung einer Diktatur.

Der Rest ist Geschichte. Die Außenpolitikexpert:innen lagen völlig falsch. Russland überfiel die Ukraine und hat bis heute nicht ein einziges seiner Kriegsziele erreicht. Meine Kolleg:innen hatten sich wie Putin geirrt und erlagen, genau wie er, ihrer Unkenntnis über das Nachbarland. Recht behielten die Regimekritiker:innen, mit schlimmen Konsequenzen für sie selbst. Viele von ihnen leben heute im Exil. Wer geblieben ist, schwebt in permanenter Gefahr.

Ich selbst sah Ende 2021 eine Eskalation kommen. Die russischen Truppenaufmärsche an der ukrainischen Grenze im Frühjahr und Herbst 2021, Putins »historische« Reden und Aufsätze, seine Drohgebärden und Ultimaten – all das deutete darauf hin, dass er die »Ukraine-Frage« entscheiden wollte. Aber eine militärische Aggression dieses Ausmaßes konnte auch ich mir nicht vorstellen.

Nun ist dieser Krieg da, und Europa braucht eine Strategie, um die Ukraine und sich selbst besser gegen die chauvinistische Aggression des Putin-Regimes zu schützen. Ich werde auf den folgenden Seiten skizzieren, wie eine solche Strategie in ihren

Grundzügen aussehen könnte. Einiges davon ist bereits in der europäischen Politik verwirklicht, anderes nicht. Es geht mir hier nicht darum, mich an der bestehenden Politik abzuarbeiten. Stattdessen will ich Ebenen und Aspekte zusammenbringen, die wir im Angesicht des russischen Krieges gegen die Ukraine endlich zusammendenken müssen.

Noch einmal Chauvinismus

»Meine Kolleginnen und ich sahen, wie sich die Situation von Frauen in Russland über die letzten zehn Jahre verschlechtert hat. Wir stellten das anhand der Indikatoren fest, die wir beobachteten. Wir begannen zu fürchten, dass Russland aggressiver werden könnte wegen dieser Regression von Frauenrechten«, sagte die amerikanische Politologin Valerie M. Hudson im März 2022 während einer Online-Diskussion anlässlich des Internationalen Frauentags.[1] Sie verwies auf die Aspekte, die ich im Kapitel über den russischen Chauvinismus ausführlich beschrieben habe: die Entkriminalisierung häuslicher Gewalt, Polygamie und Kinderehe in Tschetschenien und den zunehmenden Sexismus des Putin-Regimes. Das WomenStats-Projekt, das Valerie Hudson leitet, hat den kausalen Zusammenhang zwischen der Unterdrückung von Frauen und staatlicher Gewaltanwendung nach innen und nach außen nachgewiesen.[2] Der russische Krieg gegen die Ukraine ist ein weiterer furchtbarer Beleg für diese Verbindung.

Chauvinismus führt zur Entgrenzung von Gewalt. Chauvinistische Gewalt beginnt in der Privatsphäre, setzt sich im öffentlichen Raum und auf der internationalen Ebene fort und wirkt von dort in die Privatsphäre zurück. Auch wo liberale Demokratien erodieren, können sich chauvinistische Gewalt, Nationalismus und Sexismus ausbreiten. Demokratien können so zu Autokratien werden. Die Grenzen zwischen sprachlicher Gewalt im Netz und physischer Gewalt sind fließend. Diese Entwicklungen und Ebenen sind miteinander verbunden. Sie stellen eine systemische Bedrohung für die liberale Demokratie dar. Deshalb müssen sich liberale Demokratien nach innen und nach außen gegen illiberale und antidemokratische Kräfte wehren und gleichzeitig die Werte schützen und bewahren, die sie zu Demokratien machen: Freiheits-, Menschen- und Minderheitenrechte, Gewaltenteilung und freie Wahlen, Rechtsstaatlichkeit, Pluralismus, Geschlechtergerechtigkeit und Diversität.

Aus feministischer Perspektive stellt sich diese Herausforderung noch schärfer. Im Feminismus geht es um die Dekonstruktion asymmetrischer und ungerechter Machtstrukturen, die zu Marginalisierung, Exklusion und Unterdrückung führen. Es geht um die Inklusion marginalisierter Gruppen und um ein Ende von Diskriminierung entlang von Merkmalen wie Geschlecht, sexueller Orientierung, Hautfarbe, Behinderung, Religion oder Herkunft. Eine Politik, die sich diesen Zielen verschreibt, ist eine »menschenrechtsbasierte Friedenspolitik, die Geschlechtergerechtigkeit und die Überwindung internationaler Herrschafts- und Gewaltverhältnisse als eine Voraussetzung für Frieden versteht«.[3] Sie strebt feministischen Frieden im Sinne eines positiven Friedens an, der nicht nur die Abwesenheit physischer Gewalt bedeutet, sondern auch ein Ende von Diskriminierung und struktureller Gewalt. Im Kern geht es also darum, nationale und internationale Herrschaftsverhältnisse zu transformieren – ganz besonders militarisierte, patriarchale, rassifizierte und neokoloniale Gewaltstrukturen. Auf praktischer Ebene plädieren Feminist:innen deshalb häufig für Demilitarisierung, für Frieden gegenüber Sicherheit, für Inklusion gegenüber Exklusion, für Mediation gegenüber Sanktionen.[4]

So weit die Theorie, manche würden auch sagen: Utopie. Aber wie soll eine solche Politik ins Werk gesetzt werden angesichts eines russischen Angriffskrieges, der auf die Zerstörung der Ukraine zielt? In dessen Angesicht Regierungen in ganz Europa Abschreckung, Verteidigung, Militär und Sicherheitspolitik an erste Stelle rücken? Der den Abschreckungsgedanken stärkt und Finnland und Schweden dazu bewogen hat, den NATO-Beitritt zu beantragen? Bundeskanzler Olaf Scholz hat am 27. Februar 2022, drei Tage nach dem russischen Überfall auf die Ukraine, die Zeitenwende ausgerufen und ein Sondervermögen von 100 Milliarden Euro zur Ertüchtigung der Bundeswehr bereitgestellt. Der Krieg facht Rüstungsdynamiken in Europa und in der Welt an. Die Zeichen stehen also nicht auf Demilitarisierung und Frieden.

Die Antwort Europas auf die systemische Herausforderung des russischen Chauvinismus liegt sowohl in der Stärkung der liberalen Demokratie als auch im Ausbau ihrer militärischen Wehrhaftigkeit. Es muss darum gehen, Räume zu schaffen, in denen liberale Demokratien sich weiter entfalten können. In solchen Räumen sollte, ganz im feministischen Sinne, neben der Sicherheit von Staaten vor Angriffen anderer Staaten auch die menschliche Sicherheit im Vordergrund stehen.[5] Ein ganzheitliches Verständnis von Sicherheit lenkt den Blick über den Staat, seine Souveränität und territoriale Integrität hinaus auf die Gesellschaft. Es umfasst ebenso wirtschaftliche, gesundheitliche, individuelle und gesellschaftliche Unversehrtheit wie auch Ernährungs- und Umweltsicherheit. Um sie zu erreichen, müssen gesellschaftliche Akteure politische Prozesse mitgestalten; ebenso müssen die Inklusion und die Teilhabe marginalisierter Gruppen sichergestellt werden. Mit anderen Worten: Angesichts des russischen Angriffskriegs auf die Ukraine müssen die Räume abgesteckt werden, in denen die Idee der kooperativen Sicherheitsordnung, wie sie 1990 in der Charta von Paris niedergelegt wurde, fortbestehen kann. Diese Räume müssen gegen die wachsenden Bedrohungen von außen geschützt und verteidigt werden – wenn nötig mit militärischen Mitteln.

Ich spreche hier von Räumen, weil es nicht um ein klar abgegrenztes geografisches Gebiet geht. EU und NATO bilden den Kern dessen, was von der kooperativen europäischen beziehungsweise transatlantischen Sicherheitsordnung noch übrig ist. Sie muss aber auch die Gesellschaften umfassen, die sich für europäische Integration entschieden haben: die angegriffene Ukraine, Moldau, Georgien und die Staaten des Westbalkans. Und sie sollte die Menschen in beziehungsweise aus Russland und Belarus einschließen, die sich gegen Putins chauvinistisches Regime wenden und die für ihre Proteste gegen den Krieg in der Ukraine verfolgt und für ihre politische Haltung oder ihre sexuelle Orientierung bestraft werden.

Die Zukunft der Ukraine

Die Ukraine ist durch den russischen Überfall unfreiwillig und auf tragische Weise zum Dreh- und Angelpunkt für die kooperative europäische Sicherheitsordnung geworden. Die ukrainische Gesellschaft steht vor einer Mammutaufgabe: Sie muss den Krieg gewinnen, das zerstörte Land wiederaufbauen und sich auch längerfristig gegen die chauvinistische Bedrohung aus Russland schützen.

Seit den ersten, für alle Welt überraschenden Erfolgen der ukrainischen Streitkräfte im Frühjahr 2022 wird darüber gestritten, an welchem Punkt das erreicht wäre, ein Sieg der Ukraine. Präsident Selenskyj vertritt eine klare Definition der ukrainischen

Kriegsziele, die von einer überwältigenden Mehrheit der ukrainischen Bevölkerung unterstützt wird: Alle von Russland besetzten Gebiete einschließlich der Krim sollen befreit werden, die russischen Truppen sollen sich vollständig aus der Ukraine zurückziehen. Selenskyj fordert die Freilassung aller Kriegsgefangenen, Reparationen und die strafrechtliche Verfolgung russischer Kriegsverbrechen.[6] Diese Ziele sind legitim, doch die Ukraine kann sie nur schrittweise und nur mit westlicher Unterstützung erreichen. Die Konfliktforschung geht davon aus, dass in bewaffneten Auseinandersetzungen ein »reifer Moment« erreicht werden muss, an dem über Frieden verhandelt werden kann. Dieser Moment tritt ein, wenn eine oder beide Konfliktparteien keinen Vorteil mehr in der Fortführung des Krieges sehen.[7]

Für die Ukraine und ihre westlichen Unterstützer:innen bedeutet das, Russland durch militärische Niederlagen und Gebietsverluste an diesen Punkt zu bringen. Die internationalen Waffenlieferungen an die Ukraine haben bereits enorme Wirkung erzielt. Laut dem Kieler Institut für Weltwirtschaft haben die EU und ihre Mitgliedstaaten der Ukraine bis Mai 2023 militärische Hilfsleistungen in Höhe von etwa 28 Milliarden Euro zugesagt.[8] Im November 2022 hat die European Union Military Assistant Mission Ukraine (EUMAM) ihre Arbeit aufgenommen. Sie koordiniert Trainingsangebote für die ukrainischen Streitkräfte und die Ausbildung ukrainischer Soldat:innen an Waffensystemen, die von den Mitgliedsstaaten zur Verfügung gestellt werden.[9] Diese Unterstützung muss aufrechterhalten, immer wieder an die aktuellen Bedürfnisse der Ukraine im Krieg angepasst und ausgeweitet werden. Wenn wir annehmen, dass die russische Politik mittel- bis langfristig chauvinistisch bleibt, wird die Ukraine sich auch über das Ende des heißen Krieges hinaus gegen die russische Aggression absichern müssen. Dazu werden robuste Sicherheitszusagen der europäischen Partner und der USA, engere Anbindung an die NATO und perspektivisch die NATO-Mitgliedschaft des Landes unumgänglich sein.[10]

Mit der militärischen Unterstützung der Ukraine ist es aber nicht getan, wenn das Ziel eine Form von menschlicher Sicherheit und positivem Frieden sein soll. Allein das erste Kriegsjahr hat zu massiveren Zerstörungen geführt, als irgendein Kriegsgebiet in Europa sie seit dem Zweiten Weltkrieg erlitten hat. Das Bruttoinlandsprodukt der Ukraine ist 2022 um 30 bis 40 Prozent eingebrochen. Die Schäden im Hinblick auf Wohnraum, Energie- und Transportinfrastruktur, Gesundheitswesen, landwirtschaftliche und industrielle Produktionssektoren sind immens: Auf 135 Milliarden US-Dollar werden sie allein für das erste Kriegsjahr geschätzt. Der Finanzierungsbedarf für nachhaltigen Wiederaufbau wird auf 411 Milliarden US-Dollar veranschlagt – das ist das 2,6-Fache des gegenwärtigen ukrainischen Bruttoinlandsprodukts.[11] Der Anteil der Ukrainer:innen, die unterhalb der Armutsgrenze leben, ist seit Beginn der Invasion von 5,5 auf über 24 Prozent geschnellt. Fast 14 Millionen Menschen, also ein gutes Drittel der ukrainischen Gesamtbevölkerung, flohen oder wurden vertrieben; davon hielten sich im Frühjahr 2023 etwa acht Millionen Geflüchtete in der EU auf, fünf bis sechs Millionen sind als Binnenvertriebene in der Ukraine geblieben.[12]

Ohne die Wiederherstellung des wirtschaftlichen, politischen und gesellschaftlichen Lebens können weder die Ukraine noch Europa zu nachhaltigem Frieden und langfristiger Stabilität zurückfinden. Eine vom Krieg zerstörte Ukraine bliebe für russische Angriffe verletzlich. Sie wäre ein permanenter Quell der Instabilität für ganz Europa. Die Ukraine mit allen Mitteln beim Wiederaufbau zu unterstützen, ist deshalb nicht nur eine der wichtigsten Aufgaben der EU in den kommenden Jahren.[13] Der Wiederaufbau muss auch Transformation bedeuten. Er muss mit Reformen einhergehen, die Effizienz, Rechtsstaatlichkeit und Transparenz der Staatsverwaltung stärken. Der Zwang zur Selbstverteidigung hat einen starken Zentralisierungsschub im politischen System ausgelöst und sehr viel Macht bei der Exekutive und bei Präsident Selenskyj konzentriert. Das ist in der Kriegssituation unvermeidlich, muss aber perspektivisch zurückgebaut werden, um die weitere demokratische Entwicklung abzusichern. Dabei muss auch Geschlechtergerechtigkeit mitgedacht werden. Frauen und marginalisierte Gruppen müssen an allen politischen, wirtschaftlichen und gesellschaftlichen Entscheidungs- und Umsetzungsprozessen beteiligt werden.

Der Euromaidan und die Verteidigung gegen den russischen Angriffskrieg haben die Geschlechterverhältnisse in der Ukraine seit 2014 verändert. Frauen spielten in der Revolution der Würde 2014 eine wichtige Rolle und beteiligen sich seitdem aktiv an der Verteidigung gegen die russische Aggression.[14] Daran kann und muss angeknüpft werden. Beim Wiederaufbau müssen lokale und regionale Strukturen gestärkt werden, um das ganze Land in den Demokratisierungsprozess einzubeziehen. Der Krieg hat die zuvor mächtigen oligarchischen Strukturen teilweise zerschlagen. Die Finanzströme für den Wiederaufbau dürfen nicht dazu führen, dass eine neue Oligarchie entsteht. Während oder nach einer Kriegssituation ist diese Gefahr besonders groß. Die ukrainische Regierung hat bereits im ersten Kriegsjahr mehrere Korruptionsskandale aufgedeckt und geahndet. Systematische Korruptionsbekämpfung muss zu einer zentralen Säule des Wiederaufbaus werden. Der Wiederaufbau der ukrainischen Wirtschaft muss in nachhaltige Bahnen gelenkt werden, um das Land in der Zukunft konkurrenzfähig zu machen. Die Privatwirtschaft muss einbezogen und kleine und mittelständische Unternehmen müssen gezielt gefördert werden. Die Ukraine wird, gemeinsam mit ihren internationalen Unterstützern, sehr viel in die Bekämpfung der Armut, in die Reintegration der Geflüchteten, in den sozialen Ausgleich und die Inklusion benachteiligter Gruppen investieren müssen. Nachhaltiger Wiederaufbau bedeutet, die Menschen bei der Bewältigung der erlittenen Kriegstraumata zu unterstützen. Auch hier sind sowohl der ukrainische Staat als auch die Zivilgesellschaft bereits aktiv geworden.[15] Aus feministischer Perspektive ist dieser Aspekt besonders wichtig, damit auf die Kriegserfahrung keine Remaskulinisierung und kein neuer patriarchaler Gewaltzyklus folgt. Dazu muss auch sichergestellt werden, dass der Krieg nicht zu einer Proliferation von Kleinwaffen in der Bevölkerung und zu einer Aufweichung des staatlichen Gewaltmonopols führt.

All das wird Jahre, möglicherweise Jahrzehnte in Anspruch nehmen. Ganz besonders relevant ist die Beteiligung der Zivilgesellschaft, die in der Ukraine weit stärker entwickelt ist als in anderen osteuropäischen Staaten. Sie hat durch die Maidan-Revolution 2013/14 und seit der russischen Vollinvasion an Selbstbewusstsein und Gestaltungskraft gewonnen. Gesellschaftliche Akteure können eine enorm wichtige Rolle bei der praktischen Umsetzung des Wiederaufbaus spielen, ganz besonders auf der lokalen Ebene, bei der Unterstützung besonders verletzlicher gesellschaftlicher Gruppen und bei der Reintegration von Flüchtlingen. Sie üben eine wichtige Kontrollfunktion gegenüber Staat und Regierung aus. Ukrainische NGOs haben bei der Korruptionsbekämpfung in der Vergangenheit bereits ein hohes Maß an Professionalität und Handlungskraft bewiesen.

Ziel des Wiederaufbaus ist eine demokratische, liberale, geschlechtergerechte, nachhaltig wirtschaftende, pluralistische und diverse Ukraine in der EU, der die destruktive Politik Russlands nichts mehr anhaben kann. Das ist zugegebenermaßen ein Idealbild. Aber es ist keine Illusion, sondern eine positive Vision, an der sich die Ukraine und ihre internationalen Unterstützer auf dem bevorstehenden mühsamen Weg ausrichten können. Die ukrainische Gesellschaft hat in demokratischen Revolutionen 2004 und 2014 gezeigt, wo sie ihre Zukunft sieht. Sie verteidigt sich seit Februar 2022 gegen einen russischen Angriff, der ihr genau diese Zukunft nehmen will. Die EU hat der Ukraine 2022 den Kandidatenstatus verliehen und damit endlich den Demokratie- und Integrationswillen der Ukrainer:innen anerkannt. Der EU-Beitrittsprozess gibt allen Beteiligten einen Rahmen, einen Zielpunkt und Kriterien vor, mit denen sie arbeiten können.

Die Zukunft der östlichen Nachbarschaft

Wenn die EU zum Erhalt kooperativer Sicherheit in Europa beitragen will, kann sie nicht bei der Ukraine stehen bleiben. Sie muss auch ihre Politik gegenüber weiteren Nachbarstaaten dynamisieren.

Die angegriffene Ukraine stellte bereits am 28. Februar 2022 einen Eilantrag, um in die EU aufgenommen zu werden. Moldau und Georgien zogen Anfang März 2022 nach. Sie übersprangen damit mehrere Schritte des üblichen Beitrittsprozesses. Dennoch beschloss der Europäische Rat im Juni 2022, der Ukraine und Moldau Kandidatenstatus zu verleihen. Bis die Beitrittsverhandlungen eröffnet werden, müssen beide Staaten eine Reihe von Reformschritten einleiten.[16] Georgien wurde eine prinzipielle Beitrittsperspektive zugesagt. Das Land muss jedoch noch weitreichendere Bedingungen erfüllen als die Ukraine und Moldau, bevor es den Kandidatenstatus erhält.[17]

Die offiziellen Dokumente der EU für den Beitritt lesen sich wie eine Gebrauchsanweisung zur Abwehr all dessen, was ich in diesem Buch als Chauvinismus beschreibe. Es geht um Demokratisierung und Rechtsstaatlichkeit, um die Zivilisierung politischer Prozesse, die Stärkung politischer Freiheiten, gesellschaftliche Partizipation, Geschlechtergerechtigkeit, um den Schutz von Minderheiten, nachhaltige wirtschaftliche Modernisierung und vieles mehr. In der Ukraine, Moldau und Georgien gibt es klare Mehrheiten für den EU-Beitritt. Sollten die Beitrittsprozesse scheitern, wäre das ein Sieg für das Putin-Regime. Damit das nicht geschieht, müssen die mit den Erweiterungsprozessen einhergehenden Risiken klar benannt werden.

Die EU hat erstmals in ihrer Geschichte aus geopolitischen Motiven eine so weitreichende Entscheidung getroffen. Die Integration der Ukraine, Moldaus und Georgiens dient dem Schutz dieser Länder und der EU vor dem aggressiven Chauvinismus des russischen Regimes. Sie liegt im unmittelbaren Sicherheitsinteresse Europas. Aber ihr Weg in die EU ist steiniger im Vergleich mit ostmitteleuropäischen Staaten wie Polen oder Estland. Die geopolitische Situation ist sehr angespannt. Die Ukraine befindet sich mitten im Krieg. Alle drei Länder sind institutionell weniger gefestigt als die ostmitteleuropäischen Staaten in den 1990er-Jahren. Sie sind weit von der Erfüllung der Kopenhagener Kriterien entfernt, die als Grundlage für die Beitrittseignung gelten. Das ist auch für die EU risikoreich. Ist ein Staat erst einmal Mitglied, verliert Brüssel wichtige Hebel, um die Einhaltung von Demokratie und Rechtsstaatlichkeit einzufordern. Die Rechtsstaatskonflikte mit Ungarn und Polen zeigen das deutlich. Deshalb steht die EU bei der Vorbereitung, Organisation und Durchführung der Beitrittsprozesse vor großen Herausforderungen – und das in einer Zeit, in der sie durch die eigene Polykrise geschwächt ist und in den Ländern des Westbalkans schon lange die Frustration darüber wächst, dass sie immer noch im EU-Warteraum festsitzen.

Die EU darf deshalb nicht nur auf die Reformen in den Kandidatenländern blicken, sondern muss auch die Mechanismen des Beitrittsprozesses prüfen. Bereits vor 2022 kursierten Ideen und Konzepte, wie der Beitrittsprozess der Balkanstaaten dynamisiert und mit mehr Anreizen (und Erfolgen für die Kandidaten) ausgestattet werden könnte.[18] Der französische Präsident Emmanuel Macron initiierte 2022 die Europäische Politische Gemeinschaft (EPG), die bislang aus den EU-Ländern und 17 weiteren europäischen Staaten besteht. Das zweite EPG-Gipfeltreffen in Moldau brachte im Mai 2023 47 europäische Staatsoberhäupter zusammen und setzte ein deutliches Signal der Solidarität sowohl gegenüber Moldau als auch der Ukraine. In einem abgestuften Beitrittsprozess könnten die Kandidaten schrittweise mehr Finanzierung, Stimmrecht in den europäischen Institutionen, Teilhabe am Binnenmarkt und andere Rechte und Privilegien erhalten. Das könnte helfen, die Reformprozesse schneller und tiefer in den politischen Systemen und in den Gesellschaften zu verankern. Um die Implementierung von Maßnahmen in den einzelnen Stufen zu gewährleisten und Blockaden zu verhindern, müssten in der EU mehr Entscheidungen mit einer qualifizierten Mehrheit der Mitgliedsstaaten getroffen werden.[19] Das sind weitreichende Schritte, die auch das Spannungsverhältnis zwischen Erweiterung und Vertiefung der europäischen Integration berühren. Aber es steht zu viel auf dem Spiel, um nicht darüber nachzudenken.

Neben den Beitrittsprozessen muss die Sicherheitskomponente der EU-Politik in der Region entwickelt werden. Die EU hat 2023 die Unterstützung der moldauischen Streitkräfte verstärkt und eine Mission ziviler Berater:innen zur Unterstützung der moldauischen Regierung entsandt. In Georgien unterhält sie bereits seit

2008 die European Union Monitoring Mission, die die Situation entlang der Konfliktlinien mit Abchasien und Südossetien beobachtet. Angesichts der prekären Sicherheitssituation beider Länder werden mehr solcher Schritte gegenüber Chişinău und Tbilissi folgen müssen.

Ich habe mich hier auf die beitrittswilligen Nachbarstaaten Ukraine, Moldau und Georgien konzentriert und dabei Belarus, Armenien und Aserbaidschan zunächst übergangen. Aljaksandr Lukaschenka hat zugelassen, dass der russische Einfluss auf Belarus enorm gewachsen ist. Der Machthaber in Minsk hat, zum Zwecke des eigenen Machterhalts und gegen den Willen großer Teile der belarusischen Gesellschaft, die Souveränität seines Landes verraten. Hier gilt, was für Russland gilt: Der belarusische Staat fällt als Partner aus. Die Politik der EU und ihrer Mitgliedsstaaten sollte die unabhängige Zivilgesellschaft und die Opposition im Exil und im Land unterstützen. Armenien befindet sich weiter in einer äußerst fragilen Sicherheitslage und in großer Abhängigkeit von einem schwächer werdenden Russland. Im hochgefährlichen Berg-Karabach-Konflikt hat die Vermittlungsinitiative von Ratspräsident Charles Michel seit 2020 das Profil der EU geschärft. 2023 hat die EU außerdem eine Beobachtungsmission auf die armenische Seite der Konfliktlinie entsandt. Armenien signalisiert weiter den Willen zur Kooperation mit der EU. Das stramm autokratisch regierte Aserbaidschan verhält sich weiter distanziert, ist aber als Energielieferant für die EU wichtiger geworden. Beide Staaten werden sich auf absehbare Zeit am Rande des kooperativen Sicherheitsraums in Europa befinden.

Der Europarat und die Organisation für Sicherheit und Zusammenarbeit in Europa (OSZE) sind zwei wichtige Säulen kooperativer und menschlicher Sicherheit in Europa. Beide sind durch geopolitische Spannungen und Blockaden schon in den vergangenen Jahren zunehmend in die Krise geraten. Das Ende der russischen Mitgliedschaft im Europarat bedeutet, dass Russland nicht mehr an die Prinzipien der Organisation gebunden ist und die Menschen in Russland sich nicht mehr an den Europäischen Gerichtshof für Menschenrechte wenden können. Für die Staaten, die an Demokratie und kooperativer Sicherheit festhalten, bleibt der Europarat jedoch wichtig. Beim Europarats-Gipfel in Reykjavík im Mai 2023, dem ersten seiner Art seit 2005, diskutierten die Staats- und Regierungschefs die Rolle der Organisation im Lichte des Krieges. Sie beschlossen den Aufbau eines Registers für die Dokumentation von Kriegsverbrechen und Menschenrechtsverletzungen während der russischen Aggression gegen die Ukraine. Der Europarat kann im Hinblick auf Menschenrechtsfragen und Demokratieentwicklung eine wichtige Rolle beim Wiederaufbau der Ukraine spielen. Die OSZE ist das einzige verbleibende Forum, in dem alle europäischen Staaten einschließlich Russlands vertreten sind. Sie ist gleichzeitig durch die Konfrontation zwischen ihren Mitgliedstaaten gelähmt. Es ist unklar, ob die Mitgliedstaaten sich auf die für den Fortbestand der Organisation notwendigen Fragen einigen können: die künftige Besetzung des Generalsekretariats und das Budget. Die liberalen Demokratien sollten alles daransetzen, die OSZE zu erhalten – als Plattform für kooperationsbereite Mitgliedstaaten und als Ort für Eskalationsmanagement im Verhältnis zu Russland.

Wie weiter mit Russland?

Der russische Angriff auf die Ukraine hat die Beziehungen zu Russland fundamental verändert, ja in ihr Gegenteil verkehrt. Heute sind die russische unabhängige Zivilgesellschaft und die demokratische Opposition die wichtigsten Partner:innen liberaler Demokratien. Das diktatorische Putin-Regime setzt alles daran, die Menschen in Russland vom Rest Europas zu isolieren. Aber es gibt weiter unabhängige Aktivist:innen im Land, die mit dem demokratischen Teil des Kontinents in Kontakt bleiben wollen. Zivilgesellschaftliche Akteur:innen und Regierungen in liberalen Demokratien müssen sehr behutsam die Nischen ausloten, in denen die Zusammenarbeit mit russischen Aktivist:innen noch möglich ist. Die innenpolitische Situation in Russland wird sich voraussichtlich weiter verhärten. Diese Dynamik muss genau beobachtet und Maßnahmen müssen entsprechend angepasst werden – mit dem Ziel, einen Beitrag zum Erhalt wenigstens minimaler zivilgesellschaftlicher Strukturen im Land zu leisten.

Umso intensiver sollte die Zusammenarbeit mit den Menschen vorangetrieben werden, die wegen ihrer Kriegsgegnerschaft und regimekritischen Haltung aus Russland emigriert sind. Tausende von unabhängigen Journalist:innen, Aktivist:innen, Oppositionellen, Wissenschaftler:innen und Kulturschaffenden haben das Land verlassen. Sie brauchen Unterstützung, sind aber vor allem wichtige Partner:innen in einer ganzen Reihe von Bereichen: Sie können über private und professionelle Kontakte oder als unabhängige Journalist:innen faktenbasierte Informationen über Russlands Krieg gegen die Ukraine, die Putin-Diktatur und die Politik westlicher Demokratien in die russische Gesellschaft transportieren. Sie haben Kenntnisse über das politische System und die Gesellschaft Russlands, die für die politische Entscheidungsfindung in der EU relevant sind. Die russischen Feminist:innen – nicht nur in Gestalt des FAS – haben sich durch ihr Engagement gegen den Krieg Respekt verschafft. Feministischer Aktivismus sollte unterstützt werden, denn er ist das beste Gegengift gegen den Chauvinismus des Putin-Regimes. Auch innerhalb der – stark männlich geprägten – demokratischen Opposition sollten Frauen gestärkt werden, damit Gendergerechtigkeit zum integralen Bestandteil ihres politischen Denkens wird. Die liberale, demokratische und pro-ukrainische russische Exil-Community kann in den Aufnahmeländern an der politischen Aufklärung über den Krieg mitwirken und so der russischen Auslandspropaganda und Desinformation entgegenwirken.

Putin hat mit seiner Entscheidung zum Krieg gegen die Ukraine sein Land aus der kooperativen Sicherheitsordnung in Europa herausgerissen. Die Hoffnung, mit dem russischen Staat an globalen Herausforderungen wie dem Klimawandel oder Ernährungskrisen zu arbeiten, ist haltlos geworden.[20] Stattdessen bestimmen die umfassenden gegenseitigen Sanktionen und die rasante wirtschaftliche und energiepolitische Entflechtung das Verhältnis.

Die aggressive Politik des Putin-Regimes muss eingedämmt werden. Dazu ist europaweit, besonders aber in Deutschland, ein sicherheits- und verteidigungspolitisches Umdenken nötig.[21] Solange das Putin-Regime an der Macht ist und Chauvinismus die russische Außenpolitik bestimmt, wird sich daran nichts ändern. Gleichzeitig müssen angesichts der angespannten Situation Mechanismen entwickelt werden, die weitere Eskalationen verhindern können. Putin demonstriert täglich, dass er nicht bereit ist, zu deeskalieren und Verantwortung für mehr Sicherheit zu übernehmen. Im Gegenteil, er setzt die nukleare Drohung bewusst ein. Umso größer ist die Verantwortung liberaler Demokratien, die Ausweitung des Krieges auf andere Staaten oder eine direkte militärische Konfrontation mit Russland zu verhindern. Der ehemalige deutsche Botschafter in Moskau, Rüdiger von Fritsch, spricht perspektivisch von der Suche nach einer »geordneten Konfrontation« mit Russland. In einem solchen Rahmen sollten in fernerer Zukunft auch wieder Verabredungen zur Begrenzung nuklearer und konventioneller Fähigkeiten sowie autonomer Waffensysteme und anderer Mittel der militärischen und nichtmilitärischen Kriegführung möglich sein.[22]

Auch außerhalb Europas sorgt Russlands Krieg für negative Dynamiken. Ein Beispiel ist Iran. Moskau hat seine Ablehnung des iranischen Nuklearwaffenprogramms zumindest abgeschwächt, weil es auf iranische Drohnen angewiesen ist. Iran steht kurz davor, Atomwaffen zu produzieren. Die Politik des Mullah-Regimes in Teheran verhärtet sich, während die gesellschaftlichen Proteste unter dem Slogan »Frau, Leben, Freiheit« andauern. Hier wächst ein regionaler Eskalationsherd heran, der eingehegt werden muss.[23] In solchen Fragen werden weiter Kontakte mit der russischen Diplomatie und dem Militär nötig sein, auf bilateraler Ebene oder in multilateralen Zusammenhängen wie der OSZE oder der UNO.

Der Umgang mit dem Krieg in einer komplexen Welt

Die liberalen Demokratien befinden sich in einem Systemkonflikt mit den Autokratien Chinas und Russlands. Aber nicht alle Staaten und Gesellschaften auf der Welt sind automatisch Teil dieses Konflikts. Statt sie in ein manichäisches Weltbild zu pressen, müssen die USA und die EU sie mit ihren Positionen und Interessen ernst nehmen, auch wenn sie in wichtigen Bereichen wie dem russischen Krieg gegen die Ukraine eine andere Perspektive einnehmen.

Die EU sollte den Lügen der russischen Propaganda in anderen Erdteilen ein selbstbewusstes Narrativ entgegenstellen. Sehr oft sind es gerade Despoten, die unter Verweis auf sogenannte traditionelle Werte Dissens unterdrücken, um die eigene Herrschaft zu sichern. Dabei hilft Russland tatkräftig mit, indem es antiwestliche Narrative streut und, wo nötig, Wagner-Söldner liefert. Nachhaltige Wirtschaftskooperation und Entwicklungszusammenarbeit hat das chauvinistische Regime Wladimir Putins hingegen nicht im Angebot. Im Gegenteil: Russland selbst wird durch den Angriffskrieg gegen die Ukraine um Jahrzehnte zurückgeworfen und verliert dadurch als Wirtschaftspartner in Lateinamerika, Asien und Afrika an Attraktivität.

Die EU hingegen besitzt diese Fähigkeit und strebt programmatisch nach der Stärkung von gutem Regieren, Rechtsstaatlichkeit, Geschlechtergerechtigkeit, nachhaltigem Wirtschaften und Klimaschutz. Für viele nichteuropäische Staaten und Gesellschaften könnte das ein interessantes Angebot sein. Aber Worte und Taten klaffen in der Politik der EU zu oft auseinander. Sie hat an Glaubwürdigkeit verloren. So wenden Partner sich ab und suchen die Zusammenarbeit mit China (weniger allerdings mit Russland). Wenn die EU dem entgegenwirken will, muss sie ihre Politik den veränderten internationalen Machtkonstellationen anpassen. Das heißt nicht, die liberale Weltordnung über Bord zu werfen. Aber die EU kann liberale Werte auf der globalen Ebene nur dann verteidigen und verbreiten, wenn sie ihre eigene Politik gerechter und attraktiver gestaltet.

Im Bereich Migration sei die Politik der EU seit Jahren einseitig auf die Reduzierung irregulärer Wanderung ausgerichtet, während entwicklungspolitische Aspekte zu kurz kämen, schreiben meine Kollegen Raphael Bossong und Steffen Angenendt.[24] Die EU übt Druck auf die Herkunftsländer aus und hat viel dafür getan, dass Migrant:innen sich den europäischen Grenzen kaum noch auf legalem Wege nähern können. Die Folge sind Elend und Tod rund um das Mittelmeer und große Verbitterung in vielen Staaten des Nahen und Mittleren Ostens und Afrikas. Die Menschen dort haben auch beobachtet, wie schnell und effizient Geflüchteten aus der Ukraine ein Schutzstatus gewährt wurde. Sie empfinden das zu Recht als rassistisch. Das Ziel der EU-Politik, die irreguläre Migration nach Europa zu verringern, bleibt derweil unerreicht. Deshalb empfehlen meine Kollegen neben der Legalisierung von Ausbildungs- und Arbeitsmigration, die endlich über das Stadium von Pilotprojekten hinausgehen müsse, »passende migrationspolitische Instrumente [...], zum Beispiel Ausbildungsprojekte, Hilfen für den Verwaltungs- und Kapazitätsaufbau, eine Rückkehrunterstützung und Reintegrationsmaßnahmen«. Ein systematischer Austausch mit den Herkunftsländern sei notwendig, um zu einer »menschlich korrekten« Migrations- und Rückkehrpolitik zu gelangen.[25] Es wird immer schwieriger, eine solche Linie auf EU-Ebene politisch umzusetzen. Das liegt auch – aber nicht nur – am Widerstand von Regierungen, an denen rechtspopulistische Kräfte beteiligt sind. Der Wohlfahrts-Chauvinismus, von dem im ersten Kapitel die Rede war, macht sich hier bemerkbar. Erinnert sei auch an die russische Unterstützung für europäische Rechtspopulist:innen, die genau darauf abzielt: die EU beim Thema Migration zu spalten und zu lähmen.

Meine Kolleg:innen Günther Maihold, Tania Muscio Blanco und Claudia Zilla plädieren dafür, dass die EU ihre Beziehungen mit Lateinamerika und der Karibik auf eine neue Grundlage stellt.[26] Auch sie beklagen einen Mangel an direktem Austausch über »Differenzen, Erwartungen und Frustrationen im gegenseitigen Verhältnis«. Die Politik der EU während der Corona-Krise wurde in Lateinamerika als äußerst unsolidarisch wahrgenommen. Warum sollten sie nun der Erwartung der westlichen Staaten folgen und diese bei der Antwort auf Russlands Angriffskrieg unterstützen? Nach dem Kollaps ihrer Wirtschaftsbeziehungen mit Russland sucht die EU nach neuen Quellen zur Rohstoffversorgung – und trifft auf Skepsis und Misstrauen vieler Regierungen, die in China einen alternativen Kooperationspartner sehen. Meine Kolleg:innen schreiben deshalb: »Zunehmend wird erkennbar, dass Deutschland und Europa angesichts globalen Wettbewerbs nicht nur traditionelle Rohstoffpartnerschaften eingehen können. Die Kooperation muss vielmehr auf eine breitere Grundlage gestellt werden. Erforderlich dafür sind technologische Zusammenarbeit, Investitionsmöglichkeiten für privates Kapital und das Angebot erweiterter Wertschöpfungschancen in den Produzentenländern oder im regionalen Rahmen.« Mit anderen Worten: Die EU muss weg von einem reinen »Extraktivismus«, also dem Aufkauf von Rohstoffen, und hin zu Modellen, von denen die Produzentenländer wirtschaftlich nachhaltig profitieren. Sie muss »wirtschafts-, entwicklungs- und außenpolitisches Handeln so zusammenführen, dass […] ein neuer Auftritt in der Region gelingen kann. Dabei gilt es, ein Angebot zu formulieren, das sich deutlich von den Mustern anderer Konkurrenten abhebt.«

Ich habe hier auf die Kompetenz meiner Kolleg:innen zurückgegriffen, um an zwei Beispielen aufzuzeigen, wie die EU im Sinne ihrer liberalen Werte und Vorstellungen von nachhaltiger Entwicklung bei den Partnern in Lateinamerika, Afrika und Asien Überzeugungsarbeit leisten kann. Es gibt viele andere Beispiele in der Agrar-, Wirtschafts- und Handelspolitik. Klimaschutz muss ohnehin Querschnittsthema und integraler Bestandteil aller Projekte sein, wenn die EU ihrem Green-Deal-Anspruch genügen will, 2050 klimaneutral zu wirtschaften.

Die EU hat im Dezember 2021, nur drei Monate vor dem russischen Überfall auf die Ukraine, ihre Global-Gateway-Initiative ins Leben gerufen. Von 2021 bis 2027 sollen 300 Milliarden Euro für »nachhaltige und hochwertige Projekte, die dem Bedarf der Partnerländer entsprechen und den Menschen vor Ort dauerhafte

Vorteile bringen«, zur Verfügung gestellt werden.[27] Global Gateway ist eine europäische Antwort auf Pekings Projekt der Neuen Seidenstraße. Wie immer nennt die EU neben demokratischen Werten und hohen Standards, Verantwortung und Transparenz, Ökologie und Sicherheit auch Partnerschaft auf Augenhöhe als Leitlinie ihrer Politik. Wenn dies nicht mit Inhalt gefüllt wird, gibt es für die Initiative wenig Aussicht auf Erfolg. Gute Ergebnisse sind aber wichtig, um die liberale Weltordnung gegen die Attacken Russlands und Chinas zu stabilisieren. Die EU muss auf diesem Weg ihr koloniales Erbe und die postkolonialen Machtungleichgewichte im Verhältnis mit dem globalen Süden hinter sich lassen und sich für mehr Gerechtigkeit im internationalen System öffnen.

Die Rekonsolidierung der liberalen Demokratien

Auf den vorangegangenen Seiten habe ich eine außenpolitische Strategie skizziert, mit der Europa sich gegen die chauvinistische Bedrohung durch das Putin-Regime wehren kann. Die Herausforderung ist systemisch, also müssen Antworten auf verschiedenen Ebenen gefunden und miteinander verbunden werden. Keine dieser Antworten wird jedoch dauerhaft wirken können, wenn die liberalen Demokratien von innen heraus immer schwächer werden und womöglich dem populistischen Ansturm erliegen. Die Rekonsolidierung von Demokratien muss an den politischen Institutionen und der Bürger:innengesellschaft ansetzen. Solange Demokratien aber daran scheitern, asymmetrische Machtstrukturen in ihrem Innern auszugleichen und mehr soziale Gerechtigkeit zu gewährleisten, werden Maßnahmen in den anderen Bereichen keine Lösungen bringen. Denn sie behandeln die Symptome, nicht aber die Ursachen der Entfremdung von der Demokratie.[28]

Demokratie ist ein politisches Gleichstellungsversprechen. Ohne soziale Gerechtigkeit ist politische Gleichstellung aber unmöglich. Globalisierung, technologische Revolution und Digitalisierung haben die Arbeitsmärkte fundamental verändert.[29] Die Kluft zwischen Arm und Reich ist beständig gewachsen. Immer mehr Menschen fürchten um ihre wirtschaftliche Sicherheit. Neoliberale Politik hat es Superreichen erlaubt, Steuern zu vermeiden und ihren Reichtum weiter zu vergrößern. Das ist vor allem in Demokratien mit schwach ausgeprägter sozialer Sicherung der Fall – allen voran in den USA. Auch europäische Sozialstaaten haben mit den Folgen sozio-ökonomischer Fragmentierung zu kämpfen. Für Demokratien wird es besonders gefährlich, wenn ganze Regionen verarmen und ihre Bevölkerungen, möglicherweise über Generationen, in dem Bewusstsein leben, marginalisiert und chancenlos zu sein.[30] Hier kann antidemokratischer Populismus seine Wirkung und sein spalterisches Potenzial ungestört entfalten. Die britisch-amerikanische Politikwissenschaftlerin Fiona Hill beschreibt diese Entwicklung sehr eindrücklich am Beispiel ihrer Heimat Durham County in Nordwestengland und dem amerikanischen Rostgürtel, beides deindustrialisierte und abgehängte Regionen, die einst von Bergbau und Stahl lebten. Die britischen Brexiteers und Donald Trump hatten Mitte der 2010er-Jahre dort leichtes Spiel.[31] Die ostdeutschen Bundesländer, das Ruhrgebiet, Nordfrankreich – es gibt viele Regionen in Europa, die ihnen strukturell ähneln. Zukunftsfähiges demokratisches Regieren bedeutet, der immer drastischeren Ungleichheit in demokratischen Gesellschaften entgegenzuwirken. »Keine vergessenen Orte, keine vergessenen Menschen mehr«, schreibt Fiona Hill. Die Ungleichheit ist nicht naturgegeben. Mit Steuerpolitik, regionalen

Strukturentwicklungsprogrammen, aber auch kühnen Ideen wie dem bedingungslosen Grundeinkommen lässt sich ihr entgegenwirken.

Gewaltenteilung ist unerlässlich für die demokratische Regierungsform. Sie muss überall da verteidigt und gefestigt werden, wo sie gefährdet ist. Die EU-Kommission hat im April 2022 endlich rechtliche Schritte gegen Ungarn eingeleitet. Sie wirft der Orbán-Regierung Korruption und unrechtmäßigen Einsatz von EU-Geldern vor. Dieser Schritt war überfällig. Aber das Thema hat noch andere, horizontale und vertikale Dimensionen, die über Viktor Orbáns illiberale Kleptokratie oder die Regierungsmethoden der PiS in Polen hinausgehen.

Immer weniger Menschen fühlen sich durch die Institutionen und Parteien liberaler Demokratien repräsentiert. Tatsächlich haben sich in vielen Demokratien untereinander vernetzte Eliten herausgebildet, die man böswillig als »politische Kasten« bezeichnen könnte. Deutschland als Land mit ausgeprägtem Föderalismus ist davon weniger betroffen. Im stark zentralisierten Frankreich hingegen setzt sich die Pariser Elite aus Menschen mit sehr ähnlichen Herkünften und Werdegängen zusammen. Ein anderes Beispiel ist die *Oxbridge*-Elite in Großbritannien.[32] Aber auch in Deutschland verlieren die Parteien des demokratischen Zentrums Anhänger:innen und haben bis heute Probleme, anderes Personal als »Männer ohne Migrationshintergrund und mit akademischem Abschluss« zu rekrutieren.[33] Dies wiederum sendet negative Signale an alle Wähler:innen, die nicht diesem Typus entsprechen. Vor allem Menschen mit wenig Einkommen und formaler Bildung verlieren so den Kontakt zu den politischen Entscheidungsprozessen. Parteien müssen repräsentativer und offener für die Diversität der Gesellschaft werden, wenn sie aus der Krise der Repräsentation herausfinden wollen.

Politische Entscheidungskompetenzen haben sich immer mehr in das Zentrum der Exekutive und von dort – im Falle der EU-Mitgliedsstaaten – auf die europäische Ebene verlagert. Das schwächt nationale Regierungen und nationale Parlamente. Es unterläuft auch das Subsidiaritätsprinzip, nach dem die EU und die nationalen Regierungen nur die Aufgaben übernehmen sollen, die nicht auf der nächstunteren Verwaltungsebene oder durch die Gesellschaft gelöst werden können.[34] Bei den Menschen entsteht so der Eindruck, politische Entscheidungen, die ihr Leben unmittelbar betreffen, würden in einer entrückten Sphäre getroffen, auf die sie keinen Einfluss mehr haben. Das Subsidiaritätsprinzip solle verstärkt angewandt werden, schreibt Herfried Münkler, »und Fragen der regionalen Lebensgestaltung nicht durch die Brüsseler Bürokratie reglementiert, sondern von den dort lebenden Menschen entschieden werden«.[35] Mehr Demokratie bei der Besetzung europäischer Spitzenposten und länderübergreifende Wahllisten bei der Europawahl sind weitere Ideen, die helfen könnten, die Identifikation der Menschen mit der EU zu stärken.

Die Rekonsolidierung der Bürger:innengesellschaft

Die Qualität und Inklusivität politischer Diskurse, politische Bildung und bürgerliches Engagement sind Schlüsselelemente jeder Strategie zur Stärkung der Bürger:innengesellschaft. Ich möchte drei Punkte herausgreifen, die mir besonders wichtig sind.

Alle gegen Hass und Gewalt: Ich habe im vorangegangenen Kapitel am eigenen und am Beispiel vieler anderer geschildert, wie Diskurse verrohen. Wenn sich verbale Gewalt ausbreitet, wird sie gedanklich normalisiert. Dadurch entsteht die Gefahr, dass auch die Barrieren gegen physische Gewalt in der realen Welt fallen. Der Sturm auf das Kapitol in Washington im Januar 2021 hat gezeigt, wie verletzlich diese Grenze inzwischen geworden ist. Wollen liberale Demokratien bestehen, müssen sie Leitplanken gegen solche Entwicklungen hochziehen und festigen. Der Staat muss der Aufgabe gerecht werden, konsequent rechtliche Schritte gegen sprachliche Gewalt im Netz und gegen physische Gewalt in der realen Welt zu ergreifen. Die liberale Bürger:innengesellschaft muss dasselbe Ziel mit ihren Mitteln verfolgen. Die Regeln des zivilisierten Diskurses müssen von allen Beteiligten eingehalten werden. Redefreiheit müsse gewahrt werden, angeleitet von einem angemessenen Verständnis ihrer Grenzen, schreibt der US-amerikanische Politikwissenschaftler Francis Fukuyama.[36] Diese Grenzen werden überschritten, wenn Menschen andere Menschen in ihren Persönlichkeitsrechten verletzen, Lügen verbreiten oder zu Gewalt aufrufen. Alle, vom Individuum über den Staat bis hin zu privaten Medienunternehmen, sind aufgerufen, wachsam zu sein und dagegen vorzugehen. Das ist eine kollektive Aufgabe der liberalen Bürger:innengesellschaft.

Politische Bildung und Engagement müssen auf allen Ebenen gefördert werden. Wir leben in immer komplexeren politischen Systemen.[37] Regierungen müssen deshalb mehr Anstrengungen unternehmen, über die Funktionsweisen dieser Systeme aufzuklären. Wenn Aufklärung jedoch nur von oben nach unten erfolgt, bleibt sie zum einen patriarchal, zum anderen unzureichend. Es geht nicht nur darum, »kompetente Bürgerinnen und Bürger«[38] zu schaffen – diese Perspektive bescheinigt zu vielen Menschen von oben herab Inkompetenz. Es braucht auch einen Staat, der Vertrauen in die Bürger:innen demonstriert, sie konsultiert und

Beteiligungsmöglichkeiten auf allen Ebenen eröffnet.[39] Vertrauen sollte besonders der jungen Generation entgegengebracht werden, um sie so früh wie möglich in demokratische Prozesse einzubinden. Die Absenkung des Wahlalters auf sechzehn Jahre wäre ein solches Signal.[40]

Der **mediale Kampf gegen Lügen und Desinformation** ist die vielleicht wichtigste Aufgabe zur Stärkung der besagten Leitplanken liberaler Demokratien. Aufklärung tut Not, wo Populist:innen oder die russische Auslandspropaganda Fakten demontieren und Lügen verbreiten, die sie als »alternative Wahrheiten« tarnen. Sie unterminieren das Vertrauen in die Institutionen der liberalen Demokratie, in den professionellen Journalismus, in den wissenschaftlichen Erkenntnisfortschritt und in den liberalen gesellschaftlichen Konsens. Daraus folgt eine gefährliche Destabilisierung und Polarisierung, die demokratische Regeln zerstört und demokratische Prozesse deformiert. Es geht nicht darum, über die Schwächen demokratischer Regierungsformen hinwegzusehen. Doch behaupten Populist:innen und Propagandamedien häufig Schwächen und Fehlentwicklungen in liberalen Demokratien und vergleichen sie mit der angeblich besseren Situation in Autokratien wie Russland, um eine vermeintliche Überlegenheit dieser politischen Systeme zu beweisen. Dagegen leistet die faktenbasierte Berichterstattung der professionellen westlichen Medien viel wirksame Arbeit. Sie zeigt, wie politische Repressionen und wirtschaftlicher Abstieg die Lebenssituation der Menschen in Russland seit Jahren verschlechtern – und wie sich diese Entwicklung durch den Krieg verschärft hat. Sie klärt auf über die russische Kriegsführung und die Kriegsverbrechen in der Ukraine.

Liberale Demokratien sind auf diese Form des professionellen Journalismus angewiesen und sollten ihn stärken. Der Auswärtige

Dienst der EU hat 2015 eine Abteilung für Desinformation geschaffen, deren Aufgabe die Aufdeckung und Widerlegung von Propagandalügen ist.[41] Auch in Mitgliedsstaaten könnten solche Strukturen dabei helfen, den Kampf gegen Desinformation effizienter zu führen. Medienkompetenz zu lehren, also die Fähigkeit, mit der immer dichteren und gleichzeitig durch Internet und soziale Netzwerke fragmentierten politischen Kommunikation umzugehen, und professionelle, faktenbasierte Berichterstattung von Fake News, Verschwörungstheorien und Lügen zu unterscheiden, ist ein weiterer wichtiger Baustein. Der kompetente Umgang mit Medien muss im gesamten Bildungssystem priorisiert werden. Politische Bildungseinrichtungen sollten den großen Exil-Communities aus der Ukraine, Russland, Belarus und anderen Ländern der Region eine Bühne und Stimme geben – und sie in das direkte Gespräch mit Bürger:innen einbinden. Ihre Erlebnisse und Erfahrungen können einen wichtigen, wenn nicht gar den wichtigsten Kontrapunkt gegen populistische Behauptungen und die russische Auslandspropaganda setzen.

7

DEUTSCHLANDS ROLLE

Deutschland hat eine feministische Außenpolitik. Im März 2023 stellten die Bundesministerinnen für Äußeres und für Entwicklungszusammenarbeit, Annalena Baerbock und Svenja Schulze, entsprechende Leitlinien vor.[1] Die Außen-, Außenwirtschafts-, Sicherheits- und Entwicklungspolitik der Bundesrepublik Deutschland soll künftig geschlechtersensibel gestaltet werden und die Belange von Frauen und marginalisierten Gruppen berücksichtigen.

Mit Blick auf Russlands Angriffskrieg gegen die Ukraine ist das ein wichtiger Perspektivwechsel, denn nur durch die feministische Linse lässt sich erkennen, wie grundlegend die Gender-Dimension dieses Krieges ist. Er ist eine Folge des russischen Chauvinismus, dessen fester Bestandteil aggressiver Sexismus, Hypermaskulinität und ein extrem patriarchalisches Weltbild sind. Solange das chauvinistische Putin-Regime an der Macht ist und Chauvinismus weiter die russische Politik bestimmt, wird Russland nicht friedlicher werden – weder gegenüber der Ukraine und anderen Nachbarstaaten noch gegenüber den liberalen Demokratien oder gegenüber der eigenen Gesellschaft. Feministische Außenpolitik bedeutet außerdem, über die klassischen sicherheits- und verteidigungspolitischen Antworten auf einen solchen Krieg hinauszugehen. Beim Wiederaufbau in der Ukraine muss die Gesellschaft eine zentrale Rolle einnehmen. Frauen und marginalisierte Gruppen müssen auf ganzer Linie beteiligt werden, um den Wiederaufbau transformativ und nachhaltig zu gestalten.

Die Ukraine hat bereits wichtige Schritte in diese Richtung getan. Das ukrainische Parlament ratifizierte im Juni 2022 die Istanbul-Konvention des Europarats zum Schutz von Frauen vor Gewalt. Das habe sie überrascht, sagte eine ukrainische Gender-Forscherin und Aktivistin im Gespräch. Die Ratifizierung sei jahrelang von einer Koalition aus konservativen Politiker:innen und Kirchenvertreter:innen blockiert worden. Aber der russische Angriff, so erklärte sie weiter, habe die ukrainische Gesellschaft motiviert, sich noch stärker vom Chauvinismus des Putin-Regimes abzugrenzen. Wolodymyr Selenskyj stehe für einen radikal anderen Führungs- und Kommunikationsstil, für eine andere, modernere Maskulinität als Wladimir Putin.[2] Die First Lady Olena Selenska lebe eine eigenständige, selbstbewusste Rolle. In der Post-Maidan-Generation habe sich in den Jahren nach 2014 ein anderes Verständnis von Geschlechterbeziehungen entwickelt. Frauen hätten die ihnen traditionell zugeschriebene Opferrolle abgelegt und beteiligten sich viel selbstverständlicher an der Verteidigung des Landes.[3] Männer hingegen hinterfragten traditionelle Männerrollen und patriarchalen Heroismus. Da sei eine neue männliche Emotionalität gewachsen, die auch vor einer möglichen Remaskulinisierung durch die Kriegserfahrung schützen könne, zeigte sie sich sicher.

Der ARD-Korrespondent Vassili Golod hat in einer beeindruckenden Dokumentation O-Töne dazu gesammelt. »Wir alle sind sentimentaler geworden«, sagt da ein junger ukrainischer Soldat. »Ich kann ein Lied hören und aus dem Nichts eine Träne vergießen. Früher wäre das nicht passiert. Aber ich denke nicht, dass daran etwas Schlechtes ist.«[4] Ein anderer Soldat berichtet, wie sehr er jedes Mal unter den Abschieden von seiner fünfjährigen Tochter leide, wenn er an die Front zurückkehre.* In der Ukraine wird versucht, die Soldat:innen im Fronturlaub psychologisch zu unterstützen. Die Verarbeitung der Kriegstraumata bleibt eine riesige Herausforderung.[5]

Dem russischen Staat gegenüber muss auch eine feministische Außenpolitik wehrhaft sein. »Feministische Außenpolitik hält keine Zauberformel bereit, mit der sich unmittelbare Bedrohungen bewältigen lassen«, heißt es zu Recht in den Leitlinien des Auswärtigen Amts. »Russlands Krieg gegen die Ukraine zeigt, dass im Angesicht brutaler Gewalt Menschenleben auch mit militärischen Mitteln geschützt werden müssen. Deshalb ist feministische Außenpolitik nicht gleichbedeutend mit Pazifismus.«[6] Gerade wegen des russischen Chauvinismus gehört es zur feministischen Außenpolitik, die Ukraine – auch mit Waffen – gegen den Angriff des Putin-Regimes zu unterstützen.

Deutschland hat gute Voraussetzungen, mit der unabhängigen russischen Zivilgesellschaft zusammenzuarbeiten. Wenn die deutsche Russlandpolitik der vergangenen drei Jahrzehnte einen Nutzen hatte, dann besteht er in den engen Kontakten zwischen den Zivilgesellschaften beider Länder. Deutsche Nichtregierungsorganisationen, die parteinahen politischen Stiftungen, Städte, Gemeinden und Universitäten haben jahrzehntelang intensiv mit russischen Partner:innen gearbeitet. Viele Menschen, die aus Russland fliehen müssen, suchen deshalb in Deutschland Schutz. Seit dem Beginn der Vollinvasion habe ich mit vielen Angehörigen der neuen Exil-Community gesprochen. Der Krieg hat ihr Denken stark verändert: Der tiefe Schrecken darüber, dass das eigene Land

---

* Kurz nachdem ich diese Zeilen geschrieben hatte, erreichte mich eine Nachricht von Vassili Golod: Jener Soldat und Vater, Anton Garbus, wurde im Mai 2023 bei Bachmut getötet. Er war 33 Jahre alt.

diesen furchtbaren Krieg führt, zwingt auch sie, sich (noch) stärker vom Chauvinismus des Putin-Regimes abzugrenzen. Sie diskutieren heute anders über Kolonialismus, Imperialismus, Feminismus und Geschlechterbeziehungen als noch vor zwei Jahren. Hier können deutsche Zivilgesellschaft und Politik noch stärker anknüpfen, um diesen gesellschaftlichen Wandel zu fördern.

Was ist schiefgegangen?

»Wenn Sie in Berlin die Politik beraten – können Sie mir dann auch sagen, was da eigentlich schiefgegangen ist?«, fragte mich jemand vor einiger Zeit auf einer Veranstaltung außerhalb der Hauptstadt. Wie konnte es zu diesem Krieg kommen? Warum wurde er nicht verhindert? Welchen Anteil hatte die deutsche Politik daran, welche Versäumnisse haben sich deutsche Regierende zuzuschreiben?

Egal, wie man es dreht und wendet: Deutschland spielt in Europa immer eine wichtige Rolle. Seine Größe, seine Wirtschaftskraft und seine Geschichte führen dazu, dass deutsches Handeln Aufmerksamkeit auf sich und Reaktionen nach sich zieht – genauso wie deutsches Nichthandeln. Die deutsche Russland- und Osteuropa-Politik wurde inner- und außerhalb Deutschlands schon lange kontrovers diskutiert. Seit der russischen Vollinvasion in der Ukraine im Februar 2022 gilt sie als diskreditiert und gescheitert, weil sie mit Russland zu konziliant und den übrigen Staaten der Region gegenüber zu ignorant gewesen sei.

Mein Blick auf Osteuropa hat sich im Laufe von drei Jahrzehnten sehr gewandelt. In der westdeutschen »Gorbimanie« der 1980er-Jahre aufgewachsen, führte mein Weg, wie auch der vieler meiner damaligen Kommiliton:innen, über Russland. Ich lernte

Russisch, studierte in Sankt Petersburg und konzentrierte mich auch bei meiner wissenschaftlichen Arbeit zunächst auf Russland. Der Wechsel von Berlin nach Paris, wo ich von 2007 bis 2012 am Institut für Sicherheitsstudien der Europäischen Union für die Länder der östlichen Nachbarschaft und Russland zuständig war, veränderte meine Perspektive in doppelter Weise: Ich begann, mich intensiv mit der Ukraine, Belarus und dem Südkaukasus zu befassen, und erhielt tiefe Einblicke in Gesellschaften, die sich dynamisch veränderten. Ich lernte, nicht mehr »durch Russland hindurch« auf diese Länder zu blicken. Ich arbeitete außerdem in Paris und Brüssel mit Menschen aus allen EU-Mitgliedsstaaten zusammen. Die Auseinandersetzung mit dem Russland- und Osteuropabild polnischer, estnischer oder schwedischer Kolleg:innen half mir, meine eigenen – recht deutsch geprägten – Annahmen zu hinterfragen. Die Pariser Jahre brachten mir den Perspektivwechsel, den die deutsche Politik und Öffentlichkeit erst nach 2014 langsam vollzogen.

Drei Jahrzehnte deutsche Osteuropa-Politik

Kein Kapitel über die Politik Deutschlands gegenüber der Ukraine und Russland kommt ohne einen Rückblick auf die Jahrzehnte seit dem Ende des Ost-West-Konflikts aus. Ich möchte hier auf eine weitere chronologische Darstellung verzichten.[7] Stattdessen werde ich einige Schlüsselmomente herausgreifen, die in der Retrospektive besonders bedeutsam waren.

Mit dem Zwei-plus-Vier-Vertrag über die deutsche Einheit und mit der Charta von Paris wurde 1990 ein Traum wahr: ein geeintes Deutschland in einem geeinten Europa. In Deutschland war in dieser Zeit ein Gefühl der Dankbarkeit gegenüber Michail Gorbatschow verbreitet, weil er die Einigung geschehen ließ. Aber 1989 und 1990 wurde auch knallhart um die Regelung der Deutschland-Frage gerungen. Die US-amerikanische Historikerin Mary E. Sarotte hat den Ablauf der Verhandlungen minutiös rekonstruiert. Sie zeichnet das Bild einer präzedenzlosen historischen Situation, in der die Vertreter:innen der Sowjetunion, der USA, Großbritanniens, Frankreichs und Deutschlands unterschiedlichste Ideen durchspielten und wieder verwarfen. Dazu gehörte die Idee, dass die NATO von einer Ausdehnung über die Ostgrenze des vereinigten Deutschlands hinaus absehen sollte.[8] Sie wurde niemals in einem offiziellen Dokument formuliert, geschweige denn in einem völkerrechtlich gültigen Vertrag festgeschrieben. Die russische Propaganda behauptet seit zwei Jahrzehnten gebetsmühlenartig, »der Westen« habe der Sowjetunion damals den Verzicht auf die NATO-Osterweiterung zugesagt. Das ist eine Lüge, die bis heute auch in der deutschen Debatte immer wieder aufgegriffen und als wahr behauptet wird. Tatsächlich existierten sowohl die Sowjetunion als auch der Warschauer Pakt noch, als im September 1990 der Zwei-plus-Vier-Vertrag und im November 1990 die Charta von Paris unterzeichnet wurden. Die Erweiterung der NATO um Polen oder andere ostmitteleuropäische Staaten, die damals Mitglieder des Warschauer Paktes waren, stand schlicht nicht auf der Tagesordnung.

Die Bundesrepublik trat in den 1990er-Jahren als Fürsprecherin einer möglichst engen Bindung zwischen der Europäischen Union, der NATO und Russland auf. Diese Politik war von der Überzeugung getragen, dass nach dem Ende des Ost-West-Konflikts die Vision Gorbatschows von einem »Gemeinsamen Haus Europa« verwirklicht werden könnte. Daran wollte man arbeiten, um den Kontinent zu einen, zu befrieden und einen Teil der Schuld abzutragen, die Deutschland durch den Zweiten Weltkrieg auf sich geladen hatte. »Russland, so damals der einfache und nicht unbegründete Gedanke, werde sich mit dem (relativ) friedlichen Umbruch von 1989 und der Auflösung der Sowjetunion 1991 nun seinerseits aus dem Gefängnis eines immer erneuerten Weltmachtstrebens entlassen und könnte endlich ein stinknormales Staats- und Gemeinwesen im Konzert der Nationen und Länder Europas, Asiens und der übrigen Welt werden – so wie Deutschland es nach der finalen Niederlage von 1945 auch geworden und trotz oder wegen der Wiedervereinigung von 1990 auch geblieben ist.«[9] So beschrieb der Historiker Gerd Koenen die Stimmung in der euphorischen Wendezeit. In Deutschland war man überzeugt, dass Sicherheit in Europa nun endlich *mit* Russland möglich sei und auch nur so nachhaltig sein konnte.

Die deutsche Politik sah sich aber auch als Anwältin der mittelosteuropäischen Länder, die sich nach dem Ende des Warschauer Paktes und dem Zerfall der Sowjetunion 1991 als souveräne Staaten neu positionierten – und sehr schnell den Wunsch formulierten, der NATO und der EU beizutreten. Für sie waren die Jahrzehnte unter sowjetischer Vorherrschaft noch sehr gegenwärtig. Sie blickten besorgt auf die stärker werdenden nationalistischen und kommunistischen Kräfte in Russland. Deutschland unterstützte die Aufnahme dieser Länder in die NATO und die EU. Das führte in den späten 1990er- und frühen 2000er-Jahren zu ersten Verstimmungen im Verhältnis mit Russland.

Die 2000er-Jahre waren ein Jahrzehnt der Schwankungen in der deutschen Politik. Politiker:innen aller Parteien standen zu lange im Bann der Rede, die Wladimir Putin am 25. September 2001 vor dem Deutschen Bundestag gehalten hatte. Der russische Präsident sprach damals von der großen Bedeutung guter deutsch-russischer Beziehungen, von Demokratie und den positiven Auswirkungen der europäischen Integration, vom gemeinsamen Kampf gegen den internationalen Terrorismus und davon, dass nur die Zusammenarbeit in Gesamteuropa den Frieden sichern könne. Russland sei ein »freundlich gesinntes, europäisches Land«, erklärte Putin. Er sagte auch: »Niemand bezweifelt den großen Wert der Beziehungen Europas zu den Vereinigten Staaten. Aber ich bin der Meinung, dass Europa seinen Ruf als mächtiger und selbstständiger Mittelpunkt der Weltpolitik langfristig nur festigen wird, wenn es seine eigenen Möglichkeiten mit den russischen menschlichen, territorialen und Naturressourcen sowie mit den Wirtschafts-, Kultur- und Verteidigungspotenzialen Russlands vereinigen wird.«[10] Der russische Präsident deutete bei seinem Auftritt im Bundestag bereits an, was bald gezielte Politik werden sollte: die Spaltung des transatlantischen Bündnisses.

Deutschland spielte in der russischen Strategie von Beginn an eine Schlüsselrolle. Putin setzte auf die Energiebeziehungen und fand im damaligen Bundeskanzler Gerhard Schröder einen idealen Partner. Auch die von Angela Merkel geführten Regierungskoalitionen hielten an der Idee einer möglichst engen, strategischen Partnerschaft mit Russland fest. Die wirtschaftlichen Abhängigkeiten nahmen zu, die politischen und gesellschaftlichen Kontakte waren eng. Aber auch die Widerstände wuchsen. Die innenpolitischen Entwicklungen in Russland, Putins zunehmend aggressive außenpolitische Rhetorik und der Russisch-Georgische Krieg 2008 warfen Schatten auf das bilaterale Verhältnis. Dank der Rosenrevolution in Georgien 2003 und der Orangen Revolution in der Ukraine im Jahr darauf erfuhr die deutsche Öffentlichkeit, dass es in Osteuropa neben Russland noch andere Staaten gab, die ihren eigenen, souveränen Weg verfolgten. Die neuen EU-Mitgliedsstaaten, von Estland bis zur Slowakei, betrieben derweil ihre eigene Ostpolitik – unter ganz anderen Vorzeichen als die Deutschen: Viele von ihnen wollten, ähnlich wie

Deutschland in den 1990er-Jahren, stabile Verhältnisse an ihren Ostgrenzen. Für sie bedeutete das zuvorderst Schutz vor Russland. Die deutsche Politik sah sich mit neuen Realitäten konfrontiert. Die Russland-Linse, durch die sie immer auf die gesamte Region geblickt hatte, erhielt feine Risse. Aber die grundlegende Ausrichtung der Politik änderte sich nicht.

Georgien und die Ukraine beantragten kurz vor dem NATO-Gipfel in Bukarest im April 2008 die Aufnahme in das Bündnis. Der amerikanische Präsident George W. Bush, Polen und die baltischen Staaten unterstützten dieses Anliegen und forderten, die beiden Länder sollten einen Membership Action Plan erhalten. Das hätte den Beginn eines Beitrittsprozesses bedeutet. Die deutsche Bundeskanzlerin Angela Merkel und der französische Präsident Nicolas Sarkozy stellten sich damals offen gegen dieses Ansinnen und brachten die US-Administration schließlich dazu, davon abzulassen. Sie taten das unter anderem aus Rücksicht auf Russland und wurden dabei auch von anderen Mitgliedsstaaten unterstützt. Heute wird ihnen wegen dieser Haltung bisweilen »Appeasement« vorgeworfen.[11] Aber Merkel und Sarkozy hatten ihre Argumente gegen eine NATO-Mitgliedschaft der Ukraine und Georgiens. In der Ukraine war der NATO-Beitritt ein Eliten-Projekt, das von der Gesellschaft zum damaligen Zeitpunkt mehrheitlich nicht mitgetragen wurde. In Georgien unterstützte der Großteil der Bevölkerung zwar den euro-atlantischen Integrationskurs von Micheil Saakaschwili. Doch war Saakaschwilis Führung nach der Präsidentschaftswahl 2007 autoritärer geworden, er ließ Proteste blutig niederschlagen und betrieb eine aggressive und nationalistische Politik gegenüber den beiden abtrünnigen Regionen Abchasien und Südossetien. Die Situation in beiden Ländern gab also reichlich Anlass, einen möglichen NATO-Beitritt kritisch zu hinterfragen. Die Kompromissformel, auf die sich die

NATO-Staaten am Ende einigten, ließ dann aber alle Beteiligten in der »schlechtesten aller Welten«[12] zurück. Denn die prinzipielle Zusage, dass die Ukraine und Georgien in die NATO aufgenommen würden, wurde vollkommen unterschiedlich interpretiert: Die russische Seite sah eine rote Linie überschritten und provozierte in den folgenden Monaten Saakaschwili, den Krieg mit Russland zu suchen. Georgien und die Ukraine verstanden sie als Bestätigung ihrer Ambitionen, die aber nicht erfüllt wurden, weil die Erweiterungsgegner:innen in der NATO die Bukarest-Formel als unbefristeten Aufschub ebendieser Ambitionen betrachteten.

Ich konnte damals sowohl die Entwicklungen in der Ukraine und Georgien als auch die europäischen Debatten intensiv begleiten. Am Europäischen Institut für Sicherheitsstudien in Paris führte ich ein Forschungsprojekt über die Beziehungen zwischen der Ukraine und der EU in den ersten Jahren nach der Orangen Revolution durch.[13] Ich arbeitete von 2007 bis 2011 eng mit dem damaligen EU-Sonderbeauftragten für den Südkaukasus, Peter Semneby, zusammen. Wir organisierten Dialog- und Informationsveranstaltungen zu den Konflikten um Abchasien und Südossetien und arbeiteten nach dem Russisch-Georgischen Krieg 2008 an einem Konzept für eine strategischere EU-Politik in der Region.[14] Die EU baute im Rahmen der europäischen Nachbarschaftspolitik ihre Beziehungen zur Ukraine und Georgien sukzessive aus. Sie unterstützte politische und wirtschaftliche Reformmaßnahmen. EU-Mitgliedsstaaten, auch Deutschland, wurden zu immer wichtigeren Handelspartnern. Aber das Engagement der EU blieb technisch und unpolitisch. Während die Debatte über einen möglichen NATO-Beitritt der Ukraine und Georgiens sich immer weiter auflud, gab Brüssel kein politisches Signal, dass die beiden Länder auf eine europäische Perspektive zählen konnten. Das hatte viel mit der Zurückhaltung Deutschlands, Frankreichs und Italiens zu tun. Die dortigen Regierenden wollten Kyjiw und Tbilissi nicht ermutigen, weil sie um ihre Beziehungen mit Russland fürchteten. »Wenn man ›dem Westen‹ oder der EU etwas vorwerfen kann, dann nicht, dass sie sich übermäßig für die östlichen Nachbarn engagiert hätten, sondern dass diese eher als eine Zumutung empfunden wurden, die den Zusammenhalt Europas und der Europäischen Union – besonders in Zeiten der inneren Krise – gefährdeten«,[15] schrieb 2015 der Osteuropa-Historiker Karl Schlögel. Gerade weil die NATO-Mitgliedschaft damals weder für die Ukraine noch für Georgien infrage kam, hätte sich die EU wesentlich früher für die beiden Länder öffnen müssen. Es ist ein entscheidender Fehler der deutschen Politik gewesen, das mit verhindert zu haben.

Berlin verschätzte sich auch bei der Modernisierungspartnerschaft mit Russland. Die Freude der damaligen Großen Koalition über den vermeintlichen Machtwechsel im Kreml und die Modernisierungsrhetorik Dmitrij Medwedews beruhte auf einem Missverständnis. Die Idee einer Partnerschaft für Modernisierung wurde im Mai 2008 vom damaligen deutschen Außenminister Frank-Walter Steinmeier ins Spiel gebracht, als die russisch-georgischen Spannungen schon mit Händen zu greifen waren. Nach dem August-Krieg dauerte es nicht lange, bis Berlin den Faden wieder aufnahm. 2010 schloss auch die EU, auf heftiges deutsches Drängen, eine Modernisierungspartnerschaft mit Russland. In Berlin überschätzte man jedoch nicht nur den politischen Spielraum von Putins Platzhalter. Man übersah, dass auch Dmitrij Medwedew von einem völlig anderen Modernisierungsbegriff ausging. Deutschland und die EU wollten ein umfassendes Modernisierungskonzept, das neben der Wirtschaft auch Rechtsstaatlichkeit und Demokratisierung umfasste. Russland aber gedachte, sich nur die Rosinen herauszupicken. Der russischen Führung ging es um wirtschaftliche Modernisierung, Investitionen und Technologietransfer. EU-Ambitionen im Hinblick auf mehr Demokratie lehnte Moskau als Einmischung in seine inneren Angelegenheiten ab. Das war schon 2008 und 2010 deutlich zu erkennen. Die Entscheidungsträger:innen in Berlin zogen es jedoch vor, an der Möglichkeit einer strategischen Partnerschaft mit Russland festzuhalten. »Sicherheit mit Russland« war weiterhin eine von vielen geteilte Zukunftsvision der deutschen Politik.

Und doch wurden die 2010er-Jahre zu einem Jahrzehnt der deutsch-russischen Entfremdung. Das vollzog sich nicht plötzlich, sondern nach und nach. Die Niederschlagung der russischen Massenproteste im Winter 2011/12 löste in Berlin Frustration aus. Der zweite tiefe Schock ereilte Politik und Öffentlichkeit, als Russland 2014 die Krim annektierte und den Krieg im ukrainischen Donbas begann. Die Bundesregierung spielte eine wichtige Rolle bei der Ausarbeitung der EU-Sanktionen gegen Russland. Sie tat in den folgenden Jahren viel dafür, dass alle EU-Staaten die Sanktionen aufrechterhielten. Angela Merkel verhandelte gemeinsam mit dem damaligen französischen Präsidenten François Hollande im Februar 2015 die Minsker Vereinbarungen im Donbas-Krieg.* Dafür werden sie heute vielfach gescholten. Tatsächlich ist im Rückblick klar, dass die Vereinbarung zum Scheitern verurteilt war. Das lag aber nicht an den internationalen Vermittlungsbemühungen, sondern an der destruktiven russischen Politik in den

---

* Um genau zu sein: Im September 2014 kam in Minsk unter Vermittlung der OSZE eine erste Waffenstillstandsvereinbarung, das Minsker Protokoll, zustande. Sie wurde nicht eingehalten. Als die Kämpfe Anfang 2015 wieder eskalierten, vermittelten Angela Merkel und François Hollande die Vereinbarung eines Maßnahmenpakets, das die Umsetzung des Minsker Protokolls gewährleisten sollte.

Folgejahren. 2015 verhinderten die Minsker Vereinbarungen, dass der Krieg weiter eskalierte, was für die militärisch unterlegene Ukraine überlebenswichtig war.

Deutschland wurde in den darauffolgenden Jahren bilateral und in der EU der größte Geldgeber für die Ukraine. Knapp zwei Milliarden Euro flossen in Form von Krediten für die Entwicklungszusammenarbeit und andere Unterstützungsmaßnahmen.[16] Die politischen und die gesellschaftlichen Beziehungen wurden enger. Die deutsche Öffentlichkeit nahm auch mehr Anteil an Entwicklungen in anderen Ländern der östlichen Nachbarschaft. Georgien zum Beispiel wurde für immer mehr Deutsche zu einem touristischen Ziel. Der wachsende Konflikt mit Russland öffnete den Deutschen langsam die Augen für die östlichen Nachbarn.

Auf der politischen Ebene nahm die Zahl derer, die Russland weiter als Partner in Europa sehen wollten, zwar ab, doch blieben diese Stimmen weiter einflussreich. Hier beginnt das schwierigste Kapitel der deutschen Osteuropa-Politik nach dem Ost-West-Konflikt: die wachsende deutsche Abhängigkeit vom russischen Gas. Der Anteil russischen Gases an den Gesamtimporten ging nach 2014 nicht etwa zurück, sondern stieg weiter auf über 50 Prozent. 2015 wurde der Bau des zweiten Strangs der Nordseepipeline Nord Stream beschlossen – nach dem Beginn der russischen Aggression gegen die Ukraine. Die Große Koalition hielt eisern an dem Projekt fest, das auf immer heftigere Kritik der europäischen Partner, Washingtons und der Ukraine stieß. Außerdem erhielt Gazprom, ebenfalls 2015, die Kontrolle über die strategisch wichtigen Gasspeicher des deutschen Energieunternehmens Wintershall. Es waren diese Speicher, deren Füllstand bedenklich absank, bevor Russland im Februar 2022 die Ukraine erneut überfiel. Die Entscheidung für Nord Stream 2 vergiftete die Atmosphäre in der EU und vermittelte dem Putin-Regime bis zum Zusammenbruch der Beziehungen im Februar 2022 den Eindruck, die Deutschen in der Tasche zu haben.

Die FAZ-Journalisten Reinhard Bingener und Markus Wehner beschreiben in ihrem Buch *Die Moskau-Connection* das Netzwerk um den ehemaligen Bundeskanzler Gerhard Schröder, das Deutschland – und mit ihm die EU – immer weiter in diese Sackgasse führte.[17] Die daran beteiligten Politiker:innen der SPD, aber auch der CDU/CSU, hatten unterschiedliche Motive. Die einen glaubten, eine historisch entkernte Version der Entspannungspolitik Willy Brandts fortführen zu müssen. Die Vorstellung, europäische Sicherheit sei nur *mit* Russland möglich, lebte selbst nach der Annexion der Krim und dem Beginn des Krieges in der Ostukraine fort. Sie verschleierte den Fakt, dass die russische Innen- und Außenpolitik sich längst von den Prinzipien der Charta von Paris verabschiedet hatte. Bei einigen von ihnen, allen voran Gerhard Schröder selbst, waren Geld, Macht und Eitelkeit im Spiel. Das wusste Putin auszunutzen, um den russischen Einfluss auf die deutsche Politik zu verstärken. Die Netzwerke, von denen hier die Rede ist, bestanden aus Männerbünden. Das Zentrum bildete die Freundschaft zwischen Putin und Schröder selbst. »In Schröders Hannoveraner Herrenrunde hat man traditionell wenig Berührungsängste mit fragwürdigen Partnern«, schreiben Bingener und Wehner. »Chauvinismus bildet die Grundlage dieser Zirkel. Auch daran konnte die russische Seite mit ihrem Männlichkeitskult anschließen.«[18] Zuweilen schlug die Großmannssucht auch in Großmachtsucht um und erinnerte dann durchaus an historische Phasen deutsch-russischer Dominanz in Ostmitteleuropa. Kein Wunder also, dass die Moskau-Connection in Warschau, Riga oder Kyjiw schlechte Assoziationen weckte.

Angela Merkel hielt ebenfalls bis zuletzt an Nord Stream 2 fest. Es handele sich um ein kommerzielles Projekt, in das sich die

Bundesregierung nicht einmischen wolle, hieß es aus dem Kanzleramt. Merkel wandte sich nicht gegen das Vorhaben, weil einerseits durch die Energiewende der Gasbedarf in Deutschland stieg und auf den Gasmärkten Knappheit herrschte. Andererseits nahm sie Rücksicht auf die Koalitionspartnerin SPD. Merkel befürchtete auch, dass Schritte gegen Nord Stream 2 das Minsker Abkommen gefährden könnten.[19] Die Kanzlerin stellte die Pipeline nur ein einziges Mal öffentlich infrage: Nach dem gescheiterten Mordanschlag auf Alexej Nawalnyj im August 2020 schloss sie Sanktionen gegen Nord Stream 2 nicht aus. Die Option verschwand aber schnell wieder von der Bildfläche. Noch im Juni 2021 überzeugte Merkel US-Präsident Joe Biden, den US-amerikanischen Widerstand gegen Nord Stream 2 aufzugeben. Sie sagte allerdings auch zu, das Projekt zu stoppen, sollte Moskau die Pipeline benutzen, um den Gastransit durch die Ukraine zu umgehen.

Zu irgendwelchen Männerbünden hat Angela Merkel nie gehört. Selbst wenn sie es gewollt hätte – als Frau hätte sie kaum Zugang zu ihnen gehabt. Mit ihrem Einzug ins Kanzleramt war die Politik der kumpelhaften Beziehungen vorbei. Die Bundeskanzlerin legte Wert auf Menschenrechtsfragen und traf sich bei ihren Moskau-Besuchen regelmäßig mit Vertreter:innen der Opposition, der Zivilgesellschaft und mit unabhängigen Journalist:innen. Ihr Verhältnis zu Putin war kühl und distanziert. Der russische Präsident begegnete der Bundeskanzlerin zunächst mit provokativer Verachtung. Er schenkte Merkel bei ihrem ersten Besuch im Kreml 2005 einen Stoffhund, obwohl er genau wusste, dass sie Angst vor Hunden hatte. 2007 ließ er bei einem Treffen in seiner Residenz in Sotschi seine Labradorhündin in den Raum. Putin spielte also ganz bewusst mit Merkels Ängsten, er versuchte, sie zu provozieren und bloßzustellen. Später sah er sich gezwungen, die Bundeskanzlerin als das zu akzeptieren, was sie war: eine mächtige Frau, an der er nicht vorbeikam. Je schlechter die Beziehungen zwischen Deutschland und Russland wurden, desto mehr muss ihn das geärgert haben.

Späte Erkenntnis

Wie ist es möglich, dass die deutsche Politik so lange an der Vorstellung festhielt, Russland müsse um jeden Preis weiter in Europa eingebunden werden? Ich sehe dafür vier Gründe.

Der erste Grund ist der Umgang mit der deutschen Geschichte des 20. Jahrhunderts. Die Erinnerung an die Verbrechen des Nationalsozialismus während der Vernichtungskriege im Osten Europas hemmte deutsche Politiker:innen, das Putin-Regime zu kritisieren. Diese deutsche Erinnerung konzentrierte sich viel zu lange auf Russland. Die anderen Länder der Region, die unter den Nationalsozialisten ebenso oder sogar mehr gelitten hatten, wurden auf der *mental map* der deutschen Gesellschaft erst nach 2014 langsam sichtbarer.[20] Auch die deutsche Osteuropa-Politik war zu lange reine Russlandpolitik. Das lag nicht zuletzt daran, dass Akteure wie Gerhard Schröder, Sigmar Gabriel oder Edmund Stoiber sich von Putins Machtentfaltung faszinieren ließen. In den besagten Männerzirkeln erstreckte sich diese Faszination auch auf die Hypermaskulinität des russischen Regimes. Die Sensibilität dieser Männer für die wachsende chauvinistische Gewalt in Russland hielt sich in engen Grenzen.

In diesen Kreisen blühten die Vorurteile über die Ukraine. Das ist der zweite Grund für das späte Umdenken in der deutschen Politik. In gewisser Weise übernahmen deutsche Politiker:innen, die dem Putin-Regime nahestanden, die russische Ignoranz gegenüber den Nachbarstaaten. »Die Ukraine ist ja so ein korruptes

Land!«, hörte ich in Berlin viele Male am Beginn von Gesprächen über Osteuropa. Was wollten die Sprecher:innen damit sagen? Dass es keinen Sinn habe, umzudenken und sich auf intensivere Beziehungen mit der Ukraine einzulassen? Dass man sich besser weiter auf Russland konzentrieren solle? Die russische Korruption war in der Wahrnehmung dieser Menschen entweder akzeptabler als die ukrainische – oder sie war eine weitere Wissenslücke. Der Mangel an Kenntnis der Geschichte und Gegenwart anderer osteuropäischer Staaten als Russland spielte dabei eine fatale Rolle.

Der dritte Grund für ausbleibenden Wandel waren wirtschaftliche Interessen. Es geht hier nicht nur um die Partikularinteressen Gerhard Schröders und anderer Akteur:innen, die durch die enge Vernetzung mit der russischen Seite Vorteile genossen. Russland als Lieferant günstiger Energie spielte über Jahrzehnte eine wichtige Rolle für die deutsche Industrie, zumal nach der Energiewende Anfang der 2010er-Jahre. Bis 2014 waren über 6000 deutsche Unternehmen in Russland tätig. Selbst zum Zeitpunkt der Vollinvasion im Februar 2022 waren es noch etwa 3500, von denen sich bis heute nicht alle zurückgezogen haben. Diese wirtschaftlichen Verflechtungen beeinflussten die deutsche Russlandpolitik maßgeblich. Sie führten aber eben nicht, wie von Vertreter:innen der Wirtschaft und der Politik immer wieder beteuert, zu mehr Rechtstaatlichkeit und außenpolitischer Kooperationsbereitschaft Russlands. Das Gegenteil war der Fall. Auch das wurde viel zu lange geleugnet.

Der vierte und letzte Grund dafür, dass Deutschland erst nach dem Beginn der russischen Vollinvasion in der Ukraine wirklich umsteuerte, waren die Pfadabhängigkeiten, die sich im Laufe der Jahre in den gegenseitigen Beziehungen entwickelten. Die personellen, politischen und wirtschaftlichen Verflechtungen, die wachsende deutsche Abhängigkeit von russischer Energie – sie schufen eine immer festere Beziehungsstruktur, die den Handlungsspielraum der Regierenden vermeintlich einschränkte und die Richtung für viele politische Entscheidungen vorgab. Eine solche Pfadabhängigkeit gab es auch in der Verteidigungspolitik. Der Glaube an die Friedensdividende nach dem Ost-West-Konflikt und an die historische Verpflichtung Deutschlands, Zivilmacht zu sein, bremste die Entwicklung einer aktiveren Sicherheitspolitik selbst nach der Annexion der Krim 2014 noch. Die unhinterfragte Vorstellung, Russland sei ein strategischer Partner oder müsse es zumindest werden, trug dazu viel bei. Die wachsende chauvinistische Bedrohung durch das Putin-Regime wurde hingegen so lange wie möglich verdrängt.

Deutschland und der Krieg: Zeitenwende

Am 27. Februar 2022 kündigte Olaf Scholz in seiner berühmten Zeitenwende-Rede im Deutschen Bundestag fünf politische Schritte an, die mit fünf Maximen der bisherigen deutschen Außen- und Ostpolitik brachen:[21] Deutschland werde die Selbstverteidigung der Ukraine mit Waffenlieferungen unterstützen, also Waffen in ein Kriegsgebiet liefern. Zweitens werde Deutschland gemeinsam mit den EU-Partnern weitreichende Sanktionen verhängen, um Russland von seinem Kriegskurs abzubringen.* Deutschland werde drittens als verlässlicher NATO-Partner seine Präsenz und Unterstützungsleistungen für die Alliierten in Ost-

* Darin steckte der Abschied von den bisherigen gezielten *(targeted)* Sanktionen, die politisch Verantwortliche, nicht aber die breite Bevölkerung treffen sollten. Nun ging es darum, die russische Wirtschaft möglichst umfassend zu schwächen.

europa verstärken – und damit einen Teil der Zurückhaltung aufgeben, die bislang die deutsche Verteidigungspolitik gekennzeichnet hatte. Viertens sagte Scholz ein Sondervermögen von 100 Milliarden Euro für die Ertüchtigung der Bundeswehr zu, dazu die Steigerung der Verteidigungsausgaben auf die schon 2014 in der NATO vereinbarten zwei Prozent des Bruttoinlandsprodukts, stärkere Schutzmaßnahmen gegen hybride Bedrohungen, mehr europäische Rüstungskooperation und den Ausbau von Kapazitäten, um sich aus der Abhängigkeit von russischen Energielieferungen zu befreien. Als letzter Handlungsauftrag kam das, was dreißig Jahre lang in der deutschen Politik immer an erster Stelle gestanden hatte: Gespräche mit Russland, denen Scholz zwar keine Absage erteilte, die er aber von der ehrlichen Bereitschaft der russischen Seite abhängig machte, den Krieg zu beenden. Die Zeitenwende-Rede war der lange überfällige Bruch mit den bisherigen Prioritäten in der deutschen Ostpolitik.

Ein gutes Jahr später zeigt sich eine gemischte Bilanz bei der Umsetzung dieser Schritte. Deutschland gehört weiterhin zu den wichtigsten Unterstützern der Ukraine. Das schließt militärische Hilfsleistungen ein. Hier belegt Deutschland laut dem Kieler Institut für Weltwirtschaft in absoluten Zahlen mittlerweile den zweiten Platz nach den USA.[22] Im ersten Kriegsjahr wurde die Bundesregierung immer wieder heftig kritisiert, weil sie zögerlich über die Lieferung wichtiger Waffengattungen entschied. Das Sondervermögen für die Bundeswehr wurde im ersten Jahr der Zeitenwende nur unzureichend verausgabt. Der Wechsel an der Spitze des Bundesverteidigungsministeriums von Christine Lambrecht zu Boris Pistorius Anfang 2023 sollte den Prozess dynamisieren. Die Bürokratie in den Verwaltungsstrukturen und im Beschaffungswesen für die Bundeswehr lässt jedoch die Frage aufkommen, wie schnell sich die Verteidigungspolitik auf die Kriegssituation umstellen kann. Die Bundesregierung war in der Lage, 2022 schnell neue Gaslieferanten zu finden. Sie konnte, auch dank des milden Winters 2022/23, eine schwere Energiekrise und deren soziale Folgen vorerst abwenden. Der rasche Bau von Flüssiggas-Terminals, von denen das erste bereits im November 2022 in Wilhelmshaven fertiggestellt wurde, gibt auch für die kommenden Jahre Hoffnung. Allerdings gehen die Maßnahmen gegen die kriegsbedingte Energieknappheit immer wieder zulasten des Kampfes gegen den Klimawandel. Die Auseinandersetzungen zwischen Politik und Klimabewegung zeigen einmal mehr, wie viele Großkrisen sich gegenwärtig überlagern. Das Spannungsverhältnis zwischen steigenden Ausgaben für Verteidigung und Energie einerseits und sozialen Fragen andererseits wird in den kommenden Jahren den politischen Prozess prägen.

Auch in der deutschen Gesellschaft brachte die russische Vollinvasion eine Zeitenwende. Die gesellschaftliche Akzeptanz der Sanktionen, die 2014 und in den folgenden Jahren gegen Russland verhängt worden waren, hatte vor 2022 immer mehr nachgelassen. In einer Umfrage des Meinungsforschungsinstituts YouGov im Auftrag der Deutschen Presse-Agentur sprachen sich 2019 bundesweit nur noch 23 Prozent der Befragten für die unveränderte Beibehaltung der Sanktionen aus. In den ostdeutschen Bundesländern war die Unterstützung mit zwischen acht und 21 Prozent besonders gering. 32 Prozent der bundesweit Befragten wollten eine schrittweise Entschärfung, 21 Prozent die sofortige Abschaffung der Strafmaßnahmen.[23] Der russische Großangriff auf die Ukraine drehte diese Mehrheitsverhältnisse um. Die Unterstützung für die Sanktionen liegt seither konstant bei über 60 Prozent. Im ARD-Deutschlandtrend sprachen sich im März 2022 66 Prozent der Befragten dafür aus, die Ukraine zu unterstützen, auch wenn das negative Folgen für Deutschland hätte, zum Beispiel in

Gestalt steigender Energiepreise. Gleichzeitig gingen über 60 Prozent von einer Verschlechterung der wirtschaftlichen Situation in Deutschland aus.[24] Die Bereitschaft, Nachteile in Kauf zu nehmen, war also nicht hypothetisch. Der Anteil der Sanktions-Befürworter:innen, denen die Maßnahmen nicht weit genug gingen, war bis zum Abschluss dieses Manuskripts im Juli 2023 mit etwa 35 Prozent konstant hoch.

Bei Waffenlieferungen und Sicherheitsfragen antworten die Menschen vorsichtiger, aber auch hier zeigt sich eine Veränderung. Im März 2022 waren 61 Prozent der Befragten des ARD-Deutschlandtrends für Waffenlieferungen an die Ukraine. Im Herbst 2022 sagten 47 Prozent, Deutschland solle in Fragen der militärischen Unterstützung der Ukraine eher zurückhaltend agieren, um Russland nicht zu provozieren. 43 Prozent forderten hingegen Entschlossenheit und Härte gegenüber Russland.[25] Nachdem im Januar 2023 die Lieferung von Leopard-Kampfpanzern an die Ukraine entschieden wurde, stieg der Anteil derer, die die Waffenlieferungen angemessen fanden, auf 47 Prozent. 16 Prozent fanden die Maßnahmen Deutschlands ausbaufähig. Nur noch 31 Prozent gingen sie zu weit.[26] Wieder zeichnete sich eine deutliche Differenz zwischen Ost- und Westdeutschland ab. Dem ZDF-Politbarometer zufolge lehnten im Januar 2023 67 Prozent der Befragten in den ostdeutschen Bundesländern die Lieferung von modernen Kampfpanzern ab – gegenüber 43 Prozent in Westdeutschland.[27] Die Haltung zu den Waffenlieferungen spiegelt Unsicherheit und Ängste wider, die durch den russischen Krieg ausgelöst wurden.[28] Angesichts der Tatsache, dass die überwältigende Mehrheit der Deutschen bis in den Februar 2022 hinein Waffenlieferungen an die Ukraine prinzipiell ablehnte, sind diese Ergebnisse jedoch beachtlich.

Umfragen zeigen auch, dass sich eine knappe Mehrheit von 53 Prozent der Bundesbürger:innen diplomatische Bemühungen zur Beendigung des Krieges wünscht.[29] Was genau die Menschen sich unter Verhandlungen vorstellen und unter welchen Bedingungen sie eingegangen werden sollten, wurde nicht abgefragt. Der generelle Ruf nach Verhandlungen wird in der politischen Debatte immer wieder genutzt, um die Unterstützung für die Ukraine infrage zu stellen. Die russischen Auslandspropaganda tut das ihre, um diese Zweifel anzufachen.

Im Februar 2023 griff der russische Propaganda-Sender Sputnik ein Interview auf, das der frühere israelische Premierminister Naftali Bennett dem Journalisten Hanoch Daum gegeben und dann auf seinem YouTube-Kanal veröffentlicht hatte.[30] Eine lange Passage des fast fünfstündigen Gesprächs drehte sich um Bennetts Bemühungen, in den ersten Tagen nach der russischen Vollinvasion zwischen Wladimir Putin und Wolodymyr Selenskyj zu vermitteln. Bennetts Aussagen über die erste turbulente Phase der Verhandlungen sind äußerst ungenau. Unter anderem behauptet er, ohne es genau zu datieren, beide Seiten seien bereit gewesen, einem Vertragsentwurf zuzustimmen. Bennett kann nicht präzisieren, was alles in dem Entwurf stand, erwähnt aber die Neutralität der Ukraine. Er führt weiter aus, die USA, Großbritannien, Deutschland und Frankreich hätten irgendwann entschieden, einen härteren Kurs zu fahren und nicht mehr auf Verhandlungen zu drängen. Die englischen Untertitel lauteten jedoch fehlerhaft, die westlichen Staaten hätten ein Friedensabkommen »geblockt«.[31] Bennett spricht in der sehr langatmigen Interviewpassage auch davon, dass die Entscheidung des Westens, Kyjiw nicht zu einem Waffenstillstand zu drängen, »legitim« gewesen sei. Er könne nicht sicher sein, ob ein Deal tatsächlich zustande gekommen wäre. Nach der Entdeckung des Massakers in Butscha habe auch er keine Spielräume für Verhandlungen mehr gesehen.

Sputnik aber titelte am 5. Februar: »Ehemaliger Premierminister Israels deckt auf: Putin und Selenskyj waren bereit ›große Konzessionen‹ zu machen, bevor der Westen die Gespräche stoppte.«[32] Nur einen Tag später kam die *Berliner Zeitung* mit der Schlagzeile heraus: »Naftali Bennett wollte den Frieden zwischen der Ukraine und Russland: Wer hat blockiert?«[33] Der Artikel wurde in den sozialen Netzwerken tausendfach geteilt. Am 7. Februar, zwei Tage später, postete die Linken-Politikerin Sahra Wagenknecht ihn auf Twitter und schrieb dazu: »#Bennett arbeitete im März 2022 an einer Verhandlungslösung. Jetzt bestätigt der ehemalige israelische Ministerpräsident Berichte, dass ein #Waffenstillstand in der #Ukraine am Westen, vor allem an Großbritannien & den USA gescheitert ist.«[34] Ihr Tweet wurde fast eine halbe Million Mal aufgerufen. Die falsche Behauptung von der amerikanischen und britischen Blockade eines Friedensabkommens zog immer weitere Kreise. Bennett hatte seine Aussagen schon am 6. Februar 2023 revidiert. Auf Twitter schrieb er: »2 Punkte müssen unterstrichen werden […] 1. Es ist unklar, ob ein Deal möglich gewesen wäre. Ich habe dem damals 50 Prozent gegeben. Die Amerikaner hielten die Chance sogar für geringer. Schwer zu sagen, wer recht hatte. […] 2. Es ist nicht sicher, ob ein solcher Deal wünschenswert gewesen wäre. Damals dachte ich das, aber nur die Zeit kann es zeigen.«[35] Die Anhänger:innen der Blockade-Behauptung interessierte das aber nicht. Die Mär vom amerikanischen Boykott eines schnellen Friedens passte zu gut zu ihrer Legende, es handele sich bei der russischen Invasion um einen US-Stellvertreterkrieg gegen Russland, für den in der Ukraine Menschen sterben müssten.

Es ist unbestritten, dass in den ersten Wochen nach dem russischen Überfall intensiv verhandelt wurde.[36] Der israelische Premierminister sprach in den ersten Tagen nach Beginn der Invasion mehrmals mit Putin und Selenskyj und reiste am 26. Februar 2022 nach Moskau. Im Laufe des März übernahm der türkische Präsident Recep Tayyip Erdoğan die Hauptrolle als Vermittler. Er brachte am 10. März die Außenminister Dmytro Kuleba und Sergej Lawrow in Ankara zusammen und fungierte am 29. März als Gastgeber, als eine ukrainische und eine russische Verhandlungsdelegation in Istanbul zusammentrafen. Naftali Bennett spielte zu diesem Zeitpunkt keine sichtbare Rolle mehr. Seine vagen Andeutungen über die Inhalte eines angeblich Ende Februar diskutierten Kompromissvorschlags entsprachen einigen Aspekten des Communiqués, das die ukrainische Seite in Istanbul vorlegte. Dessen Eckpunkte waren die ukrainische Neutralität im Austausch für verlässliche Sicherheitsgarantien und ein Zeitraum von fünfzehn Jahren, um über den Status der Krim zu verhandeln. Voraussetzung dafür wäre aus ukrainischer Sicht der Rückzug der russischen Truppen hinter die Kontaktlinie vom 23. Februar 2022 gewesen. Der letzte Punkt des Communiqués sah ein Treffen Selenskyjs mit Putin vor, um strittige Fragen im persönlichen Gespräch zu klären.[37] Putin lehnte am Tag nach der Präsentation des Communiqués in Istanbul jeden direkten Kontakt mit dem ukrainischen Präsidenten ab. Er ließ die ukrainischen Vorschläge durchfallen. Wenige Tage später erschütterten die Bilder von ermordeten und gefolterten Zivilist:innen aus Butscha, Isjum und Borodjanka die Welt. Die Verhandlungen liefen trotzdem noch einige Wochen weiter, wenn auch mit schwindender Dynamik. Ein ukrainischer Beteiligter sagte mir im Juni 2022, Selenskyj habe auf ihrer Fortsetzung bestanden, obwohl in der Gesellschaft die Ablehnung eines Kompromisses mit Russland sprunghaft angestiegen sei, nachdem Anfang April die Kriegsverbrechen entdeckt worden waren. Die Gespräche wurden am 17. Mai eingestellt, einen Tag nach der Einnahme Mariupols durch die russischen Streitkräfte. Als Putin im September 2022 weitere Gebiete im ukrainischen Osten und Süden annektierte, zerstörte er jede Hoffnung, dass die Kriegsparteien irgendwann zu den Vorschlägen des Istanbuler Communiqués zurückkehren würden.[38]

Die Legende von der westlichen Blockade eines Friedensabkommens in den ersten Kriegstagen wurde in Deutschland schnell zum Teil einer politischen Kampagne. Am 10. Februar 2023 veröffentlichten Sahra Wagenknecht und Alice Schwarzer, Publizistin und Herausgeberin der feministischen Zeitschrift *Emma*, ein »Manifest für den Frieden« bei change.org. Im zweiten Absatz heißt es dort zwar: »Die von Russland brutal überfallene ukrainische Bevölkerung braucht unsere Solidarität.« Aber im weiteren Textverlauf bleibt Russland als Aggressor unsichtbar. Die Autorinnen beschreiben die Opfer des russischen Krieges in Passivkonstruktionen: Menschen werden getötet, Frauen vergewaltigt, Kinder verängstigt, ein Volk wird traumatisiert. Der ukrainische Präsident hingegen erscheint als Täter. Wagenknecht und Schwarzer beschuldigen Wolodymyr Selenskyj, immer mehr Waffen von seinen Unterstützern zu fordern und auf diese Weise Deutschland in einen Atomkrieg hineinzuziehen. Sie behaupten, die Ukraine könne den Krieg nicht gewinnen. Deshalb müsse sie Kompromisse machen. »Das […] meint auch die Hälfte der deutschen Bevölkerung«, schreiben sie – wahrscheinlich unter Bezugnahme auf jene Umfragen, in denen sich 53 Prozent für Verhandlungen ausgesprochen hatten. Wagenknecht und Schwarzer fordern Bundeskanzler Scholz auf, »die Eskalation der Waffenlieferungen« zu stoppen und sich »an die Spitze einer starken Allianz für einen Waffenstillstand und für Friedensverhandlungen« zu setzen. Bis Juli 2023 hatten etwa 840 000 Menschen die Petition unterschrieben.[39] Zur Kundgebung »Aufstand für den Frieden«, welche die Autorinnen ausgerechnet am 25. Februar 2023, einen Tag nach dem ersten Jahrestag der Vollinvasion, am Berliner Brandenburger Tor abhielten, erschienen etwa 13 000 Menschen, darunter auch Vertreter:innen des rechtsextremen Spektrums.*

Sahra Wagenknecht spielt seit 2022 immer wieder öffentlich mit dem Gedanken, eine neue Partei zu gründen. Sie kündigte Anfang März 2023 an, bei der nächsten Bundestagswahl nicht mehr für Die Linke zu kandidieren. Im Mai 2023 veröffentlichte sie in der rechtsgerichteten Schweizer Zeitung *Weltwoche* ihre »Vision für Deutschland: Frieden, Freiheit, Wohlstand für alle«.[40] Dort heißt es:

> »Der mit immer härteren Bandagen ausgetragene Grosskonflikt zwischen den Vereinigten Staaten auf der einen Seite und Russland und China auf der anderen hat die geopolitische Lage verändert. Aber wer um alles in der Welt zwingt uns, uns in diesem Konflikt als höriger Untertan an der Seite Washingtons zu positionieren? Vor allem die vorherrschende Erzählung, dass hier angeblich das Gute gegen das Böse, der freie, demokratische Westen gegen den unfreien, autokratischen Osten kämpfe, dass es um Werte gehe, statt um Interessen, um Moral statt um pekuniäre Vorteile. [...] In Wahrheit kämpft in diesem Konflikt die Weltmacht USA gegen ihren Abstieg und gegen das Ende der amerikanischen Vorherrschaft in der Welt. [...] Diese heile Welt des US-Imperialismus ist Vergangenheit, und zur Ironie

* Am 24. Februar hatten etwa 15 000 Menschen in Berlin an einer proukrainischen Kundgebung unter dem Motto #fullscalefreedom teilgenommen. Ähnliche Kundgebungen fanden in einigen Dutzend deutscher Städte statt.

der Geschichte gehört, dass der Ukraine-Krieg, der eigentlich als Stellvertreterkrieg zur Schwächung Russlands gedacht war, bei diesem Prozess als Brandbeschleuniger gewirkt hat. [...] Der aktuelle Wirtschaftskrieg gegen Russland schadet uns erkennbar mehr als dem eigentlichen Adressaten, weil er die Wettbewerbsfähigkeit unserer Unternehmen untergräbt. [...] Erste und wichtigste Aufgabe der Außenpolitik einer vernünftigen Bundesregierung wäre daher, statt einer fragwürdigen Moral nachzulaufen, die sich bei näherem Hinsehen als amerikanische Interessenpolitik entpuppt, unsere eigenen sicherheitspolitischen und ökonomischen Interessen in den Mittelpunkt zu rücken. Wichtigstes Interesse sind Frieden und Stabilität in Europa und die Rückkehr zu beiderseitig vorteilhaften Handelsbeziehungen zu unserem grossen Nachbarn im Osten. [...] Im europäischen und deutschen Interesse ist eine multipolare Welt anstelle der Entstehung einer bipolaren, in der uns der ungemütliche Platz eines unselbstständigen Vasallen zugedacht wäre, der im Zweifel für amerikanische Interessen die eigenen opfert und im schlimmsten Fall dafür sogar in den Krieg zieht.«

Ich zitiere Wagenknechts Artikel so ausführlich, weil er zeigt, wie sehr ihre Gedankenwelt der des Putin-Regimes ähnelt: Wagenknecht zufolge besteht das wirkliche Interesse Deutschlands darin, den Krieg rasch zu beenden und, auch auf Kosten der Ukraine, ein machtpolitisches Arrangement mit Russland zu finden, das die USA möglichst aus Europa verabschiedet. Putin wollte mit seinen Forderungen nach »Sicherheitsgarantien« an die USA und die NATO im Dezember 2021 erreichen, dass die USA ihre Truppen und Atomwaffen aus Europa abziehen und die NATO ihre Infrastruktur auf den Stand vor der ersten Erweiterung 1999 zurückbaut. Das Ergebnis wären eine russische und eine (stark geschrumpfte) amerikanische Einflusszone in Europa gewesen. Wagenknechts Behauptung, Russland sei Opfer des US-amerikanischen Imperialismus und eines westlichen Wirtschaftskriegs, liest sich, als wäre sie direkt dem russischen Propaganda-Narrativ entnommen. Deutschland, so Wagenknecht, müsse sich aus dem US-Vasallentum befreien und sich auf seine Interessen besinnen. So ähnlich klang auch Putin auf dem Waldai-Forum 2022, als er die Völker des Westens aufrief, sich auf ihre nationalen Interessen zu besinnen und sich gegen die herrschenden Eliten aufzulehnen.

Alice Schwarzer spielte im Frühjahr 2023 in der Kontroverse um das »Manifest« und den »Aufstand« für den Frieden eine untergeordnete Rolle. Es fällt auf, dass in ihren Interviews und auch in ihrem offenen Brief an Bundeskanzler Olaf Scholz vom 29. April 2022 keine feministischen Argumente auftauchen.[41] Sie beschreibt die russische Aggression als Stellvertreterkrieg der USA und der NATO gegen Russland. Sie spricht von den Vergewaltigungen in diesem Krieg wie von einer Naturgewalt, die über die Menschen kommt und keinen konkreten Täter hat. »Experten schätzen, dass in diesem Krieg auf beiden Seiten nach nur einem Jahr mindestens eine Viertelmillion Menschen getötet worden sind, Städte sind zerstört, Frauen vergewaltigt worden [...].«[42] Die neutrale Formulierung unterstellt, was Sahra Wagenknecht explizit macht: Alle Seiten begingen in Kriegen Verbrechen, russische und ukrainische Soldaten vergewaltigten gleichermaßen.[43] Bei Schwarzer geht außerdem unter, dass auch ukrainische Jungen und Männer massiv von sexualisierter Gewalt durch die russischen Streitkräfte betroffen sind. Sie spricht immer nur von Frauen. Die aggressive Hypermaskulinität und der Chauvinismus des Putin-Regimes verschwinden aus dem Blickfeld der feministischen Vorreiterin Deutschlands. Sie verkennt die umfassende Gender-Dimension des russischen Angriffskrieges auf die Ukraine.

Russischer Einfluss trotz Zeitenwende?

Mit der Vollinvasion in der Ukraine hat das Putin-Regime viele seiner bisherigen Einflusskanäle in der deutschen Politik selbst zugeschüttet. Sicherheit *mit* Russland in Europa ist in der politischen Mitte kein Thema mehr. Die SPD kämpft mit dem Erbe ihrer Ostpolitik. Bundespräsident Frank-Walter Steinmeier hat sich öffentlich für seine Rolle darin entschuldigt. Der SPD-Co-Vorsitzende Lars Klingbeil ging in zwei Grundsatzreden hart mit dem Kurs der Partei vor Februar 2022 ins Gericht. Gerhard Schröder erschien zur Feier des Sieges im Großen Vaterländischen Krieg am 9. Mai 2023 in der russischen Botschaft in Berlin. In seiner eigenen Partei will sich hingegen niemand mehr mit ihm sehen lassen. Andere Parteien distanzieren sich von russlandfreundlichen Elementen ihrer einstigen Politik. Der Ostausschuss der deutschen Wirtschaft, der bis zum Beginn der Vollinvasion Nord Stream 2 verteidigte und die Sanktionen anzweifelte, konzentriert sich heute auf den wirtschaftlichen Wiederaufbau in der Ukraine und berät deutsche Unternehmen beim Rückzug aus Russland. Die deutsche Seite des Petersburger Dialogs hat dessen Auflösung beschlossen.

Daraus sollte jedoch nicht gefolgert werden, dass das Putin-Regime seine Einflusspolitik aufgegeben hätte. RT und Sputnik bleiben trotz EU-weiten Verbots im Internet weiter erreichbar. Russische Trolle und Bots manipulieren auch heute noch die Debatten in den sozialen Medien. Investigative Recherchen der *Washington Post*, des *Spiegel* und anderer Medien zeigen, dass Russland sich weiter auf Deutschland konzentrieren könnte, um die Unterstützung der Ukraine durch den Westen zu untergraben.[44] Der Kreml setze dabei auf eine Querfront aus extrem rechten und weit links stehenden Kräften. Laut *Spiegel* hat er dabei ein besonderes Auge auf die AfD – und auf Sahra Wagenknecht.[45]

Belegt ist beispielsweise, dass im September 2022 drei AfD-Landtagsabgeordnete aus Sachsen und Nordrhein-Westfalen nach Moskau reisten. Ihre geplante Weiterfahrt in den russisch besetzten Donbas sagten sie ab, nachdem die Bundesspitze der Partei sich öffentlich von diesem Vorhaben distanziert hatte.[46] Der ehemalige Linken-Politiker Ralph Niemeyer, der heute der Reichsbürger-Bewegung nahesteht, war seit dem Beginn der russischen Invasion mindestens zweimal in Russland. Im September 2022 nahm er am Östlichen Wirtschaftsforum in Wladiwostok teil. Seine Posts in sozialen Netzwerken zeigen ihn mit der Pressesprecherin des russischen Außenministers, Marija Sacharowa, und dem Chef von Gazprom, Alexej Miller.[47] Er schrieb, er habe als Vertreter einer deutschen »Exilregierung« über die Energieversorgung des künftigen Deutschlands gesprochen. Während einer bundesweiten Großrazzia gegen die Reichsbürger-Bewegung im März 2023 hielt sich Niemeyer ebenfalls in Moskau auf und gab dem Propaganda-Sender RT ein Interview. Dort erklärte er, er sei in Deutschland als Oppositioneller politisch verfolgt, weil er mit Russland eine Vereinbarung über die Inbetriebnahme von Nord Stream 2 verhandelt habe.[48] Ralph Niemeyer war von 1998 bis 2013 mit Sahra Wagenknecht verheiratet. Seine Aussage, fast täglich mit Wagenknecht in Kontakt zu stehen, wurde von ihr nicht bestätigt.[49] Es gibt keine Belege für direkte Kontakte Wagenknechts nach Russland. Sie äußert sich gelegentlich kritisch über die innenpolitischen Verhältnisse in Russland. Aber es liegt nahe, warum Kreml-Strategen sie ins Visier nehmen und eine Querfront mit der AfD fördern wollen könnten. Umfragen zeigten im Frühjahr 2023, dass bis zu 19 Prozent der Befragten bereit wären, eine neue Partei unter Wagenknechts Führung zu wählen.[50] Die Unterstützung für die AfD stieg zwischen Mai und Juli ebenfalls deutlich bis auf 20 Prozent, was vor allem mit dem Koalitionsstreit über das sogenannte

Heizungsgesetz von Wirtschaftsminister Robert Habeck zu tun hatte. Wie in anderen EU-Mitgliedsstaaten auch profitieren die Rechtspopulist:innen mehr von den Sekundäreffekten des Krieges, also von steigenden Preisen und wachsender Inflation, als vom Krieg selbst. Russlands Krieg gegen die Ukraine könnte zu einer weiteren Verschiebung am rechten und linken Rand des deutschen Parteienspektrums führen. Während die Linke immer schwächer wird, verlagert sich die russische Einflussnahme weg von der politischen Mitte hin zur extremen Rechten.

Wie weiter, Deutschland?

Für die deutsche Politik gelten die gleichen Strategieempfehlungen, die ich im Kapitel über Europas Antwort auf Russlands Krieg gegen die Ukraine formuliert habe: Die Ukraine muss militärisch, wirtschaftlich und politisch unterstützt werden, damit sie den Krieg für sich entscheiden und sich zu einem demokratischen Mitglied der EU und der NATO entwickeln kann. Das muss bis auf Weiteres die oberste Priorität der deutschen wie der europäischen Osteuropa-Politik sein. Auch die integrationswilligen Staaten der östlichen Nachbarschaft, Moldau und Georgien, müssen auf ihrem Weg massiv unterstützt werden, um die verbleibenden Räume kooperativer Sicherheit zwischen liberalen Demokratien in Europa zu festigen. Das russische ebenso wie das belarusische Regime werden Gegner bleiben. Ändern kann sich das nur, wenn sich die Politik beider Länder fundamental wandelt. Die imperialistischen Ambitionen Russlands müssen eingedämmt werden, während die Kontakte mit der unabhängigen Zivilgesellschaft beider Länder ausgebaut werden müssen. Um im globalen Wettkampf zu bestehen und die liberale Weltordnung gegen die Angriffe autokratischer und chauvinistischer Regime zu verteidigen, müssen die EU und ihre Mitgliedsstaaten ihre Politik so umgestalten, dass sie den Staaten und Gesellschaften in Afrika, Lateinamerika und Asien Kooperationsangebote auf Augenhöhe machen. Um eine solche Außenpolitik dauerhaft zum Erfolg zu führen, müssen Demokratien Fehlentwicklungen in ihrem Inneren korrigieren, ihr politisches und wirtschaftliches Gleichstellungsversprechen einlösen und sich gegen den erstarkenden Rechtspopulismus rekonsolidieren.

Es kann nur eine europäische Antwort auf die systemische Herausforderung durch das chauvinistische Putin-Regime geben. Die deutsche Politik muss Teil dieser Antwort sein. Das erfordert von Deutschland mehr Umdenken und größere Anpassungsleistungen als von anderen EU-Mitgliedsstaaten. Deutschland muss im Angesicht des Krieges seine Osteuropa-Politik vom Kopf auf die Füße stellen. Deutsche Politik muss nun die Ukraine, Moldau und Georgien in den Mittelpunkt stellen, nicht mehr die politischen und wirtschaftlichen Beziehungen mit Russland. Männerbünde à la Schröder–Putin dürfen nie wieder die Richtung für die deutsche Osteuropa-Politik vorgeben.

Für die Zusammenarbeit mit der russischen und der belarusischen Zivilgesellschaft bringt Deutschland hingegen gute Voraussetzungen mit. Die langjährigen engen zwischengesellschaftlichen Beziehungen mit beiden Ländern prädestinieren Deutschland dafür, eine wichtige Plattform für die demokratischen und proukrainischen Teile dieser Gesellschaften zu werden. Die politischen Stiftungen und zivilgesellschaftlichen Organisationen haben schnell reagiert und unterstützen Partner:innen aus Russland und Belarus, die im Exil neue Strukturen aufbauen. Die Bundesregierung hat bürokratische Hürden abgebaut und so die schnellere Vergabe von humanitären Visa für gefährdete Menschen in beiden Ländern ermöglicht. Dieser Weg muss weiter beschritten werden.[51]

Die deutsche Politik muss der Tatsache Rechnung tragen, dass Teile der deutschen Bevölkerung für russische Propaganda-Narrative anfällig bleiben. Hier muss gezielt gegengesteuert werden. Neben Presse und Rundfunk leisten journalistische Kollektive und investigative Medien wie dekoder.org oder correctiv.org bereits hervorragende Arbeit für Aufklärung und politische Bildung. Solche Strukturen müssen gestärkt werden. Die Bundesregierung sollte die Einrichtung eines Zentrums für den Kampf gegen Desinformation in Erwägung ziehen. Mit der Bundeszentrale und den Landeszentralen für politische Bildung sowie den über das Bundesgebiet verteilten Vertretungen der politischen Stiftungen und anderen zivilgesellschaftlichen Strukturen existiert ein dichtes Netzwerk von Einrichtungen, die mit Veranstaltungen den demokratischen Diskurs über den Krieg und seine Folgen vorantreiben können. Sie sollten dabei gezielt auf direkte Begegnungen mit Menschen aus der Ukraine, Belarus und Russland setzen, um gerade den skeptischen Bevölkerungsteilen Einblicke in die Realitäten des Krieges in der Ukraine und die politische Unterdrückung und Ausweglosigkeit in Belarus und Russland zu gewähren.

Deutschland wird weiter eine wichtige Rolle bei der Formulierung der europäischen Antwort auf die chauvinistische Gefahr aus Russland spielen. Sollte Donald Trump 2024 die US-Präsidentschaftswahl gewinnen, wird sich die Frage deutscher und europäischer Verantwortung noch dringender stellen. Deutschland hat durch seine Russland-Politik in den vergangenen Jahrzehnten Vertrauen bei den europäischen und transatlantischen Partnern, aber auch in Osteuropa eingebüßt. Das darf nicht wieder geschehen. Denn das Vertrauen der Partner ist das wichtigste Gut für Deutschland in Europa.

SCHLUSS

Ich wünsche mir nichts sehnlicher, als dass dieser schreckliche Krieg endet. Was müssen die Ukrainer:innen fühlen, die noch in ihrem Land sind, und jene, die geflüchtet sind, die Soldat:innen an der Front, die Menschen, die seit über einem Jahr einen großen Teil ihres Lebens in Schutzkellern verbringen, die ihre Häuser und Wohnungen verloren haben, verletzt worden sind, die getötete Angehörige betrauern? Oder die Russ:innen, die gegen den Krieg sind? Die in Russland oder im Exil an den Schuldgefühlen zerbrechen, die das Putin-Regime ihnen mit seinem Krieg aufgeladen hat? Oder die Belarus:innen, die sich 2020 gegen Machthaber Lukaschenka aufgelehnt haben und deren Situation sich durch den Krieg weiter verschlimmert hat?

Der russische Angriffskrieg gegen die Ukraine kann mit Verhandlungen enden, wenn die Voraussetzungen für die Ukraine stimmen. Diese Voraussetzungen müssen militärisch hergestellt werden, weil Wladimir Putin sich die militärische Vernichtung des Nachbarstaates zum Ziel gesetzt und damit alle Beteiligten in eine Sackgasse getrieben hat. Wir müssen uns klar sein: Je schlechter die Situation der Ukraine zum Zeitpunkt eines Waffenstillstandes ist, je mehr ukrainisches Territorium sich noch unter russischer Besatzung befindet, desto prekärer und instabiler wird ein solcher Waffenstillstand sein. Der ukrainische Präsident Selenskyj hat recht: Die beste Voraussetzung für wirklichen

Frieden ist die Befreiung des gesamten ukrainischen Territoriums.

Zu wirklichem Frieden, der über die reine Abwesenheit von Gewalt hinausgeht, gehört Versöhnung. Wie sich Ukrainer:innen mit Russ:innen aussöhnen können, ist mir zum gegenwärtigen Zeitpunkt schleierhaft. Solange das Putin-Regime in der Ukraine weiter Bomben wirft, brandschatzt, Menschen entführt, vergewaltigt und ermordet, während die russische Gesellschaft all das mehrheitlich mitträgt, ist Versöhnung ausgeschlossen. Selbst wenn die russischen Truppen sich vollständig aus der Ukraine zurückzögen, Russland seine Schuld anerkennen, die Verantwortlichen einem internationalen Tribunal übergeben und Reparationen zahlen würde – ein Versöhnungsprozess würde wahrscheinlich Jahrzehnte dauern und Generationen in Anspruch nehmen. Ich durfte als Deutsche über Jahre in Frankreich leben. In den 1990er-Jahren öffneten mir in Sankt Petersburg *blokadniki*, Überlebende der deutschen Blockade von Leningrad 1941 bis 1944, ihre Türen, bewirteten mich und erzählten mir ohne jeden persönlichen Groll von ihren entsetzlichen Erlebnissen. Später erlebte ich die gleiche Offenheit bei unzähligen Begegnungen in der Ukraine, in Belarus und im Südkaukasus. Wären solche Zeichen von Versöhnung ohne die bedingungslose Kapitulation und Besetzung Deutschlands 1945 möglich gewesen? Russland wird den Krieg hoffentlich verlieren – aber sicher nicht in der gleichen Form wie Deutschland 1945. Versöhnung und Frieden zwischen der Ukraine und Russland bleiben deshalb in weiter Ferne. Umso wichtiger ist es, dass die EU und besonders Deutschland diesen Moment für einen neuen Anfang in ihren Beziehungen mit der Ukraine, aber auch mit Moldau und Georgien nutzen. Der Platz dieser Länder ist in Europa.

Um den Jahreswechsel 2021/22 las ich das Tagebuch von Anna

Haag.[1] Haag war eine Sozialdemokratin, Schriftstellerin und Politikerin aus Württemberg. Sie überdauerte den Nationalsozialismus und den Zweiten Weltkrieg in der inneren Emigration in Stuttgart-Hoffeld. Wäre ihr Tagebuch entdeckt worden, sie hätte es wahrscheinlich mit dem Leben bezahlt. Fünf lange Jahre analysierte sie scharfsinnig die moralische Katastrophe, in der die deutsche Gesellschaft versank. Sie quälte sich wieder und wieder mit der Frage, welche Verantwortung sie persönlich für den Krieg und die nationalsozialistischen Verbrechen trug und sehnte die deutsche Niederlage herbei. Ich war zutiefst beeindruckt und erzählte auch russischen Freund:innen von der Lektüre. Einige Wochen nach dem Beginn der Vollinvasion sagte mir eine von ihnen: »Siehst du, heute geht es uns so wie Anna Haag.« Anna Haag wurde 1946 eine der ersten weiblichen Landtagsabgeordneten in Württemberg. Sie gehörte zu den Initiator:innen von Artikel 4 Absatz 3 des Grundgesetzes – über das Recht, den Kriegsdienst an der Waffe zu verweigern. Es gibt viele Russ:innen, die das Potenzial haben, sich wie Anna Haag für den Aufbau einer Demokratie einzusetzen. Ich hoffe, sie haben irgendwann auch die Chance dazu.

DANK

Ein Buch zu schreiben ist eine einsame Angelegenheit. Und doch wäre es nicht möglich ohne die Hilfe so vieler Menschen. Alice Bota hat das ganze Manuskript vom Anfang bis zum Ende, Jens Siegert hat große Teile gelesen. Ich danke ihnen von Herzen für ihren scharfen Blick, für ihre klugen Vorschläge und für die vielen Ermutigungen. Ich danke Kathrin Blanke-Gruber, Lars Brozus, Gabriele Freitag, Margarete Klein, Janis Kluge, Andrea Liese, Astrid Sahm, Susan Stewart und Claudia Zilla dafür, dass sie einzelne Teile des Manuskripts gelesen und kommentiert haben. Martha Schmidt danke ich für ihre unermüdliche und effiziente Zuarbeit, Hartmut Schröder für den sorgfältigen Faktencheck am Ende. Cornelia Büsing hat mir mit energischem Rat und klugen Fragen den Einstieg in den Schreibprozess erleichtert. Meine Agentin Annette Brüggemann hat dieses Projekt ermöglicht, inhaltlich und organisatorisch begleitet und mir beigebracht, was ein populäres Sachbuch von einem wissenschaftlichen Text unterscheidet. Dafür gebührt ihr großer Dank. Ich danke Silvie Horch vom Econ Verlag und dem Autor Jan Martin Ogiermann. Sie haben das Manuskript betreut und es durch ihr Lektorat viel besser gemacht.

Es gibt so viele Menschen, die mich in meiner Arbeit über viele Jahre inspiriert haben, dass ich sie unmöglich alle nennen kann. Für Gespräche nicht nur, aber auch über dieses Buch danke ich:

Oksana Antonenko, Muriel Asseburg, Heike Dörrenbächer, Markus Ederer, Rüdiger Freiherr von Fritsch, Magdalena Grono, Stefanie Harter, Miriam Kosmehl, Walter Kaufmann, Ivan Krastev, Reinhard Krumm, Kadri Liik, Stefan Meister, Olga Oliker, Rexane Rasmussen, Gwendolyn Sasse, Angela Stent, Michael Thumann, Alexej Yusupov und vielen mehr. Ich danke meiner Familie Michael, Stephan und Christian Fischer und Gilla Günther sowie meinen Freund:innen für immerwährende Unterstützung. Aber alles wäre nichts ohne das Vertrauen, das Menschen in Osteuropa mir in den vergangenen Jahrzehnten geschenkt haben. Die tiefen Einblicke, die sie mir in unzähligen beruflichen und privaten Begegnungen, in Gesprächen und in der Zusammenarbeit gewährt haben, sind die Grundlage meines Verständnisses und Wissens, sie sind mir sachliche Orientierung und emotionaler Bezug. Ohne sie wäre dieses Buch nicht möglich gewesen.

QUELLENNACHWEISE

Einleitung

1 »Die Schläger haben Carte blanche«, in: *Frankfurter Allgemeine Zeitung*, 06.01.2023, S.5.

1 Was ist Chauvinismus?

1 Gérard de Puymège: »Chauvin and Chauvinism: In Search of a Myth«, in: *History and Memory* 6 (1994), H.1, S.66.

2 Jane Mansbridge und Katherine Flaster: »Male Chauvinist, Feminist, Sexist, and Sexual Harrassment. Different Trajectories in Feminist Linguistic Innovation«, in: *American Speech* 80 (2005), H.3, S.259.

3 Vgl. Ute Gerhard: *Frauenbewegung und Feminismus. Eine Geschichte seit 1789*, München 2018, S.123; Gudrun-Axeli Knapp: »›Intersectionality‹ – ein neues Paradigma feministischer Theorie? Zur transatlantischen Reise von ›Race, Class, Gender‹«, in: *Feministische Studien* 23 (2005), H.1, S.68–81.

4 Romana Careja und Eloisa Harris: »Thirty years of welfare chauvinism research. Findings and challenges«, in: *Journal of European Social Policy* 32 (2022), H.2, S.212–224.

5 Lynn Price Cooke: »Why Trump's male chauvinism appeals to some voters more than others«, 21.10.2016, in: *theconversation.com*.

6 Hannah Arendt (1945): »Imperialism, Nationalism, Chauvinism«, in: *The Review of Politics* 7 (1945), H.4, S.441–463.

7 Ebd., S.462.

8 Kristina Lunz: *Die Zukunft der Außenpolitik ist feministisch. Wie globale Krisen gelöst werden müssen*, Berlin 2022, S.119 ff.

9 Vgl. Joane Nagel: »Masculinity and nationalism: gender and sexuality in the making of nations«, in: *Ethnic and Racial Studies* 21 (1998), H.2, S.248 ff.

10 Cynthia Enloe: *Bananas, Beaches and Bases. Making Feminist Sense of International Politics*, Berkeley 2014, S.87.

11 Ebd., S.95.

12 Nagel, S.254 ff.

13 Enloe, S.348 ff.

14 Diese und alle weiteren Übersetzungen aus dem Russischen und Englischen stammen von der Autorin. Valerie M. Hudson et al.: *The First Political Order. How Sex Shapes Governance and National Security Worldwide*, New York 2020, S.15.

15 Hudson et al., S.99.

16 Ebd., S.141.

17 Alle Daten, Karten und Infografiken sind kostenlos auf der Website des Projekts abrufbar: www.womanstats.org.

18 V-Dem Institute (Hrsg.): *Defiance in the Face of Autocratization. Democracy Report 2023*, University of Gothenburg 2023, S.6.

19 Die Krise der amerikanischen und anderer liberaler Demokratien wurde in den letzten Jahren ausführlich diskutiert, unter anderem von Ivan Krastev und Steven Holmes: *Das Licht, das erlosch. Eine Abrechnung*, Berlin 2019; Steven Levitsky und Daniel Ziblatt: *How Democracies Die*, New York 2018; Herfried Münkler: *Die Zukunft der Demokratie*, Wien 2022; Adam Przeworski: *Crises of De-*

mocracy, Cambridge 2019; Armin Schäfer und Michael Zürn: *Die demokratische Regression*, Berlin 2021.

20 Anna Geis und Ursula Schröder: »The last straw for (liberal) interventionism?«, in: *Zeitschrift für Friedens- und Konfliktforschung* (2022) 11: S.295–307.

21 Roland Czada: »Realismus im Aufwind? Außen- und Sicherheitspolitik in der Zeitenwende«, in: *Leviathan* 50 (2022), S.216–238.

22 Richard Ned Lebow: »International Relations Theory and the Ukrainian War«, in: *Analyse & Kritik* 44 (2022), H.1, S.112.

23 John Mearsheimer: »Why the Ukraine Crisis is the West's Fault«, 18.08.2014, in: *foreignaffairs.com*.

24 Ebd.

25 Vgl. Paul Poast: »A World of Power and Fear. What Critics of Realism Get Wrong«, 15.06.2022, in: *foreignaffairs.com*.

26 John Mearsheimer: »Playing with Fire in Ukraine«, 17.08.2022, in: *foreignaffairs.com*.

27 Nicolas Ross Smith und Grant Dawson: »Mearsheimer, Realism, and the Ukraine War«, in: *Analyse & Kritik* 44 (2022), H.2, S.175–200; Stephen M. Walt: »An International Relations Theory Guide to the War in Ukraine. A consideration of which theories have been vindicated – and which have fallen flat«, 08.03.2022. in: *foreignpolicy.com*.

28 Roland Czada: »Realismus im Aufwind? Außen- und Sicherheitspolitik in der Zeitenwende«, in: *Leviathan* 50 (2022), H.2, S.225.

29 Ulrich Schneckener: »Blendwerk und Blindstellen. Zur neorealistischen Analyse des russischen Angriffskrieges«, in: Johannes Varwick (Hrsg.): (Nie) wieder Krieg, *Politikum*-Sonderheft, hrsg. von Johannes Varwick, Frankfurt a. M. 2022, S.18–25.

30 Michael Zürn: »Macht Putin den (Neo-)Realismus stark?« In: *Leviathan* 50 (2022), H.3, S.395–412.

31 Alexander Wendt: »Anarchy is what states make of it: The social construction of power politics«, in: *International Organization* 46 (1992), H.2, S.391–425.

2 Chauvinismus in Russland

1 Nachzulesen im Transkript des Treffens mit Putin auf der Homepage des Kremls: »Meeting of the Valdai International Discussion Club«, 19.10.2017, http://en.kremlin.ru/events/president/news/55882.

2 Peter Reddaway und Dmitri Glinski: *The Tragedy of Russia's Reforms. Market Bolshevism against Democracy*, Washington 2001, S.232 ff.

3 Karen Dawisha und Catherine Belton haben minutiös beschrieben, wie diese Prozesse abliefen und wie sich korrupte Strukturen herausbildeten, die auch für das Putin'sche System konstitutiv wurden. Karen Dawisha: *Putin's Kleptocracy. Who owns Russia*, New York 2015; Catherine Belton: *Putin's People. How the KGB Took Back Russia and then Took on the West*, New York 2020.

4 Jens Siegert: »Zivilgesellschaft in Russland«, in: *Länderbericht Russland*, hrsg. von Heiko Pleines und Hans-Henning Schröder, Bonn 2009, S.172–190.

5 Siehe Kapitel 1: Chauvinismus (Enloes Bild von der Regenschirm-Nation).

6 Meduza: »Drug patriarcha, prisoedinitel Kryma«, 23.03.2018, in: *meduza.io*.

7 Meduza: »Schurnalistki obwinili deputata Gosdumy Leonida Sluzkogo v domogatelstwach. On wse otrizaet«, 24.02.2018, in: *meduza.io*.

8 »8 marta. W snak solidarnosti wygonjaem is Gosdumy domogajuschtschegosja deputata. Psichopata. Korrupzionera«, 08.03.2018, in: *meduza.io*.

9 Andreas Umland: »Zhirinovsky's Last Thrust to the South and the Definition of Fascism«, in: *Russian Politics and Law* 46 (2008), H.4, S.31–46.

10 Siehe Kapitel 3: Russlands Kriege.

11 Auch Alexej Nawalnyj war eine Zeit lang mit von der Partie. Jan Matti Dollbaum, Morvan Lallouet und Ben Noble: *Nawalny. Seine Ziele, seine Gegner, seine Zukunft*, Hamburg 2021, S.90 ff.

12 Vladimir Putin: »Über die historische Einheit der Russen und der Ukrainer«, in: Osteuropa, 71.Jg., (7/2021), S.51–66.

13 Vladimir Putin: »Wir erkennen die Volksrepubliken an«, in: Osteuropa. Jg.72, (1–3/2022), S.119–135, S.121.

14 Elizaveta Gaufman: »Damsels in distress. Fragile masculinity in digital war«, in: *Media, War & Conflict* 2022. Zu sexualisierter Gewalt in Russlands Krieg gegen die Ukraine siehe Kapitel 3.

15 Richard Sites: *The Women's Liberation Movement in Russia: Feminism, Nihilism, and Bolshevism, 1860–1930*, Princeton 1978, S.157 ff.

16 Orlando Figes: *A People's Tragedy. The Russian Revolution*, London 2017, S.308 55.

17 Barbara Evans Clements: *A History of Russian Women. From Earliest Times to the Present*, Bloomington und Indianapolis 2012, S.157.

18 Vgl. Sites über Alexandra Kollontai, S.346 ff.

19 Valerie Sperling: *Organizing Women in Contemporary Russia. Engendering transition*, Cambridge 1999, S.16.

20 Martine Mespoulet: »Women in Soviet society«, in: *Cahiers du CEFRES*, 2006, H.30, S.2.

21 Ebd.

22 Valerie Sperling: *Sex, Politics, & Putin. Political Legitimacy in Russia*, Oxford 2015.

23 Janet Elise Johnson und Aino Saarinen: »Twenty-First-Century Feminisms under Repression. Gender Regime Change and the

Women's Crisis Center Movement in Russia«, in: *Journal of Women in Culture and Society* 38 (2013), H.3, S.543–567, S.546.

24 Masha Gessen: *The Man Without a Face. The Unlikely Rise of Vladimir Putin*, New York 2012, S.6.

25 Global Gender Gap Reports des World Economic Forum, weforum.org. Der Report von 2022 enthält keine Zahlen für Russland – es ist anzunehmen, dass die russische Regierung 2022 keine Daten mehr geliefert hat.
Coalition for Sustainable Development in Russia: *The Invasion of Ukraine: Implications for the SDGs in Russia*, Berlin 2023, S.75.

26 Aleksej Melnikow: »Putin dolshen iswinitsja pered woennomorskim flotom Rossii Nushen li naschej strane president-lizemer?«, 11.12.2004, in: yabloko.ru.

27 Zitiert nach Andrej Perzew: »Istoria stanowlenja wojennogo aggressora Wladimira Putina«, 05.05.2022, in: *verstka.media*.

28 »Vladimir Putin Meets with Members the Valdai International Discussion Club. Transcript of the Speech and the Meeting«, 20.09.2013, *valdaiclub.com*.

29 Tatjana Rjabowa und Oleg Rjabow: »Nastojaschtschij mushik: o gendernom ismerenii simwolitscheskoj politiki«, in: *Schenschtschina v rossijskom obschtschestwe* 2011, H.3, S.69.

30 Ebd., S.70.

31 Vgl. auch Leandra Bias: »Die Internationale der Antifeministen«, 06.06.2022, in: *republik.ch*.

32 Musikvideo »Pojuschtschie Wmeste – Takogo Kak Putin« www.youtube.com/watch?v=up0GTKR_ZNs.

33 Meduza: »Kak wyschlo, tschto w XXI weke shenschtschinam opjat prichoditsja borotsja sa prawo na aborty?«, 26.06.2022. in: *meduza.io*.

34 Irina Kosterina: »Ist die Genderpolitik in Russland konservativ?«, in: *Russland-Analysen* 2017, H.338, S.4.

35 valdaiclub.com/events/posts/articles/vladimir-putin-meets-with-members-of-the-valdai-discussion-club-transcript-of-the-18th-plenary-session/.

36 Adam Taylor: »Ramzan Kadyrov says there are no gay men in Chechnya, and if there are any they should go to Canada«, 15.07.2017, in: *washingtonpost.com*.

37 Alexander Sasha Kondakov und Alexandra Novitskaya: »The Politics of Gender and Sexuality«, in: *Russian Politics Today. Stability and Fragility*, hrsg. von Susanne A. Wengle, Cambridge 2023, S.157.

38 Ekaterina Basmanova: »Ultrakonservative Politikerinnen im russischen Parlament: Positionen, Funktionen und Gesetzesinitiativen«, in: *Russland-Analysen* 2017, H.338.

39 Alice Bota: »Im Krieg gegen Kinder«, in: *Die Zeit* vom 23.03.2023, S.8.

40 »The forbidden satire about Putin«, www.youtube.com/watch?v=otq1eZKyfy0.

41 Dmitrij Medwedew: »Rossija, wperjod! Statja Dmitrija Medwedewa«, 10.09.2009, www.kremlin.ru/events/president/news/5413.

42 Mischa Gabowitsch: *Putin kaputt!? Russlands neue Protestkultur*, Frankfurt a. M. 2013.

43 Pussy Riot: »Mother of God, Putin Put!«, deutsche Übersetzung: www.songtexte.com/uebersetzung/pussy-riot/mother-of-god-putin-put-deutsch-23d6c8c7.html.

44 Fabian Burkhardt und Jan Matti Dollbaum: »Der Bolotnaja Prozess, Russland 2013«, in: *Lexikon der Politischen Strafprozesse*, hrsg. von Kurt Groenewold, Alexander Ignor und Arnd Koch, Hamburg 2018; Human Rights Watch: »Russia: Protesters Found Guilty in Flawed Case«, 18.04.2014, in: hrw.org.

45 Steven Levitsky und Lucan Way: *Competitive Authoritarianism.*

Hybrid regimes after the Cold War, Cambridge 2010; Andreas Schedler: *The politics of uncertainty. Sustaining and subverting electoral authoritarianism*, Oxford 2013.

46 Vladimir Gel'man: *Authoritarian Russia. Analyzing Post-Soviet Regime Changes*, Pittsburgh 2015, S. 130.

47 Daniel Treisman (Hrsg.): *The new autocracy. Information politics, and policy in Putin's Russia*, Washington 2018.

48 Vladimir Gel'man: *The Politics of Bad Governance in Contemporary Russia*, Ann Arbor 2022, S. 241 ff.

49 Wunderbar beschrieben haben dies Alice Bota: *Die Frauen von Belarus. Von Revolution, Mut und dem Drang nach Freiheit*, Berlin 2021 und Olga Shparaga: *Die Revolution hat ein weibliches Gesicht. Der Fall Belarus*, Frankfurt a. M. 2021.

50 Sabine Fischer, Janis Kluge und Astrid Sahm: »Souveränität, Subordination, Integration. Schlüsselfragen zwischen Moskau und Minsk«, in: *Osteuropa* 70 (2020), H. 10–11, S. 291–304.

3 Russlands Kriege

1 Jens Siegert: *Im Prinzip Russland. Eine Begegnung in 22 Begriffen*, Hamburg 2021, S. 108.

2 Jan C. Behrends: »Afghanistan als Gewaltraum: Sowjetische Soldaten erzählen vom Partisanenkrieg«, in: *Sovietnam. Die UdSSR in Afghanistan 1979–1989*, hrsg. von Tanja Penter und Esther Meier, Paderborn 2016.

3 Vortrag von Arsenij Roginskij auf der Konferenz »Geschichte des Stalinismus«, 15. 12. 2008, Heinrich-Böll-Stiftung www.boell.de/de/2008/12/15/erinnerungen-den-stalinismus.

4 Jan Schenkman: »Moschem powtorit – eto samena proekta buduschtschewo«, 19. 10. 2022, in: *novayagazeta.eu*.

5 Timothy Snyder: *Bloodlands. Europa zwischen Hitler und Stalin*, München 2011.

6 »Bundestag ordnet Holodomor als Völkermord ein«, 30.11.2022, www.bundestag.de/dokumente/textarchiv/2022/kw48-de-holodomor-923060.

7 »European Parliament resolution of 15 December 2022 on 90 years after the Holodomor: recognising the mass killing through starvation as genocide«, 15.12.2022, www.europarl.europa.eu/doceo/document/TA-9-2022-0449_EN.html.

8 Holodomor Museum: Worldwide Recognition of the Holodomor as Genocide, holodomormuseum.org.ua/en/recognition-of-holodomor-as-genocide-in-the-world/.

9 Dies befand auch eine von der EU eingesetzte Expert:innenkommission unter der Leitung der Schweizer Diplomatin Heidi Tagliavini: »Independent International Fact-Finding Mission on the Conflict in Georgia: Report«, September 2009, S. 10 f. ge.boell.org/sites/default/files/2019-11/HUDOC_38263_08_Annexes_ENG.pdf.

10 Thomas Goltz: *Chechnya Diary. A War Correspondent's Story of Surviving the War in Chechnya*, New York 2003, S. 101.

11 Christoph Zürcher: *The Post-Soviet Wars. Rebellion, Ethnic Conflict, and Nationhood in the Caucasus*, New York und London 2007, S. 71 ff.

12 Ebd., S. 88.

13 Anna Politkowskaja: *Tschetschenien. Die Wahrheit über den Krieg*, Köln 2003.

14 Roberto Colombo und Emil Aslan Souleimanov: *Counterinsurgency Warfare and Brutalisation. The Second Russian-Chechen War*, London 2021, S. 77.

15 Uwe Halbach: *Tschetscheniens Stellung in der Russischen Föderation. Ramsan Kadyrows Privatstaat und Wladimir Putins föderale Machtvertikale*, März 2018, SWP-Studie.

16 Jelena Milaschina: »Chronologija ›swadby weka‹ ot Jeleny Milaschiny«, 20.05.2015, in: *novayagazeta.ru*.

17 Anna Politkowskaja: »Zentrowoj is Zentoroja. Interwju s Ramsanom Kadyrowym«, 21.06.2004, in: *novayagazeta.ru*.

18 Margarete Klein und Nils Holger Schreiber: *Der Angriff auf die Ukraine und die Militarisierung der russischen Außen- und Innenpolitik. Stresstest für Militärreform und Regimelegitimation*, 07.12.2022, SWP-Aktuell Nr.76, S.2 f.

19 Human Rights Watch: *»Targeting Life in Idlib«. Syrian and Russian Strikes on Civilian Infrastructure*, 15.10.2020, S.1.

20 Sabine Fischer: *Der Donbas-Konflikt. Widerstreitende Narrative und Interessen, schwieriger Friedensprozess*, Februar 2019, SWP-Studie, S.9.

21 Sabine Fischer: *Friedensverhandlungen im Krieg zwischen Russland und der Ukraine: Mission impossible*, 28.10.2022, SWP-Aktuell Nr.66, S.2.

22 Gwendolyn Sasse: *Der Krieg gegen die Ukraine. Hintergründe, Ereignisse, Folgen*, München 2022, S.88.

23 Fischer: *Friedensverhandlungen im Krieg zwischen Russland und der Ukraine: Mission impossible*.

24 Ihor Pylypenko, Daria Malchykova: Der Kachowka-Stausee. Wirtschaftsmotor und Kriegsschauplatz, in: *Osteuropa* 70 (2023), H.1–2, S.53–60.

25 The New York Times: »Why the Evidence Suggests Russia Blew Up the Kakhovka Dam«, 16.06.2023, in: *nytimes.com*.

26 Tribunal für Putin: *Gerechtigkeit verjährt nicht*, Erklärung der Initiative »Tribunal für Putin«, 23.02.2023, t4pua.org/de/1430. Die Initiative macht ihre Datenbank in sieben Sprachen, darunter auch Deutsch, auf ihrer Website zugänglich: t4pua.org/de/stats.

27 Office of the High Commissioner for Human Rights of the United Nations: *Report on the Human Rights Situation in Ukraine*, 24.03.2023, S.16 und S.28.

28 The Moscow Times: »UN Envoy: Rape Used as Part of Russian ›Military Strategy‹ in Ukraine«, 14.10.2022, in: *themoscowtimes.com*.

29 Jurko Prochasko: Flut der Flucht. Eröffnungsrede anlässlich der Jahrestagung der Deutschen Gesellschaft für Osteuropakunde, »Flucht und Exil im östlichen Europa. Macht und Ohnmacht, erscheint in: Osteuropa 70 (2023) H.3–4.

30 Iwan Schilin: »Loschetschku sa ›Wagnera‹«, 26.01.2023, in: *novaya.media*.

31 Denis Korotkow: »Im eti golownjaki ni k tschemu«, 09.01.2022, in: *novayagazeta.ru*.

32 Nik Afanasjew und Alice Bota: »Wir waren Kanonenfutter«, in: *Die Zeit*, 23.02.2023, S.17.

33 Nowaja Gazeta: »Ich sadatscha – rasminirowat soboj minnyje polja« / Olga Romanowa w podkaste »Poschiwem – uwidim«, www.youtube.com/watch?v=M_8l3w9npxw.

34 Institute for the Study of War: *Russian Offensive Campaign Assessment, March 30, 2023*, 30.03.2023, www.understandingwar.org/sites/default/files/Russian%20Offensive%20Campaign%20Assessment%2C%20March%2030%2C%202023%20PDF.pdf.

35 Meduza: »Jewgeni Prigoschin werbujet sakljutschennych w TschWK ›Wagner‹«, www.youtube.com/watch?v=yOtN3PllDrk.

36 Anne Applebaum: *Gulag. A History*, London 2003, S.4 f.

37 Olga Romanova: »›Auf Bajonetten kann man nicht sitzen‹. Russlands Strafvollzug, der Fall Naval'nyj und Putins Sackgasse«, in: *Osteuropa*, 70 (2020), H.12, S.33.

38 Mark Galeotti: *The Vory. Russia's Super Mafia*, New Haven und London 2018.

39 Jan Strzelecki: *Russia behind bars: the peculiarities of the Russian prison system*, 06.02.2019, Centre for Eastern Studies (OSW) Commentary, Number 293, S.7 f.

40 Gulagu Net: *Chroniki GULAGa 21 weka*, www.gulagu.net/chronicles_gulag.

41 Siegert, S.93.

42 Nadeschda Tolokonnikowa: *Anleitung für eine Revolution*, Berlin 2016.

4 Russlands Zukunft

1 Grigori Judin, Margarita Ljutowa: »Die imperiale Formel ist: Russland hat keine Grenzen«, in: *Russland-Analysen* 434 (13.03.2023), www.laender-analysen.de/russland-analysen/434/die-imperiale-formel-ist-russland-hat-keine-grenzen/.

2 »›Unser Vorgehen dient der Selbstverteidigung‹. Rede von Vladimir Putin, 24.2.2022«, in: *Osteuropa* 72 (2022), H.1–3, S.144.

3 Die Zeitschrift *Osteuropa* veröffentlichte die deutsche Übersetzung einer umfassenden Dokumentation von OVD-Info über die Maßnahmen zur Einführung der Kriegszensur und zur Verschärfung der Repressionen: OVD-Info: »Repression, Zensur, Haft. Russland unterdrückt Proteste gegen den Krieg«, in: *Osteuropa* 72 (2022), H.1–3.

4 »Meeting on socioeconomic support for regions«, 16.03.2022, en.kremlin.ru/events/president/transcripts/67996.

5 OVD-Info: »No to war. How the Russian authorities are suppressing anti-war protests«, 14.04.2022, en.ovdinfo.org/no-to-war-en.

6 Kommersant: »SowFed odobril wwedenie nakasania sa diskreditaziju dobrowolnych formirowanij«, 15.03.2023, in: *kommersant.ru*.

7 Kommersant: »Specoperacii protiw diskreditacij«, 15.10.2022, in: *kommersant.ru*.

8 OVD-Info: »›Antiwojennoje delo‹: gid OWD-Info«

data.ovdinfo.org/antivoennoe-delo-gid-ovd-info#1.

9 Kommersant: »Medwedew predloschil ›preodolet moratorija‹ na smertnuju kasn dlja diwersantow«, 02.11.2022, in: *kommersant.ru*.

10 The Moscow Times: »›Wragi gosudarstwa‹: Medwedew priswal ne puskat obratno ujechawschich is Rossii protiwnikow wojny«, 28.12.2022, in: *moscowtimes.ru*.

11 The Moscow Times: »W Gosdume predloschili wernutsja k stalinskim repressijam' i wwesti ponjatie ›wrag naroda‹«, 25.04.2023, in: *moscowtimes.ru*.

12 Alexander Motyl: »Putin's Russia as a fascist political system«, in: *Communist und Post-Communist Studies* 49 (2016), H.1; Timothy Snyder: *Der Weg in die Unfreiheit. Russland, Europa, Amerika*, München 2018.

13 Lev Gudkov: *Vozvratnyj totalitarizm*, Band 2, Moskau 2022, S.530.

14 Timothy Snyder: »We Should Say It. Russia Is Fascist«, 19.05.2022, in: *nytimes.com*.

15 Marlène Laruelle: »So, Is Russia Fascist Now? Labels and Policy Implications«, in: *The Washington Quarterly* 45 (2022), H.2, S.157 f.

16 Wera Tschelischtschewa: »Raj dlja sapogow«, 11.04.2023, in: *novayagazeta.ru*.

17 »Ostanowit wojnu s Ukrainoj!«, www.change.org/p/остановить-войну-с-украиной-2ce0a2d7-b957-4e23-981a-c67a26e2b0b7.

18 Dmitrij Paljuga, Tweet vom 02.03.2022, twitter.com/dmitry_palyuga/status/1499057254946983947.

19 Meduza: »Munizipalnyje deputaty is Peterburga potrebowali ot Gosdumy obwinit Putina w gossismene is-sa raswjasywanija wojny«, 08.09.2022, in: *meduza.io*.

20 Nastojaschtscheje Wremja: »Is Rossii ujechali troje peterburgskich deputatow, priswawschich Gosdumu obwinit Putina w gossismene«, 12.10.2022, in: *currenttime.tv*.

21 OVD-Info in *Osteuropa*, S.255.

22 OVD-Info, ovdinfo.org.

23 Wjorstka: »Wremja ›kolokoltschikow‹: rossijane stali massowo donossit na swoich semljakow, wyrasiwschich nedowolstwo wojnoj«, 09.03.2023, in: *verstka.media*. Gesine Dornblüth und Thomas Franke zeichnen anhand von individuellen Porträts russischer Menschen nach, wie es so weit kommen konnte: *Jenseits von Putin. Russlands toxische Gesellschaft*, Freiburg 2023.

24 Denis Wolkow: »Ressursy spokoistwija: potschemu dlja rossijan 2022-j ne stal samym straschnym godom«, 30.12.2022, Levada-Center, www.levada.ru/2022/12/30/resursy-spokojstviya-pochemu-dlya-rossiyan-2022-j-ne-stal-samym-strashnym-godom/; Levada-Center: »Sozialno-ekonomitscheskije indikatory«, www.levada.ru/indikatory/sotsialno-ekonomicheskie-indikatory/.

25 Meduza: »Shenschtschiny w Dagestane i drugich regijonach wyschli protestowat protiw mobilisazii«, 25.09.2022, in: *meduza.io*.

26 »Ukas ›Ob objawlenii tschastitschnoj mobilisazii w Rossijskoj Federazii‹«, 21.09.2022, kremlin.ru/events/president/news/69391.

27 Lew Gudkow: »Phasen der Gewöhnung«, in: *Osteuropa* 72 (2022), H.4 f., S.36.

28 Levada-Center: »Fears«, 14.01.2022, www.levada.ru/en/2022/01/14/fears-5/.

29 Gudkow, S.42.

30 Russian Field: »›Spezialnaja wojennaja operazija‹ w Ukraine: otnoschenije rossijan. 10 wolna (29 nojabrja – 5 dekabrja)«, russianfield.com/yubiley; Chroniki, www.chronicles.report/about.

31 »Chotjat li russkije wojny?«, 07.03.2022, navalny.com/p/6615/. »Nowyj opros FBK: nischtscheta pobeschdajet militarism«, 17.06.2022, navalny.com/p/6625/.

32 Re:Russia: »Pogrushenije w wojnu: chroniki obschtschestwennowo mnenija«, März 2023, re-russia.net/expertise/057/.

33 Tass: »Traty rossijan na antidepressanty w janware – sentjabre wyrosli na 70 %«, 28.10.2022, *tass.ru*.

34 Ekaterina Malyscheva: »Dashe Afganistan ne byl takim po posledstwijam. Kak ustrojen bumerang nasilija wo wremja wojennych konfliktow«, 19.01.2023, in: *meduza.io*.

35 Anna Efimova und Liliya Vezhevatova: »Women will shake and reverse public opinion about this war«, 06.10.2022, in: *eurozine.com*. Siehe auch FAS-Manifeste: »Manifest Feministskowo Antiwojennowo Soprotiwlenija«, 25.02.2022, doxajournal.ru/femagainstwar; »Programmnoje dopolnenije k manifestu FAS. Manifest Feministskowo Antiwojennowo Soprotiwlenija«, 24.08.2022, teletype.in/@femantiwarresistance/manifesto_addition.

36 Feministskoje Antiwojennoje Soprotiwlenije: Telegram-Post vom 30.04.2022, t.me/femagainstwar/2126.

37 Otschevidzy: »Lilija Weshewatowa: ›Nischtscheta, isoljazija, smert – wot tschto polutschit Rossija w slutschaje pobedy‹«, ochevidcy.com/lilija-vezhevatova-nishheta-izoljacija-sm/.

38 Pussy Riot: »MAMA, DON'T WATCH TV / MAMA, НЕ СМОТРИ ТЕЛЕВИЗОР (ANTI – WAR SONG)«, www.youtube.com/watch?v=zr0GN2llJaY.

39 Meduza: »Rossija budet stranoj shenschtschin«, 22.11.2022, in: *meduza.io*.

40 OVD-Info: »Nassilije nad shenschtschinami wo wremja antiwojennych akzi w Rossii«, reports.ovdinfo.org/nasilie-nad-zhenshchinami-vo-vremya-antivoennyh-akciy-v-rossii#1.

41 Inga Lanskaja: »Arbatowa: Predloshenije deputata Matwejtschewa – eto plewok w lizo rossijskim shenschtschinam«, 04.04.2023, in: *osnmedia.ru*.

42 Radio Swoboda: »Chroniki rossijskowo soprotiwlenija. Programma Sergeja Medwedewa«, www.youtube.com/watch?v=-sWUrJuILBgU.

43 Sabine Fischer und Ivan Timofeev: *Alternative Futures of EU-Russia relations in 2030*, November 2022, EUREN Report 2, eu-russia-expertnetwork.eu/en/sabine-fischer-ivan-timofeev-alternative-futures-of-eu-russia-relations-in-2030/.

44 Ivan Timofeev: »Potschemu eksperty ne werili w werojatnost wooruschennowo konflikta s Ukrainoj«, 02.03.2022, russiancouncil.ru/analytics-and-comments/analytics/pochemu-eksperty-ne-verili-v-veroyatnost-vooruzhennogo-konflikta-s-ukrainoy/.

45 Sonja Sawina und Katja Bontsch-Osmolowskaja: »Kakije regiony otdali bolsche wsewo mushtschin na wojnu«, 05.10.2022, istories.media/stories/2022/10/05/kakie-regioni-otdali-bolshe-vsego-muzhchin-na-voinu/.

46 »15 punktow graschdanina Rossii, schelajuschtschewo blaga swojej stranje«, 20.02.2023, navalny.com/p/6634/.

5 Europas Angriffsflächen

1 Einen historischen Überblick liefert Iver B. Neumann: *Russia and the Idea of Europe. A Study in Identity and International Relations*, London und New York 1996; Dmitrij Tschiżewskij und Dieter Groh (Hrsg.): *Europa und Russland. Texte zum Problem des westeuropäischen und russischen Selbstverständnisses*, Darmstadt 1959.

2 Jens Siegert: *Im Prinzip Russland. Eine Begegnung in 22 Begriffen*, Hamburg 2021, S.53.

3 Auch im Westen selbst gab es eine kritische Debatte über die Rolle und auch die Selbstüberschätzung westlicher Unterstützung bei der Demokratisierung in Osteuropa: Thomas Carothers: *Aiding Democracy Abroad. The Learning Curve*, Washington 1999; Ders.: »The End of the Transition Paradigm«, in: *Journal of Demo-*

cracy 13 (2002), H. 1; Janine R. Wedel: *Collision and Collusion. The Strange Case of Aid to Eastern Europe*, New York 2015.

4 Rat der Europäischen Union: *Europäische Sicherheitsstrategie. Ein sicheres Europa in einer besseren Welt*, Dezember 2003, S. 35. www.consilium.europa.eu/media/30806/qc7809568dec.pdf.

5 Sabine Fischer: *EU-Sanktionen gegen Russland. Ziele, Wirkungen und weiterer Umgang*, 12.03.2015, SWP-Aktuell 2015/A26; Sabine Fischer: *Sanktionen als Dauerzustand? Vorschlag für eine Flexibilisierung der EU-Sanktionspolitik gegenüber Russland*, April 2017, SWP-Aktuell 24.

6 Rat der Europäischen Union: *Eine Globale Strategie für die Außen- und Sicherheitspolitik der Europäischen Union*, Brüssel, 28.06.2016.

7 »The EU's Russia policy: Five guiding principles«, European Parliament Briefing, Oktober 2016, www.europarl.europa.eu/RegData/etudes/BRIE/2018/614698/EPRS_BRI(2018)614698_EN.pdf.

8 Fiona Hill, *Absolute victory over Russia isn't possible*, 22.02.2023, UnHerd, unherd.com/2023/02/absolute-victory-over-russia-isnt-possible/.

9 »Valdai International Discussion Club meeting«, 27.10.2022, www.en.kremlin.ru/events/president/news/69695.

10 Marlène Laruelle: *Is Russia Fascist? Unraveling Propaganda East and West*, Ithaca/New York 2021, S. 129.

11 Gilles Ivaldi und Emilia Zankina (Hrsg.): *The Impacts of the Russian Invasion of Ukraine on Right-Wing Populism in Europe. A report by the European Center for Populism Studies (ECPS)*, Brüssel 08.03.2023, S. 20.

12 Neil Datta: *Die Spitze des Eisbergs. Religiös-extremistische Geldgeber gegen Menschenrechte auf Sexualität und reproduktive Gesundheit in Europa 2009–2018*, Europäisches Parlamentarisches Forum für sexuelle & reproduktive Rechte, Brüssel 2021.

13 Claudia von Salzen: »Präsidentschaftswahl in Russland. AfD-Abgeordnete als ›Wahlbeobachter‹ in Russland – und auf der Krim«, 18.03.2018, in: *tagesspiegel.de.* Zur AfD-»Delegation« gehörten Waldemar Herdt, Anton Friesen, Markus Frohnmaier, Steffen Kotré, Dietmar Friedhoff und Ulrich Oehme. Auch Politiker der Linken reisten in die besetzten Gebiete, zum Beispiel Wolfgang Gehrcke und Andrej Hunko. Spiegel Online: »Kiew beschwert sich über Ostukraine-Trip von Linken«, 20.02.2015, in: *spiegel.de.*

14 Silvia Stöber und Andrea Becker: »«Wahlbeobachtung auf Bestellung«, 19.09.2021, in: *tagesschau.de*.

15 Reinhard Bingener und Markus Wehner: *Die Moskau-Connection. Das Schröder-Netzwerk und Deutschlands Weg in die Abhängigkeit*, München 2023.

16 Cécile Vaissié: *Les Réseaux du Kremlin en France*, Paris 2016.

17 RedaktionsNetzwerk Deutschland: »AfD positioniert sich zu Russlands Krieg in der Ukraine: Ein ›völkerrechtswidriger Angriffskrieg‹«, 07.08.2022, in: *rnd.de*.

18 Michaela Wiegel: »Le Pens Partei wendet sich von Putin ab«, 23.02.2023, in: *faz.net*.

19 Gilles Ivaldi und Amilia Zankina: »Conclusion«, in: *The Impacts of the Russian Invasion of Ukraine on Right-Wing Populism in Europe. A report by the European Center for Populism Studies (ECPS)*, hrsg. von Gilles Ivaldi und Emilia Zankina, Brüssel 08.03.2023, S.340–369.

20 Michael Thumann: *Revanche*, München 2023, S.117.

21 Markus Wehner: »Hacker, Propaganda, Wahlmanipulation: Moskaus Informationskrieg im Westen«, in: *Osteuropa* 67 (2017), H.3–4, S.3–17.

22 Zitiert in Golineh Atai: *Die Wahrheit ist der Feind. Warum Russland so anders ist*, Berlin 2019, S.165.

23 Thumann, S.110 ff.

24 Susanne Spahn: *Russische Medien in Deutschland. Die Bundestagswahl 2021 – Zwischen Einflussnahme und Desinformation*, hrsg. von der Friedrich Naumann Stiftung für die Freiheit, 2022, S.8.

25 Europe 1: »L'interview intégrale de Vladimir Poutine sur Europe 1 et TF1 en 2014 (archives)«, 05.06.2014, www.youtube.com/watch?v=l9mi_9T_3ds.

26 Silvia Stöber: »Keine Kampagne, aber eine Strategie«, 21.04.2017, in: *tagesschau.de*.

27 *Oxfam Briefing Paper*, »Survival of the Richest. How we must tax der super-rich now to fight inequality«, Januar 2023, oxfamilibrary.openrepository.com/bitstream/handle/10546/621477/bp-survival-of-the-richest-160123-summ-en.pdf, S.4.

28 Yascha Mounk: »Illiberal Democracy or Undemocratic Liberalism?«, 09.06.2016, Project Syndicate, www.project-syndicate.org/commentary/trump-european-populism-technocracy-by-yascha-mounk-1-2016-06.

29 Marcel H. Van Herpen: *The end of populism. Twenty proposals to defend liberal democracy*, Manchester 2021, S.11 f.; vgl. auch Philip Manow: *Die Politische Ökonomie des Populismus*, Frankfurt a. M. 2019, S.10.

30 Britta Schellenberg: *Rechtspopulismus im europäischen Vergleich. Kernelemente und Unterschiede*, 28.10.2018, Bundeszentrale für politische Bildung, www.bpb.de/themen/parteien/rechtspopulismus/240093/rechtspopulismus-im-europaeischen-vergleich-kernelemente-und-unterschiede.

31 »Deutschland. Aber normal. Programm der Alternative für Deutschland für die Wahl zum 20. Deutschen Bundestag«, www.afd.de/wp-content/uploads/2021/06/20210611_AfD_Programm_2021.pdf, S.28 f. und 50 ff.

32 Oliver Soos: »Nicht jeder Nachbar kann darüber lachen«, 24.11.2022, in: *tagesschau.de*, www.tagesschau.de/ausland/europa/

ungarn-orban-123.html; Jörg Lau: »Grenzenlos getrennt«, in: *Die Zeit*, 20.04.2023, S.10.

33 »Der Anti-Germanismus der Marine Le Pen«, eurojournalists.eu, 15. April 2022, eurojournalist.eu/der-anti-germanismus-der-marine-le-pen/.

34 Birgit Sauer: »Gesellschaftstheoretische Überlegungen zum europäischen Rechtspopulismus. Zum Erklärungspotenzial der Kategorie Geschlecht«, in: *Politische Vierteljahresschrift* 58 (2017), H.1, S.2.

35 Zitiert in Sauer, S.1.

36 Cornelia Möser: »Sexual Politics as a Tool to ›Un-Demonize‹ Right-Wing Discourses in France«, in: *Right-wing populism and gender. European perspectives and beyond*, hrsg. von Gabriele Dietze und Julia Roth, Bielefeld 2020, S.117–134, S.121.

37 Möser, S.132 f.; Cas Mudde: *The Far Right Today*, Cambridge 2019, S.150.

38 Marcel H. Van Herpen: *The end of populism. Twenty proposals to defend liberal democracy*, Manchester 2021, S.95 f.

39 Kai-Olaf Lang: »Zweieiige Zwillinge PiS und Fidesz: Genotyp und Phänotyp«, in: *Osteuropa* 68 (2018), H.3–5, S.77–98.

40 »Live-Diskussion: ›Gut das du russenhassende Emanze wieder deinen Kriegshetzsenf dazu gibst‹«, Veranstaltung der *Zeit* und des Deutschen Schauspielhauses Hamburg, 23.02.2023, www.zeit.de/zeit-verlag/2023-02/ukraine-russland-diskussion-live-zeit-masala-puglierin-melnyk-fischer?utm_referrer=https%3A%2F%2Fverlag.zeit.de%2F. Die Veranstaltung war eine gemeinsame Initiative mit Claudia Major, Jana Puglierin, Carlo Masala und Franziska Davies. Jörg Lau von der *Zeit* hatte im Oktober 2022 einen Artikel darüber geschrieben, wie Expertinnen die Debatte über den russischen Krieg gegen die Ukraine prägen und dafür angegriffen werden. Jörg Lau: »Wenn Frauen den Krieg erklären«, in: *Die Zeit*, 05.10.2022.

41 Steven Levitzsky und Daniel Ziblatt: *How Democracies Die*, New York 2018, S. 97 ff.

42 Reinhard Veser: »So lange das Geld fließt«, in: *Frankfurter Allgemeine Zeitung*, 29.05.2023.

43 Manuel Bewarder, Palina Milling und Jörg Schmitt: »Putins Griff nach Moldau: Nimmt Russland jetzt auch den Ukraine-Nachbarn ins Visier?«, in: *Süddeutsche Zeitung*, 16.03.2023.

44 »Posledneje interwju Garibaschwili saslushilo pochwalu propagandista Solowjewa«, 13.03.2023, sova.news/2023/03/13/poslednee-intervyu-garibashvili-zasluzhilo-pohvalu-propagandista-soloveva/.

45 Janko Šćepanović: »Russia, the Western Balkans, and the Question of Status«, in: *East European Politics and Societies*, 37 (2023), H. 3, S. 1059–1083.

46 United Nations Black Sea Grain Initiative Joint Coordination Centre: *Vessel Movements*, www.un.org/en/black-sea-grain-initiative/vessel-movements.

47 Agnieszka Paczyńska: *Russia in Africa. Is Greatpower Competition Returning to the Continent?*, Deutsches Institut für Entwicklungspolitik, Briefing Paper 15/2020.

48 Denis M. Tull und Claudia Zilla: »Den Worten Taten folgen lassen: Außenpolitik gegenüber Afrika und Lateinamerika«, in: *Deutsche Außenpolitik im Wandel. Unstete Bedingungen, neue Impulse*, hrsg. von Günther Maihold u.a., September 2021, SWP-Studie 15, September 2021, S. 53–58.

49 Comfort Ero: *Global Politics in the Shadow of Ukraine*, 22.03.2023, International Crisis Group, www.crisisgroup.org/global-ukraine/global-politics-shadow-ukraine.

50 Andreas Zumach: »Ein Jahr Ukraine-, 20 Jahre Irak-Krieg. Warum der Globale Süden dem Westen nicht traut«, in: *Blätter für deutsche und internationale Politik*, März 2023, S. 65–70.

51 Thumann, S.103.

52 Ivan Krastev und Stephen Holmes: *Das Licht, das erlosch. Eine Abrechnung*, Berlin 2019, S.304.

6 Europas Antworten

1 www.youtube.com/watch?v=OP8THTA0f3g.

2 Valerie M. Hudson et al.: *The First Political Order. How Sex Shapes Governance and National Security Worldwide*, New York 2020.

3 Marieke Fröhlich und Anna Hauschild: »Feministische Außenpolitik. Hintergründe und Praxis«, in: *Aus Politik und Zeitgeschichte* 73 (2023), H.17, S.2.

4 Claudia Zilla: *Feministische Außenpolitik. Konzepte, Kernelemente und Kontroversen*, 04.08.2022, SWP-Aktuell Nr.50, S.5.

5 Cornelia Ulbert: *»Männliche Staaten«: Was Hypermaskulinität mit dem Ukraine-Krieg zu tun hat*, 18.03.2022, INEF/sef: Development and Peace Blog, www.uni-due.de/inef/blog/maennliche-staaten-was-hypermaskulinitaet-mit-dem-ukraine-krieg-zu-tun-hat.php.

6 »Ukraine has always been a leader in peacemaking efforts; if Russia wants to end this war, let it prove it with actions – speech by the President of Ukraine at the G20 Summit«, 15.11.2022, www.president.gov.ua/en/news/ukrayina-zavzhdi-bula-liderom-mirotvorchih-zusil-yaksho-rosi-79141.

7 I. William Zartman: »Conflict Resolution and Negotiation«, in: *The SAGE Handbook of Conflict Resolution*, hrsg. von Jacob Bercovitch, Victor Kremenyuk und I. William Zartman, Los Angeles und London 2009, S.322–339.

8 Die USA haben im gleichen Zeitraum 43 Milliarden Euro, das Vereinigte Königreich hat 6,6 Milliarden Euro und Deutschland 7,5 Euro Milliarden zugesagt. Kiel Institut für Weltwirtschaft:

Ukraine Support Tracker, www.ifw-kiel.de/de/themendossiers/krieg-gegen-die-ukraine/ukraine-support-tracker.

9 European External Action Service, *Factsheet: European Union Military Assistance Mission Ukraine*, December 2022, www.eeas.europa.eu/sites/default/files/documents/2023-EUMAMUkraine.pdf.

10 Margarete Klein, Claudia Major: *Dauerhafte Sicherheit für die Ukraine. Von Ad-hoc-Unterstützung zu langfristigen Sicherheitsgarantien als NATO-Mitglied*, 29.06.2023, SWP-Aktuell Nr.44.

11 World Bank/Government of Ukraine/European Union/United Nations: *Ukraine Rapid Damage and Needs Assessment. February 2022 – February 2023*, März 2023, S.14.

12 Ebd., S.36.

13 Jörn Grävingholt, Jörg Faust, Alexander Libman, Solveig Richter, Gwendolyn Sasse und Susan Stewart: *Wiederaufbau in der Ukraine. Was die internationale Gemeinschaft jetzt beachten muss*, IDOS Policy Brief 2023, H.2, S.2.

14 Sarah D. Phillips, Tamara Martsenyuk, »Women's agency and resistance in Russia's war on Ukraine. From victim of the war to prominent force«, in: *Women's Studies International Forum*, 10 May 2023, doi.org/10.1016/j.wsif.2023.102731. »Fighting While Female. How Gender Dynamics Are Shaping the War in Ukraine«, in: Foreign Affairs, 21.11.2022, www.foreignaffairs.com/ukraine/fighting-while-female.

15 »Scaling-up mental health and psychological services in war-affected regions: best practices from Ukraine«, 16.12.2022, *World Health Organization*, www.who.int/news-room/feature-stories/detail/scaling-up-mental-health-and-psychosocial-services-in-war-affected-regions--best-practices-from-ukraine.

16 Dazu zählen Unabhängigkeit der Justiz, Rechtsstaatlichkeit, Korruptionsbekämpfung, Entoligarchisierung, Minderheitenschutz u.a. Für die Ukraine siehe: Europäische Kommission: *Commission*

Opinion on Ukraine's application for membership of the European Union, Brüssel, 17.06.2022, neighbourhood-enlargement.ec.europa.eu/system/files/2022-06/Ukraine%20Opinion%20and%20Annex.pdf. Für Moldau siehe: Europäische Kommission: *Commission Opinion on the Republic of Moldova's application for membership of the European Union*, Brüssel, 17.06.2022, neighbourhood-enlargement.ec.europa.eu/system/files/2022-06/Republic%20of%20Moldova%20Opinion%20and%20Annex.pdf.

17 Dazu zählt die Bekämpfung der extremen Polarisierung im Parteiensystem, der mangelnden Effizienz von staatlichen Institutionen, von Korruption und Oligarchie sowie die Verbesserung von Pressefreiheit, Menschenrechten, Geschlechtergerechtigkeit u.a. Europäische Kommission: *Commission Opinion on Georgia's application for membership of the European Union*, Brüssel, 17.06.2022, neighbourhood-enlargement.ec.europa.eu/system/files/2022-06/Georgia%20opinion%20and%20Annex.pdf.

18 Zum Beispiel Michael Emerson, Milena Lazarević, Steven Blockmans und Strahinja Subotić: *A Template for Staged Accession to the EU*, Centre for European Policy Studies and European Policy Centre, Brüssel und Belgrad, 01.10.2021, www.ceps.eu/ceps-publications/a-template-for-staged-accession-to-the-eu/.

19 Stefan Meister, Milan Nič, Iskra Kirova und Steven Blockmans: *Russia's war in Ukraine. Rethinking the EU's Eastern Enlargement and Neighbourhood Policy*, DGAP Report No.1, Januar 2023, S.6.

20 Coalition for the Sustainable Development of Russia: *The Invasion of Ukraine. Implications for the SDGs in Russia*, Civil Society Review, Report on the Implementation of the Sustainable Development Goals in Russia up to 2023, Berlin 2023, S.15.

21 Carlo Masala: »Die Zeitlupenwende«, in: *Die Zeit*, 11.02.Februar 2023, Ausgabe Nr.7; Claudia Major und Christian Mölling: »Über die Zeitenwende hinaus. Für eine neue deutsche Sicherheitspolitik«, in: *Aus Politik und Zeitgeschichte* 73 (2023), H.17, S.22–27.

22 Rüdiger von Fritsch: *Zeitenwende. Putins Krieg und die Folgen*, Berlin 2022, S.141.

23 Azadeh Zamirirad: *Zeit für eine andere Iranpolitik. Wie Deutschland Weichen für einen feministischen Ansatz stellen kann*, 16.03.2023, SWP-Aktuell Nr.16. Hanna Notte: *Russia's Invasion of Ukraine. The Iran Nuclear Price Tag*, February 2023, Friedrich Ebert Foundation Peace and Security Analysis.

24 Raphael Bossong, Steffen Angenendt: *EU-Migrationspolitik: Partnerschaft statt Visahebel*, 07.02.2023, SWP Kurz gesagt.

25 Ebd.

26 Günther Maihold, Tania Muscio und Claudia Zilla: *Von gemeinsamen Werten zu komplementären Interessen. Für eine Neukonzeption der Beziehungen Deutschlands und der EU mit Lateinamerika und der Karibik*, 15.12.2022, SWP-Aktuell Nr.78.

27 »Global Gateway«, commission.europa.eu/strategy-and-policy/priorities-2019-2024/stronger-europe-world/global-gateway_de.

28 Exemplarisch: Marcel H. Van Herpen: *The end of populism. Twenty proposals to defend liberal democracy*, Manchester 2021. Armin Schäfer und Michael Zürn: *Die demokratische Regression*, Berlin 2021.

29 Van Herpen, S.295 ff.

30 Schäfer und Zürn, S.208 f.

31 Fiona Hill: *There Is Nothing For You Here. Finding Opportunity in the 21st Century*, Boston 2021.

32 Van Herpen, S.238 ff.

33 Schäfer und Zürn, S.211.

34 »Das Subsidiaritätsprinzip«, www.europarl.europa.eu/factsheets/de/sheet/7/das-subsidiaritatsprinzip.

35 Herfried Münkler: *Die Zukunft der Demokratie*, Wien 2022, S.118.

36 Francis Fukuyama: *Liberalism and its Discontents*, London 2022, S. 149.

37 Münkler, S. 31.

38 Ebd., S. 138.

39 Schäfer und Zürn, S. 213.

40 Van Herpen, S. 265 ff.; »Vorlagen zur Senkung des Wahlalters auf 16 Jahre abgelehnt«, 21.05.2021, www.bundestag.de/dokumente/textarchiv/2021/kw20-de-wahlrecht-ab-16-840276.

41 EUvsdisinfo.eu.

7 Deutschlands Rolle

1 Auswärtiges Amt: *Feministische Außenpolitik gestalten. Leitlinien des Auswärtigen Amts*, Februar 2023, www.auswaertiges-amt.de/blob/2585008/d444590d5a7741acc6e37a142959170e/ll-ffp-data.pdf; Bundesministerium für wirtschaftliche Zusammenarbeit und Entwicklung: *Feministische Entwicklungspolitik. Für gerechte und starke Gesellschaften weltweit*, März 2023, www.bmz.de/resource/blob/146200/strategie-feministische-entwicklungspolitik.pdf.

2 Olga Onuch und Henry Hale beschreiben diesen »Selenskyj-Effekt« ausführlich in ihrem neuen Buch: Olga Onuch und Henry E. Hale: *The Zelensky Effect*, London 2023.

3 Das ukrainische Advocacy-Projekt »Invisible Battalion« arbeitet und forscht dazu seit 2015: *The global advocacy project Invisible Battalion*, invisiblebattalion.org/en/home-2/.

4 *Ukraine – Krieg im Leben*, 13.02.2023, www.daserste.de/information/reportage-dokumentation/dokus/videos/ukraine-krieg-im-leben-video-102.html.

5 Andrea Jeska und Emilien Urbano: »Das Leben wieder lernen«, in: *Die Zeit*, 07. Juni 2023, S. 6.

6 Auswärtiges Amt, S.13.

7 Wer dazu mehr lesen möchte, dem seien folgende Bücher empfohlen: Sabine Adler: *Die Ukraine und wir. Deutschlands Versagen und die Lehren für die Zukunft*, Berlin 2022; Reinhard Bingener und Markus Wehner: *Die Moskau-Connection. Das Schröder-Netzwerk und Deutschlands Weg in die Abhängigkeit*, München 2023; Rüdiger von Fritsch: *Zeitenwende. Putins Krieg und die Folgen*, Berlin 2022; Rüdiger von Fritsch: *Russlands Weg. Als Botschafter in Moskau*, Berlin 2020. John Lough: *Germany's Russia problem. The struggle for balance in Europe*, Manchester 2021.

8 M.E. Sarrotte: *Not One Inch. America, Russia, and the Making of Post-Cold War Stalemate*, New Haven und London 2021, S.51 ff.

9 Gerd Koenen: »Russland gründlich entzaubert. Vom Ende eines deutschen Komplexes«, in: *Osteuropa* 72 (2022), H.1–3, S.21.

10 Wortprotokoll der Rede Wladimir Putins im Deutschen Bundestag am 25.09.2001, www.bundestag.de/parlament/geschichte/gastredner/putin/putin_wort-244966.

11 Sabine Adler: *Die Ukraine und wir. Deutschlands Versagen und die Lehren für die Zukunft*, Berlin 2022, S.47.

12 Timothy Frye: *Weak Strongman. The Limits of Power in Putin's Russia*, Princeton und Oxford 2021, S.162.

13 Sabine Fischer (Hrsg.): *Ukraine: Quo Vadis?*, EUISS Chaillot Paper Nr.108, Paris, Februar 2008.

14 Sabine Fischer: *The EU's non-recognition and engagement policy towards Abkhazia and South Ossetia*, EUISS Seminar Report, Brüssel, Dezember 2010.

15 Karl Schlögel: *Entscheidung in Kiew. Ukrainische Lektionen*, Frankfurt a.M. 2015, S.39.

16 Inna Nelles und Mattia Nelles: *Strained by War? Tensions, Expectations and Ways to Strengthen German-Ukrainian Relations*, Kyjiwer Gespräche Policy Paper, Berlin 2022, S.10.

17 Reinhard Bingener und Markus Wehner: *Die Moskau-Connection. Das Schröder-Netzwerk und Deutschlands Weg in die Abhängigkeit*, München 2023.

18 Bingener und Wehner, S. 278.

19 »›Hatten Sie gedacht, ich komme mit Pferdeschwanz?‹«, Interview mit Angela Merkel, 08. 12. 2022, in: *Die Zeit*, 08. 12. 2022.

20 Die jüngere Generation der Osteuropa-Historiker:innen arbeitet mit großer Energie daran, diese Erinnerungslücken zu schließen. Beispielhaft: Franziska Davies und Katja Makhotina: *Offene Wunden Osteuropas. Reisen zu Erinnerungsorten Osteuropas*, Darmstadt 2022.

21 *Regierungserklärung von Bundeskanzler Olaf Scholz am 27. Februar 2022*, 27. 02. 2022, www.bundesregierung.de/breg-de/suche/regierungserklaerung-von-bundeskanzler-olaf-scholz-am-27-februar-2022-2008356.

22 *Ukraine Support Tracker*, Daten vom 24. 01. 2022 bis 31. 05. 2023, www.ifw-kiel.de/de/themendossiers/krieg-gegen-die-ukraine/ukraine-support-tracker/.

23 Zeit Online: »Nur noch jeder vierte unterstützt Sanktionen gegen Russland«, 20. 08. 2019, www.zeit.de/news/2019-08/20/nur-noch-jeder-vierte-unterstuetzt-sanktionen-gegen-russland.

24 Infratest dimap: *ARD-DeutschlandTREND März 2022*, Repräsentative Studie im Auftrag der ARD, www.infratest-dimap.de/umfragen-analysen/bundesweit/ard-deutschlandtrend/2022/maerz/.

25 Infratest dimap: *ARD-DeutschlandTREND Oktober 2022*, www.infratest-dimap.de/umfragen-analysen/bundesweit/ard-deutschlandtrend/2022/oktober/.

26 Infratest dimap: *ARD-DeutschlandTREND*, März 2023, S. 5, www.infratest-dimap.de/fileadmin/user_upload/DT_2303_Report.pdf.

27 *Politbarometer2go: Warum Ossis und Wessis Demokratie verschieden* *verstehen*, 04.01.2023, www.zdf.de/politik/politbarometer/videos/to-go-102.html.

28 Infratest dimap: *ARD-DeutschlandTREND Oktober 2022.*

29 Infratest dimap: *ARD-DeutschlandTREND*, März 2023, S.5, www.infratest-dimap.de/fileadmin/user_upload/DT_2303_Report.pdf.

30 Naftali Benett: רבדמ בנט, www.youtube.com/watch?v=-qK9tLDeWBzs.

31 Matthias Bau: »Hat der Westen einen Waffenstillstand in der Ukraine ›blockiert‹? Interview mit Naftali Bennett irreführend untertitelt«, 30.03.2023, in: *correctiv.org.*

32 Ilya Tsukanov: »Ex-Israeli PM Reveals ›Big Concessions‹ Putin, Zelensky Were Ready to Make Before West Killed Talks«, 05.02.2023, in: *sputnikglobe.com.*

33 Fabian Scheidler: »Naftali Bennett wollte den Frieden zwischen Ukraine und Russland: Wer hat blockiert?«, 06.02.2023, in: *berliner-zeitung.de*, www.berliner-zeitung.de/open-source/naftali-bennett-wollte-den-frieden-zwischen-ukraine-und-russland-wer-hat-blockiert-li.314871.

34 Sahra Wagenknecht, Tweet vom 07.02.2023, twitter.com/SWagenknecht/status/1622855744004530177?s=20.

35 Naftali Bennett, Tweet vom 06.02.2023, twitter.com/naftalibennett/status/1622571402430750721?s=21.

36 Sabine Fischer: *Friedensverhandlungen im Krieg zwischen Russland und der Ukraine: Mission impossible*, 28.10.2022, SWP-Aktuell Nr.66.

37 Farida Rustamova: *Ukraine's 10 point-plan*, 29.03.2022, faridaily.substack.com/p/ukraines-10-point-plan.

38 Fiona Hill und Angela Stent: »The World Putin Wants: How Distortions About the Past Feed Delusions About the Future«, 25.08.2022, in: *Foreign Affairs Magazine*, www.foreignaffairs.com/russian-federation/world-putin-wants-fiona-hill-angela-stent.

39 Alice Schwarzer und Sahra Wagenknecht: *Manifest für den Frieden*, www.change.org/p/manifest-für-frieden.

40 Sahra Wagenknecht: »Meine Vision für Deutschland: Frieden, Freiheit, Wohlstand für alle«, 11.05.2023, in: *weltwoche.ch*.

41 Der Offene Brief an Kanzler Scholz, 29.04.2022, www.emma.de/artikel/offener-brief-bundeskanzler-scholz-339463.

42 *Welt-am-Sonntag*-Interview zum Krieg, 17.04.2023, www.aliceschwarzer.de/artikel/welt-interview-zum-krieg-340229.

43 Peter Jungblut: »Debatte über sexuelle Gewalt im Ukraine-Krieg: Das sagt die UNO«, 02.03.2023, in: *br.de*.

44 Catherine Belton: »Kremlin seeks coalition of allies inside Germany«, 22.04.2023 in: *Washington Post*.

45 Christian Stöcker: »Propaganda: Moskaus übergeigte Querfrontpläne«, in: *Der Spiegel*, 23.04.2023.

46 »Scharfe Kritik an Russlandreise dreier AfD-Politiker«, 20.09.2022, in: *sueddeutsche.de*.

47 »Samyj udiwitelnyj nemez na WEF-2022 okasalsja eks-suprugom Sary Wagenknecht, no ne eto glawnoje«, 07.09.2022, dzen.ru/media/nataliiaefimova_2905/samyi-udivitelnyi-nemec-na-vef2022-okazalsia-ekssuprugom-sary-vagenkneht-no-ne-eto-glavnoe.

48 Martin Bernstein: »›Reichsbürger‹-Razzia in München: Wen die Ermittler ins Visier nahmen«, 23.03.2023, in: *sueddeutsche.de*.

49 Catherine Belton: »Kremlin seeks coalition of allies inside Germany«, in: *Washington Post*, 22.04.2023.

50 Umfrage des Meinungsforschungsinstituts Kantar für FOCUS. Focus Online: »Jeder Fünfte würde Wagenknecht-Partei wählen – sogar viele FDP-Anhänger«, 02.03.2023, www.focus.de/politik/deutschland/sahra-wagenknecht-umfrage_id_187231078.html.

51 Maria Domańska: *Russian Civil Society Actors in Exile. An underestimated agent of change*, 11.05.2023, SWP-Comment Nr.26.

Schluss

1 Anna Haag: *Denken ist heute überhaupt nicht mehr in Mode. Tagebuch 1940–1945*, Stuttgart 2021.